强效组织文化

以效能为导向的组织文化体系

杨 凯◎著

新华出版社

图书在版编目（CIP）数据

强效组织文化：以效能为导向的组织文化体系 / 杨凯著. —北京：新华出版社，2019.6

ISBN 978-7-5166-4670-0

Ⅰ. ①强… Ⅱ. ①杨… Ⅲ. ①组织文化 Ⅳ. ①C936

中国版本图书馆CIP数据核字（2019）第104326号

强效组织文化：以效能为导向的组织文化体系

作　　者：杨　凯

责任编辑：蒋小云　　**封面设计：**中尚图

出版发行：新华出版社

地　　址：北京石景山区京原路8号　　**邮编：**100040

网　　址：http://www.xinhuapub.com

经　　销：新华书店

购书热线：010-63077122　　**中国新闻书店购书热线：**010-63072012

照　　排：中尚图

印　　刷：河北盛世彩捷印刷有限公司

成品尺寸：240mm×170mm

印　　张：22　　**字　　数：**266千字

版　　次：2019年7月第一版　　**印　　次：**2019年7月第一次印刷

书　　号：ISBN 978-7-5166-4670-0

定　　价：68.00元

PREFACE

导言

2008年的金融危机使得投资银行的管理问题再度成为焦点。在危机中，美国五大独立投资银行表现出很大差异性。雷曼兄弟公司宣告破产，贝尔斯登公司接受了政府和摩根大通的联合拯救，美林公司被低价出售，摩根士丹利公司和高盛公司则保住了自身的独立性。最成功的是高盛公司，虽然最终转型为银行控股公司，但业务模型和战略取向基本未受影响。不仅如此，它是唯一在2008年保持盈利的独立投资银行，业务反弹迅速，并在2009年就创下了赢利的历史新高，展现了超强的适应能力。在美国全能型银行中，表现同样出现了分化，花旗集团损失惨重，而摩根大通则成为金融危机的最大赢家之一，不仅在危机袭来之际表现得异常稳健，还以极低的价格收购了独立投资银行贝尔斯登公司，成为市场的拯救者。

面对同一次外部危机，为什么摩根大通和高盛公司相对成功而另一些公司相对失败？为什么这两家公司能够比同行展现出更强大的组织效能？从表面上看，这些公司都是美国华尔街具有标志性的上市公司，在业务和架构上也十分近似。但在面临严峻外部考验时，表现出来的组织效能却是大相径庭的。针对这个问题，许多中外学者展开了深入研究（吴清，2010；陈云贤，2012；Bell，Hindmoor，2015）。这些研究广泛涉及金融监管、高杠杆水平、恶意做空、评级机构的道德风险、经营模式、公司治理、激励机制、风险控制等因素，却很少触及这些银行的组织文化。然而，很多华尔街投行的管理者，以及那些相对中立的观察家们（Cohan，2009；Greenfield，2010），都不约而同地开始在组织文化中寻求答案，认为只有了解不同机构独特的组织文化所起到的独特作用，才能真正揭示出它们成功与失败背后的深层原因。组织文化具有因果性（Schafer，1998），美国华尔街投资银行在危机中所表现出来的组织效能差异很可能是长期积累的组织文化差异的“文化后果”（Hofstede，1984）。尽管这是个重要的观察视角，但就此展开的深入研究却较为缺乏。

华尔街上的全能银行和投资银行是典型的知识型企业组织，由知识型员工构成。所谓知识型员工，就是那些创造财富时用脑多于用手的人们，他们通过自己的创意、分析、判断、综合、设计带来附加价值（Horibe，1999）。人类社会的经济发展在经历了农业经济时代、工业经济时代之后，已经全面进入了知识经济时代，当今社会中绝大部分商业组织已经是知识型组织。而就未来而言，随着全球范围内知识化、信息化趋势的不断深化，商业组织的成败将由知识型员工决定。

管理知识型企业组织面临一些重要挑战：从商业组织的角度看，客户是生命力之源，知识型员工是组织吸引客户，并将客户资源转换为财富的关键所在。如何延揽、留住优秀员工并持续为他们赋能决定组织的存亡成败。知识型企业的效能性还取决于个性鲜明的专业人员之间的通力协作。对于管理者而言，挑战是巨大的：他们不仅要善于管理比自己更加专业的下属，还要能够鼓励员工分享知识、相互学习、共同为组织成功无私奉献。在知识经济时代，只有那些最能够充分利用好知识员工智力资本的组织才会获得成功。如果员工不愿或不能贡献出自身的智力资源，组织就会面临严重问题。2008年美国投资银行的兴衰成败反映出其各自利用知识员工智力资本的充分性和有效性。一个令人吃惊的案例是，同样面临房地产泡沫破裂这一“灰犀牛”，只有十几名员工的华尔街对冲基金保尔森基金通过及时和大胆做空房地产次级贷款相关市场，大赚了几十亿美元，完成了“史上最伟大的交易”（Zuckerman，2009），而拥有数万名员工的雷曼兄弟公司却屡屡忽视来自内部有识之士的警告，行动迟缓，一意孤行，最终走上了破产的道路。具有讽刺意味的是，保尔森对冲基金中的一位核心员工恰恰来自雷曼兄弟公司的房地产研究部门，而这个部门早已关注到了房地产次级贷款的相关风险。但在雷曼兄弟公司，很多业界一流的大脑所产生的明智意见却被无视、忽视、漠视，最终无法起到作用。事后证明，倘若能更好地倾听来自内部员工的意见，更全面地发挥内部人才的作用，雷曼兄弟公司的破产是完全可以避免的。雷曼破产的案例是知识型企业管理失败的典型案例，值得反复研究和深刻反思。

管理知识型商业组织与管理传统型商业组织有很大的不同。知识型员工专业性强，拥有独特的技能，不喜欢受指挥、操纵和控制，更愿意追求自主性。面对知识型员工，在20世纪被认为有效的传统管理思想和模式已经显得不足。组织文化管理是区别于传统管理方式的范式管理（Etzioni，1961），旨在通过影响员工的思想和感情，达到激发和引导员工按组织意图努力的目的。员工的努力不再源于胁迫，或简单源于奖惩因素，而是更多源于对组织目标的认同和承诺以及工作满意度等内在因素（Kunda，2006）。因此，范式管理被视为区别于官僚性控制的柔性控制方式（Perrow，2014），应用于知识密集型生产和服务领域时更加有效。虽然组织文化管理对于知识型企业的重要性已经广为人知，但在实践中，管理者却缺乏系统性理论框架的支持。2008年金融危机也使人们注意到：即便是拥有数十年乃至上百年历史的赫赫有名的知识型企业，在组织文化管理上也会暴露出重大不足和缺陷。这为许多同类公司敲响了警钟，也呼唤继续强化和深化对组织文化理论的研究，以加强对实践的指导。

组织文化自20世纪七八十年代以来一直是管理学领域的研究焦点之一。推动组织文化理论研究的重要动力之一是人们普遍认为组织文化与组织长期成功（效能）之间存在关键性联系。相关学者在组织文化概念的界定、研究方法、诊断及测量量表的开发、特质研究、类型研究等多个方面都取得了大量成果。但组织文化理论研究也存在着一些明显的缺陷。流行甚广、影响巨大的强组织文化理论就存在一些无法忽视的缺陷。

强组织文化（strong culture）被定义为组织成员广泛分享和坚定信奉的组织文化。这一定义至今并未被理论界深度质疑，但却埋藏着巨大的理论和实践隐患。根据强组织文化理论，组织文化的分享程度越高，一致性越强，就越有力度，越有利于强化组织的核心价值观，从而越有利于提升组织效能。然而，由于强组织文化理论过度强调组织文化高度分享性和一致性的价值，在指导管理实践时造成了很多问题。

问题一，在强组织文化理论的指导下，组织一致性的确带来更高的组织效率，但那些战略失当的组织效率越高，死得就越快，结果高效率带来的是低效能。过度强调组织一致性还会造成组织文化的超稳定性或组织文化刚性，阻碍变革创新，最终导致组织失败。

问题二，强组织文化理论容易造成组织文化功能的“失焦”。很多企业在组织文化管理上以追求凝聚性、整体性、一致性、纪律性为导向，而非以全面提升组织效能为导向。这种倾向容易造成对多元性、宽容性、创新性文化建设的忽略，不能做到“管”“放”并重，通过“管”来实现有序地放，通过“放”来更有活力地“管”。长期重“管”轻“放”的组织会逐渐丧失活力、创造力和适应力，这样的企业也往往面临着一放就乱的尴尬局面，进入既“管不好”又“放不开”的恶性循环。

强组织文化理论的缺陷使人们认识到并非所有强组织文化都能够提升组织效能，只有那些具有“正确内容”的强组织文化才能够提升组织效能。于是，大量研究希望通过文化特质和文化类型研究发现组织文化内容和组织效能之间的关联关系，但这方面的研究也存在缺陷。如果说强组织文化理论过度强调组织文化的一致性价值，大多数组织内容研究则过度强调组织文化的权变性价值。由于受到组织权变理论（Lawrence，Lorsch，1967；Tompson，1967）的影响，很多学者拒绝相信有一成不变的“好”的组织文化。在他们看来，组织文化本身并没有对错、好坏之分，要想理解组织文化的意义和价值，就必须考虑到组织未来的发展方向及其所处的发展环境：在某些市场环境和技术领域中，团队合作与员工授权确实很重要，而在另一些市场环境和技术领域中，严格的纪律和高度结构化的人际关系却是企业获得成功的先决条件。此外，这些学者认为组织文化的作用在组织发展不同阶段的效用也不一样。例如，美国著名组织文化学者沙因（Schein，1985）把企业发展分为三个阶段：创立和早期阶段、中年阶段和成熟阶段。在他看来，在不同的发展阶段，组织文化的功能是不一样的。那些在早年发挥了积极作用的组织文化在组织成熟阶段就有可能成为创新的障碍性因素。在本书看来，如果组织文化内容研究过度强调文化的权变性价值，就会阻碍人们形成具有更大普适性和相对稳定性的组织文化管理理论框架。在实践中，大量各说各话、因时而异、因地而异、因人而异的组织文化模型导致人们无所适从。有调查显示，尽管大多数企业领导者都认为组织文化影响很大，但很多人并不重视组织文化建设，原因之一就是不知道如何建设组织文化或什么样类型的组织文化对提高业绩有影响（张德、王玉芹，2007）。

我们通过广泛的阅读和研究发现，在现有的组织文化理论研究中，切片式的即时性研究较多，历史性纵向研究较少；对组织文化的整体性研究较多，对组织内部亚文化的分析较少。在对组织内部亚文化、特别是亚文化之间互动关系研究极为缺乏的情况下，静态、孤立性研究较多，动态、体系化、交互性研究较少。例如，在强组织文化研究中，往往重分享度的研究而忽视对内容的研究，而大量组织文化内容研究又避免在强组织文化理论框架之内展开，导致文化力度与文化内容研究的分离。由于很多人认为强组织文化阻碍组织变革，于是大量对于组织文化变革的研究游离于强组织文化理论框架之外，并导致了强组织文化理论和组织文化变革理论的分离。在权变理论的影响下，组织文化内容研究大都在竞争性价值观理论框架内展开，使得组织文化内容研究倾向于破碎化和标签化，整合性大大降低。沙因（Schein，2009，第33页）评论说，“这些标签很容易让我们忽略掉那些对理解企业文化同样重要的其他文化因素。因此，有关企业文化的描述应该是一个多维度结构，企业文化的这种多维性在评估某一文化的优、劣势时将变得尤为重要。”由于组织文化理论在系统性和整合性方面的缺失，在讨论组织文化与组织效能关联性这一重要课题时，有些研究从文化力度的角度出发，有些则从特定文化特质和类型的角度出发，导致很多研究或从文化局部出发看待问题，或从文化整体出发看待问题，却很难关注到组织文化局部之间的互动关系、文化局部和文化整体之间的互动关系，所产生的理论模型也就很难避免静态和孤立的特质。

有学者认为我国组织文化理论研究面临理论建构停滞不前的问题，对欧美组织文化理论的照搬表现出典型的“简单复制”特征。其结果是，尽管组织文化研究在我国已有三十多年的历程，但至今仍未形成一套成熟的理论框架体系（徐尚昆，2011，第7—8页）。在我们看来，西方的组织文化理论发展并不完善，本身就存在不断重构的需要。注重对局部和个体对象的科学分析是欧美管理思维的长处，但缺点是缺乏整体视角，比较容易忽视整体和局部之间存在辩证关系。然而，整体是建立在局部基础之上，由局部之间的互动而形成的整体，局部是整体制约和影响下的局部，对局部的研究和对整体的研究缺一不可，必须加以整合性对待。以中国文化为代表的东亚文化强调整体性和整合性思维，这部分地解释了20世纪七八十年代日本组织文化理论和实践对西方的影响，也正是我们可以在学习和吸收西方组织文化理论的基础上对其加以优化的关键所在。本书正是朝着这个方向的一项初步尝试。在本书中，我们提出了“强效组织文化”这个概念，纠正了“强组织文化”以追求力度和共享度代替追求客观组织效能的偏差，强调了任何组织文化的好坏都要看其是否具备强大的效能性。这个概念整合了组织文化的中介工具性和终极功能性。我们还提出了强效组织文化是多维聚合型的，代表了一种聚合性价值观框架而非竞争性价值观框架。我们认为优秀的组织文化是多个维度上的文化内容共同发生作用的结果，能够促进组织效能的价值观在组织内部相互强化和优化，不仅共同发挥作用，而且发挥共同作用。这些价值观并非彼此竞争排斥的关系，或因时因地轮流主导的关系。强效组织文化内部不同类型的价值观的聚合性是首要的，权变性是次要的。这些观点都受到中国文化整体思维和辩证思维的影响。

20世纪90年代以来，我国出现了一大批知识型企业组织，广泛分布于证券投资服务业、管理咨询业、信息与通信服务业、现代制造业和智能制造业、软件与研发服务业、工程设计服务业、互联网服务企业等。虽然起步较晚，但这些企业的发展速度是惊人的：腾讯、阿里巴巴都已成为互联网应用领域的全球性领先企业，而华为公司则已经成为电信设备制造业的世界冠军型企业，其在一些核心科技应用领域的领先程度已经到了某个超级大国需要举国家之力加以压制的地步。以笔者熟悉的投资银行业来说，也出现了中信证券和中金公司为代表的国际化投资银行。在过去20—30 年间，中国的知识型企业组织已经积累了宝贵的管理经验，“是学者们用科学的、客观的、抽象的研究方法从中国企业活生生的管理实践中提炼并概括出具有普适性的管理规律并影响世界的时候了。”（吴晓波，等，2017）

2001年，中国加入了世界贸易组织（WTO），这意味着中国服务业市场的对外开放。近期，这一开放进程明显加快了，中国的知识密集型企业在欧美同行的强力竞争面前，要打好防御战。而在“一带一路”和“走出去”的战略大背景下，中国企业还将在国际市场上与竞争对手展开进攻战。在一个日趋全球化的竞争格局中，中国知识密集型企业有必要深入学习和总结欧美一些百年老店的管理经验和教训，结合本土实践经验，做到知己知彼，建立起具有历史感、国际观和前瞻性的组织文化管理思维框架。希望本书能够为这一努力做一些微薄的贡献。

CONTENTS

目 录

第1章 Chapter 01

组织文化与组织效能

组织文化和组织效能在概念上都具有较大的复杂性。建立在差异化概念解释上的理论探讨不仅有可能低效、甚至有可能无效。因此，深入探讨这两个概念的来龙去脉，锚定其内涵和外延，对于本书的讨论具有定向作用和基础性意义。

组织文化的概念

文化是人类学的核心概念。文化应该包含哪些内容是充满争议的问题。文化概念（culture）源自拉丁语中的“colo”，意味“耕耘”。随着时间的推移，文化作为一个概念的使用逐渐超越了原本狭窄的范围，以至于到了维多利亚时期成为无所不包的、抽象的、整体性表述人类生活方式的概念（Winthrop，1991，第50页）。20世纪中期，Kroeber等人（1952）列举了文化的164个定义，并概括为六大类：①描述性定义，把文化定义为复杂性整体和总合，强调文化的整体性；②历史性定义，把文化定义为社会遗产或传承；③规范性定义，把文化定义为做事的规则和方式或指导行为的理念和价值观；④心理性定义，把文化定义为某种心理调整、外部适应和解决问题的工具或学习行为和成果；⑤结构性定义，把文化定义为类型或组织形式，强调文化内部因素的相关性和相互依赖性；⑥基因性定义、把文化定义为人工产品、制品或观念、主张、符号。

由于文化的定义过于多样化和宽泛化，使其在理论上的可操作性成疑。美国人类学家格尔茨（Geertz，1973）批评说，把文化定义为无所不包的“大杂烩”会将文化概念带入困境。他主张把文化当作纯粹的符号系统来对待，并建议通过区分文化要素，确定各要素间的内部联系，并在此基础上，围绕将整个系统组织起来的核心符号，描述整个系统的特征，并将整个系统视为文化的表层体现。他认为，只有这样，文化概念才能得到最为有效的处理。

对于什么是“整个组织围绕其组织起来的核心符号”，现有研究存在一定程度上的共识，并逐步聚焦于核心价值观这个概念上。例如，Wilkins（1984，第41页）、Gagliardi（1986，第119页）、Chatman和Jehn（1994，第524页）、Nadler（1998，第36页）都同意文化应被定义为共享的信仰、价值观和主张。

组织文化概念是文化概念的延伸。Meek（1988，第454页）认为组织文化是人类学文化概念在研究复杂组织过程中所产生的衍生概念。在20世纪70年代末期人们开始构建组织文化概念时，文化在组织研究中很少被提及，这导致学术界大量借鉴文化人类学成果（Hatch，2004，第208页）。受文化人类学文化定义多样性的影响，组织文化的定义也不尽一致。与人类学家聚焦核心符号和价值观类似，组织文化学者大都认为组织文化由核心价值观及衍生物构成。价值观是核心（Deal，Kennedy，1982，第21页），是组织文化的深层结构（Deetz，Kersten，1983，第158页），是组织成员分享的指导原则和主观取舍机制（Hofstede，Hofstede，2005，第8页）。作为持久性信仰，价值观决定了一些行为模式在个人和社会层面上得到支持，而相反的行为模式则被社会成员抗拒（Rokeach，1973，第5页）。相对于价值观体系，组织架构和组织战略是组织的表层结构，是由价值观和信仰体系造就的（Sullivan，1986，第548页）。在组织文化的概念框架中，组织文化、组织战略和组织架构的边界变得模糊了（Tichy，1983，第256页）。例如，扁平化组织结构是权力分享价值观的外显，而垂直型组织反映出陡峭的权力距离和官僚倾向。March和Simon（1958，第170页）提出：文化、战略和架构都是组织行为范式中相对稳定且变化缓慢的那些方面。在实践层面，前高盛公司合伙人彼得·温伯格（Peter Weinberg）的说法是："组织架构图没有意义。关键是员工如何互动和共事。"（Davis，2003，第58页）

组织文化的特性

组织文化拥有如下一些特性，这些特性既是组织文化管理的基础，也彰显出组织文化管理的重要性。

符号性

格尔茨（Geertz，1973，第5页）指出，所谓文化就是一些由人编制的意义之网。Feldman（1986，第591页）指出，文化是情境，是人们用来赋予自己和他人的行动以意义的符号体系；行动只有在用以提供解释的符号性情境中才有意义。组织文化的符号性意味着文化是可观察的（Chatman et al.，1998，第749页）。沙因（Schein，2010，第23页）认为文化可以从三个层面观察：①人工制品；②公示的信仰和价值观；③基本潜在假设。沙因所说的人工制品包括组织内部环境，组织架构和流程，以及可观察到的组织行为等。Argyris和Schon（1978，第16页）则认为组织本身就是组织文化的人工制品。这些外显物质都反映组织的主流信仰和价值观。杨杜（2016，第84页）认为组织文化自内而外由理念层、制度层、行为层和物质层构成。Manning（1982，第125页）把组织文化按抽象程度分为原则、制度和工作准则三个层面。

历史性

美国实用主义哲学家约翰·杜威认为：人和动物的主要区别在于通过使用标记和符号保存过往的经验（Dewey，1920，第1页）。管理学家明茨伯格（Mintzberg，1994，第145页）认为文化深植于组织的历史与传统之中。Nord（1985，第191页）指出文化概念给组织研究带来的最大贡献之一就是引入了历史的视角，弥补了组织行为学家在从事组织研究时对历史背景的忽视。Bate（1994，第140页）指出管理者总体上来讲轻视历史意识，而把重点放在当下和前瞻性的事务上，但在文化管理上这会带来问题。缺乏历史观只能对文化进行快照式诊断而非望远镜式的诊断，无法了解组织文化的深层结构，难以避免组织不断重复的错误，也难以了解当下问题的历史背景。Nadler（1998，第29页）观察到组织受自身历史经验的影响是巨大的，其程度往往超乎预料。

行为性

组织文化影响组织行为，是组织行为的背景（Smircich，1985，第58页）。组织的核心价值观影响成员的行为，价值观通过为组织成员提供方向感和情感支持引发相应的行为（Grojean et al.，2004，第225页）。沙因（Schein，1996，第229页）认为组织文化的概念只有从观察组织中真实行为获得。Argyris和Schon（1978，第12页）指出组织宣称的价值观和实际指导行为的应用价值观是两回事，经常不一致。组织的应用价值观只能从组织的重要决策和行为中发现。Sackmann（1992，第140页）提出比较组织怎么说的和怎么做的可以提供关于组织成员世界观的有价值的信息，并用于形成三角形证据链。格尔茨（Geertz，1973，第22页）指出：行为必须受到关注，并且必须带有某种程度的准确性，因为正是通过行为之流——或者，更准确地说，通过社会性行为——文化的形式才得以连贯成一体。

动态性

文化是不断变化的。直觉上，人们把组织文化视为某个组织内部存在的现象（Smircich，1985，第58页），甚至是组织的代名词（Bate，1994，第12页）。在这个意义上，文化是很难改变的，因为自体不可以改变自体。但文化并不是封闭的。文化通过人类行为产生，是人类行为的符号化。学习行为成为产生重复性行为或新行为的情境性因素，并通过重复性行为或新行为获得巩固或更新。所以文化运行是从行为到符号再到行为的一个周而复始的循环。文化既是结果又是过程，既是人类如何互动的塑造因素，又是这种互动的结果，并被人类持续的互动持续再造（Jelinek et al.，1983，第331页）。

习得性

组织文化是习得的。沙因（Schein，1984，第3页）认为文化的形成是一个动态学习过程。Argyris和Schon（1978，第19页）的研究表明：组织学习是通过集体质询和分享进行的组织纠错过程。在这一过程中，个人作为组织行为的代理人，在日常工作中发现与组织实际运用价值观相背离的做法，并加以纠正，以此形成新的做法，并完成了个人学习过程。当组织成员协作完成这一过程并分享新的做法时，组织学习行为就产生了。组织学习的目的正是通过上述纠错过程，应对组织内部和外部环境的变化。组织学习是对组织既有文化的集体确认或对新文化加以分享的过程，组织学习的方式决定了组织文化的状态。

效能性

Cameron和Quinn（2006，第17页）认为不同组织在价值观、主导性的领导风格、语言和符号、流程和习惯、成功的标准等方面的差异性使得每个组织的文化都是独特的。明茨伯格（Mintzberg，1994，第413页）认为组织文化的独特性与不同组织的历史和传统相关。Selznick（1957）提出组织性格赋予组织独特的能力或缺陷，组织文化差异带来组织效能差异。组织文化的独特性与组织效能密切相关，这类研究在组织文化研究中处于核心地位（Denison，Mishra，1995，第205页）。组织文化之所以激起强烈的研究兴趣就在于它对组织效能产生重大影响（Ogbonna，Harris，2000，第769页；Tichy，1982，第62页；Gordon，1985，第103页）。组织效能的强弱是组织文化的因变量，特定的价值观带来特定的组织效能（Denison，1997，第5页）。

组织文化的上述特性是开展组织文化研究应该时刻关注的。这些特性对概念的把握，概念间关系的建构、研究的方法和运用都有重要影响。例如，文化的符号性意味着对文化的观察和解析是可行的；文化的行为性意味着对组织行为的观察和解析是对组织文化的观察和解析不可或缺的重要组成部分；文化的动态性和历史性表明任何组织的文化都是不断变化的，对组织文化的观察和研究必须采用历史的和发展的视角；文化的效能性意味着组织文化差异产生组织效能差异，是研究组织文化与组织效能关联关系的基础。

组织文化管理

20世纪70、80年代日本企业给美国企业带来挑战，促使美国学者开始关注组织文化管理的作用（Pascale，Athos，1981，第83页；Hofstede，1986，第253页）。正如沙因（Schein，2010，第7页）所言，尽管文化是一种抽象的概念，但文化在社会和组织情境中产生的影响力是巨大的。如果不理解这些影响力发挥作用的方式，人们将成为它们的受害者。Dillard（2012）提出，组织文化的优劣最终决定管理效率及长期组织效能。无论一个组织掌握了多少管理概念、方法、模型、理论和技能，如果其组织文化倾向于自我保护且缺乏应变力，该组织的未来依旧会是暗淡的。组织文化决定管理效率的好坏并最终决定组织效能的优劣。Chatman和Cha（2003，第20页）也指出：文化管理不一定带来组织的成功，不进行文化管理的组织也绝非不可救药，文化管理只不过是众多领导工具中的一种，但从长期来看，实施积极文化管理的组织更可能实现战略目标。

史德安（2017，第8页）指出：自发形成和自觉形成是组织文化形成的两种方式。所谓组织文化的自觉形成，简单地说，就是管理者有意识地倡导或强化某种文化，并在组织内部形成这种文化。组织文化形成过程中，管理者的倡导是一种有意识、有目的的自觉行为，是经过深思熟虑后的文化选择。

由于组织文化可以被诊断和改变（Cameron，Quinn，2006，第6页），是可以被操纵的变量（Schein，1996，第229页），这意味着对文化符号的管理可以成为管理的重要手段之一（Peters，1978，第10页）。Pfeffer（1981a，第12页）提出组织可以被视为一个意义分享体系，信仰体系的建立和维护是组织管理行为的关键组成部分，语言、符号、典礼和仪式都是重要的意义创立工具和管理工具。Weick（1979，第42页）阐释说：管理工作可以被视为管理神话、符号和标签的工作。Selznick（1957）把组织文化管理过程视为一个机构化过程：当组织被灌输了价值观后，就成为一个机构（institution）。在机构化（institutionalization）完成后，组织就不再仅仅是实现某种目标的工具，而且成为个人满足感的来源和集体整合的载体。在更具体的层面上，O'Reilly（1989，第24页）提出了文化管理的四个步骤：①认清组织战略目标；②对现有的组织价值观和范式加以分析；③发现那些有利于和不利于实现战略目标的价值观和范式；④设定计划，有针对性地进行组织文化调整。

组织效能的概念

研究组织文化的重要目的之一是发现组织文化与组织效能之间的关系。什么是组织效能？如何衡量组织效能？这两个问题也是研究组织文化的基础性问题。组织效能（organizational effectiveness）是一个复杂的概念，但对组织理论至关重要（Goodman，Pennings，1980，第185页）。世界上存在着形形色色的组织，就不同类型、处于不同发展阶段、拥有复杂的内外部利益关系的组织而言，很难有统一的组织效能理论（Cameron，Whetten，1983，第262页）。但在组织文化与组织效能的关联性和因果性研究中，大量使用比较研究方法。在这类研究中使用统一的，可比性强的组织效能概念和衡量标准是使比较研究令人信服的基础之一。

三个概念模型

长久以来，学界讨论最多的是组织效能的三个概念模型。根据丹尼森（Denison，1997，第36页）的归纳总结，第一个模型被称为自然系统模型，认为组织并没有简单的“目标”，组织效能取决于系统自身的稳定性和精致程度，反映为成长、稳定和衰落。第二个模型是目标达成模型，组织效能是否存在取决于组织是否能够达成特定目标。在这一模型中，组织是被刻意设计的，具有工具性和目的性。但组织应达成什么样的目标是难以确定的问题，由于存在不同的利益相关者，答案是混乱不一甚至是自相矛盾的。第三个模型称为决策流程模型，认为组织主要的功能是信息处理和决策，所以相关流程和特点决定了组织的效能情况。Seashore（1983，第61页）认为上述三个模型各有利弊，互补性强，完全可以整合在一起，但认为自然系统模型因其长期性和综合性，可以吸收整合另外两个模型。本书认为，自然系统模型不仅具有长期性和综合性，而且采用了外部综合视角，最适合运用于涉及组织效能的比较研究。

自然系统模型的总体视角

就给定组织而言，众多个人、集团和其他组织都与它产生关系，对该组织是否有效存在不同的观察点、尺度和程序。所以一个组织效能的高低是仁者见仁，智者见智的问题，存在多元答案（Pfeffer，

Salancik，1978，第32页）。由于组织内、外部不同的利益相关者看待组织效能的角度各有不同，在分析组织效能时，有必要区分“组织效能”和“组织之于效能”。所谓“组织之于效能”是指组织之于谁的效能。例如，有些研究专注的是组织之于员工的效能，聚焦于员工通过加入和留在组织的满意度和自我实现度。另外一些研究专注于组织之于管理层、股东、监管者甚至社会的效能。这些“组织之于效能”都有特定的主观视角和利益取向，有时甚至是彼此冲突和对立的，因而也是无法比较的。例如，Mitchell（1985，第352页）发现从管理层的角度出发的效能指标与从员工角度出发的效能指标差距甚大。在1984年评出的最受员工欢迎的100家美国公司中，只有21家出现在美国卓越公司（Peters，Waterman，1981）的样本中，而后者采用的是管理者的角度。Daft（1995，第60页）的研究也揭示出不同类型的利益相关者会倾向于使用不同的效能指标（如下表所示）。

表1–1　利益相关者的效能指标

利益相关者	效能指标	利益相关者	效能指标
1.所有者	财务收益率	5.社区	对社区事务的贡献
2.雇员	工作满意度、薪酬	6.供应商	满意的交易
3.顾客	产品或服务的质量	7.政府	合法合规
4.债权人	信用的可靠性		

源自组织内或组织外视角的组织效能由于具有主观性，所以具有绝对性和不可比性，只能在明确角度和指标的前提下，展开就事论事的个性化研究，很难在其中抽象出具有普遍意义的理论（Goodman，Pennings，1980，第195页）。为此，Seashore（1983，第64页）建议人们放弃某个特定组织存在“真正的”和“客观的”组织效能这一想法。有些学者（Goodman et al.，1983，第175页）甚至提出应该暂停

传统意义上的组织效能研究。

我们认为，在开展涉及组织效能的比较研究时，研究者需要回避组织内外不同利益相关者对组织效能的看法，而是从总体视角去关注真正意义上的组织之于组织之效能。我们的出发点与组织效能的自然系统模型有类似之处，该模型认为组织作为一个自然系统，有其自身的生存发展需求，也有其相对独立的行为动力和变化动力。可以假设，在同一时期、同一市场、同一行业运行的同类企业，总会有一些企业相对于其他企业展现出更强的效能。这些企业相对于可比公司更大、更强、更能适应变化、更有发展潜力，更能为外部和内部利益相关者、甚至是整个社会带来利益。这样的组织效能是相对的（某组织相对于另一个可比组织），而非绝对的，客观的、可比的，而非主观的，不可比的。只有这种从整体角度加以评判的、相对的、客观意义上的组织效能才具有较大的理论化空间。

内部效能、外部效能和综合效能

Pfeffer和Salancik（1978，第11页）把组织效能区分为内部效能和外部效能。他认为，区分组织效能（effectiveness）和组织效率（efficiency）至关重要。两者的根本区别在于一个是外部标准、一个是内部标准。组织效能是组织能否很好满足相关的外部组织和群体需求的外部标准，组织效能的高低最终要由组织外部的关键利益相关方来评判；组织效率则是组织表现的内部标准。Goodman和Pennings（1980，第197页）指出，更多的研究认为组织外部效能和内部效能同等重要，是综合性的。组织对外和对内的适应能力共同成就组织效能。Gaertner和Ramnarayan（1983，第97页）也指出，组织效能不是一件事、一个目标、或组织产出和行为的特征，而是组织内外支持者内部和之间关系的总和。我们认为，当采用全局性、客观视角时，组织效能只能是包含内部效能和外部效能的综合效能。组织效能只有包含了内部效能和外部效能才是一个完整的概念。

短期效能，中期效能和长期效能

巴纳德（Barnard，1938，第36页）认为组织效能可以分为短期效能和长期效能。Goodman和Pennings（1980，第207页）指出研究组织效能不能忽略时间维度。要避免用长期指标测量短期效能，也要避免用短期指标衡量长期效能。科特（Kotter，1980，第294页）把短期效能定义为业务、流程和决策效率，把中期效能定义为保持短期效能的能力，把长期效能定义为组织能够迅速应对导致内部失去协调的外部变化，使得内部重归协调状态的能力。我们认为，对组织效能的考察时间越长就越有意义，一方面，组织长期效能要素包含了短期和中期要素，另一方面，管理者经常通过牺牲长期效能来装饰短期效能指标，或牺牲短期效能而追求长期效能（Cameron，Whetten，1983，第272页）。因此，对组织效能考察的时间跨度越大，失真的可能性就越小。就组织效能的三大模型而言，自然系统模型更接近于长期效能模型，而其他两类模型更接近于短期效能模型。

组织效能的衡量

就组织效能的衡量，很多学者从不同角度提出了很多效能指标。德鲁克（Drucker，1954）使用了8项指标，Campbell等人（1974）使用了30项指标，Pennings（1976）使用了5项效能指标，Spitzer（2007）

使用了34项指标。

问题在于，上述研究使用的效能指标均不相同。一方面，这些研究所涉及的行业完全不同，不同的行业涉及不同的内部和外部环境，会有不同的效能指标；另一个方面，每个研究者对效能的主观看法都不一致，即便针对同一行业，不同的研究者也可能偏爱不同的效能指标。为了调和差异，有些学者试图把组织效能的标准变得更加结构化。Seashore（1956，第26页）提出，组织效能的评价标准是一个呈金字塔形的有层次的系统，位于塔顶的是最终标准，反映了有效利用环境资源和机会以达到长期或正式目标的程度；二是中间标准，位于金字塔的中部，是较为短期的经营效益影响要素或参数，反映出企业希望追求的成果，在它们之间可以进行比较、权衡和取舍。三是短期标准，它们位于塔底，是一些对组织当前活动进行评价的标准，大体上反映了顺利和充分实现中期目标所需要的前提和条件。卡普兰和诺顿（Kaplan，Norton，1996，第44页）在平衡记分卡框架之中，提出全面衡量组织效能需要从四个角度和相应指标出发：一，财务角度（投资回报率和经济附加值）；二，客户角度（满意度、客户流失情况、市场份额、客户份额）；三，内部角度（质量、回应速度、成本、新产品的引入）；四，学习和成长角度（员工满意度、信息系统的发达程度）。尽管如此，这些作者都承认由于组织效能指标应该是组织目标和战略驱动的，而每个公司在目标和战略上又是不同的，因而很难横向加以适用或进行比较。此外，组织目标和战略由于需要因应内、外部变化而被不断调整，所以具体的组织效能指标也可能是不断变动的、短期的和阶段性的。

尽管屡受挫折，但学术界仍然非常希望能够找到具有共通性的、“终极的”组织效能指标（Kirchhoff，1976，第247页）。这也许是不可能完成的任务，但在自然系统模型的框架中，在进行组织效能的比较研究时，如果尽可能选取外部化、长期化、全局化和客观化的指标，则有可能最大限度地接近这一目标。彼得·圣吉认为，公司组织可以被看作机器，也可以被看作独立的生命体。当被视为机器时，公司是为特定的外部人（群）建造和拥有的，为了满足特定目的而建造的，是固定的、静态的，没有自我认同，为所有者服务，被逐步磨损报废，无法自我学习和更新。而作为独立生命体的公司组织启动了独立的进化流程，具有自我认同、自我改良、持续学习的能力，在功能和寿命上可以超越任何组织成员（Senge，1997）。圣吉的观点是对自然系统模型理论假设的精辟注解。

基于以上讨论，我们认为，组织效能的比较只有在同类可比组织间展开才有意义。我们提出三项组织效能标准。这三项标准是相互关联和一体化的：

1. 组织在所处行业中是否属于相对长寿的公司。长寿是组织具备效能性的重要标志之一，正如巴纳德（Barnard,1938，第82页）所言："组织要想持续存在，效能和效率都是必不可少的，而且组织存在的时间越长，这两者的必要性就越突出。"

2. 组织在所处的行业中是否能够不断超越竞争对手。这是经济组织经常会设定的目标。在组织生存期内能够不断超越可比竞争对手是优越组织效能的客观指标。

3. 在存续期内，组织是否比其他可比公司在更长的时间内处于所在行业的中心地位。Etzioni（1961，第71页）把组织目标定义为组织试图达到的状态。德鲁克（Drucker，1954）把市场地位视为企业绩效的首要指标。成为业界领先的核心企业是经济组织所能够达到的理想状态。在实践中，我们也能够观察到一些公司，虽然长寿，但在行业内高度边缘化，这样的长寿公司因缺乏超越性和中心性，并非我们所定义的高效组织。

需要再度强调的是：上述指标都是相对性指标而非绝对性指标，客观性指标而非主观性指标，长期指标而非短期指标，综合指标而非局部指标，具有可比性和可测度性，尤其适合用来对处于同时期、同行业的组织效能展开比较研究。从组织文化研究的角度看，在发现特定行业在特定时期的高效能组织的基础上，可以再聚焦其组织文化，并深入研究组织文化与组织效能间的关系。

第2章 Chapter 02

强组织文化理论：工具还是陷阱

在组织文化研究逐步聚焦于组织文化管理的大背景下，强组织文化理论（strong culture theory）成为组织文化管理理论的核心组成部分之一。对强组织文化的研究兴趣主要基于“强”文化组织比“弱”文化组织更具效能性的观点（Schein，1985，第17页）。很多研究都假设组织文化管理的使命之一就是通过打造强组织文化实现更强组织效能。然而，对于强组织文化理论的支持和反对之声一直以来都同样强烈，我们认为，这一理论虽然缺陷与合理性并存，但确有重构的必要。

强组织文化的定义

Sathe（1983，第6页），O’Reilly和Chatman（1996，第166页）把强组织文化定义为组织成员高度并广泛分享的文化。Bateman和Snell（2011，第72页）认为组织文化的强弱取决于其对员工思想和行为的影响程度。O’Reilly（1989，第13页）认为高度共识和强大力度是强组织文化必须同时具备的两大特征。Chatman和Cha（2003，第23页）认为强组织文化具备两大特征，员工对尊崇什么样的价值观意见高度一致，而且被尊崇的价值观具有高强度。如果两个指标都高，就意味着强组织文化的存在；如果两个指标都低，该组织文化就根本不是强组织文化。

强组织文化的形成机制

Martin（1985，第151页）认为强组织文化大都起源于公司的创始人和最高领导者。Schein（2010）认为创立者和领导者设计了文化，并运用它们对群体施加影响，文化从根本上就是领导者所创造、嵌入、发展并最终被领导所操控的。文化创造和管理的动态过程正是领导力的精髓，并使人们认识到领导力和文化是同一枚硬币的两个方面。O'Reilly（1989，第20页）提出强组织文化形成机制的四个主要方面，包括员工参与、管理层垂范、员工之间的信息互动和综合的奖励体系。吴春波（2016，第78页）结合对华为公司的研究，总结了组织文化建设的9条经验：①建立宪章；②高层以身作则；③高层的传播；④舆论宣传；⑤制度牵引；⑥培训引导；⑦荣誉激励；⑧行为规范；⑨仪式侵染。Wilkins和Ouchi（1983，第474页）指出强组织文化来自组织持续不断的社会化活动和核心符号管理，包括典礼和仪式、使命宣言、价值观宣言、英雄人物、故事和公司歌曲等。

典礼和仪式

Trice和Beyer（1984，第655页）认为典礼和仪式是非常重要的组织文化现象，具有如下特色：①反映为一系列广泛和计划周全的活动；②以社会互动的形式进行；③通常面向特定的观众；④产生多方面社会后果。典礼和仪式整合了多种组织文化要素和形式，且是面向公众的，可被观察的，有明确的起始点。典礼和仪式可以分为六类：通过仪式（如录取仪式）、贬低仪式（如开除和更换高管）、倡导仪式（如重要庆典）、革新仪式（如改革动员）、冲突减震仪式（如跨部门协商和谈判），以及整合仪式（如圣诞聚会）。

使命宣言

德鲁克（Druker，1974）提出使命宣言回答的是“我们想成为什么样的组织”和“我们的业务是什么”这类核心问题。Pearce Ⅱ（1982，第109页）认为使命宣言宣示组织的最终目标，帮助管理层、员工和顾客在方向、期望及所提供的服务等方面达成共同理解。Muller（2004，第7页）指出清晰的使命或目标表述有助于组织确立方向感，明了自身的独特性、专长和局限性，从而避免因过度依赖个人、市场和行业趋势而陷入迷茫。

价值观宣言

Pascale和Athos（1981，第51页）认为价值观宣言使组织的核心价值观深入人心，提供了带来巨大韧性的精神架构。即便员工散布在不同的大洲，也能建立起一致性的预期。价值观宣言使处于复杂环境和分散运营的组织在没有具体运营指令时也能够保持连续性。彼德·圣吉（Senge，1990，第208页）指出核心价值观回答这样的问题：“我们采用何种行为方式，才能接近实现我们的愿景，并和我们的使命保持一致。”

英雄人物

英雄是那些存在于现世或往世、真实或想象中的人物，由于具备组织文化所高度赞誉的特征，成为行为榜样（Hofstede，2005，第

7页）。发现组织中的英雄人物是发现组织文化中非正式规则的途径（Trompenaars et al.，2004，第18页）。

传奇故事

Martin等（1983，第439页）指出故事以细致的描述，反映组织文化的变迁，并揭示组织文化的独特性。Wilkins（1984，第59页）指出故事能够将抽象的组织价值观具体化、生动化和情境化，为员工提供在组织中如何做事和如何获得成功的行为指南。Trompenaars等（2004，第17页）认为组织故事通过帮助组织成员回忆历史，叙述组织在实现目标方面的成功经历，暗示可取的行为方式来强化组织文化。Clark（1972，第179页）提出作为组织冒险长篇故事的组织“萨加”（Saga）深植于历史，彰显组织成就，承载组织成员的情感，是强有力的整合工具。

公司歌曲

Nissley等（2002，第47页）研究了作为公司语言和公司文化美学表现的公司歌曲。研究认为歌词不仅反映公司文化形成的历史情景，还记载了组织记忆、情感和意识形态，具有塑造公司认同和行为，分享共同经验，激励员工、特别是销售部门员工的作用。由于公司歌曲悦耳动听，带给人以享受并唤起员工的情感，所以具有独特的力量。

强文化组织通过社会化过程来强化组织价值观。所谓社会化，就是个人作为成员为了组织稳定调整自身行为和价值观的学习过程（Danielson，2004，第354页）。组织通过选择性招聘（Selznick，1984，第47页）和凝聚式招聘（Martin，1985，第156页）反复衡量候选人的价值观是否与组织核心价值观接近，尽可能录用那些接近组织价值观的求职者。这种类型的招聘不惜大量时间和精力并有大量员工特别是高层员工的参与（Tichy，1982，第72页）。强组织文化还通过大量的培训强化核心价值观念（Pascale，Athos，1981，第52页）。此外，强文化组织会使用奖惩机制（Chatman，Cha，2003，第28页）和排除机制来提升对核心价值观的尊崇度，及时奖励那些符合核心价值观的成员，排除那些对核心价值观不再认同的成员。强文化组织不仅重视核心价值观在现有员工中“横向”分享，也重视核心价值观在历史轴线上进行“纵向”分享，跨越代际形成共同经历和强大的集体性记忆（Clark，1972，第178页）。《基业长青》（Collins，Porras，1994）中的“常青公司”长达1700年的合并历史中，仅有两个公司四次在外部选聘CEO的情形。从内部提拔公司领导人可以有效维护组织核心价值观和集体性记忆的延续性。此外，有学者还指出强文化组织重视核心价值观在理念层面和行为层面的一致性，能够引领组织成员的行为，让组织成员感受到核心价值观的压力（Kilman et al.，1985，第4页），进而达成价值观与行为的高度一致（Denison，1997，第6页）。

强组织文化的功能

在分析强组织文化的功能时，现有研究大都强调强组织文化给组织带来的整体性、一致性、认同性、凝聚性和更高的组织效能性。主要涉及以下几个方面：

对组织承诺和目标认同的塑造和促进作用

O'Reilly（1989，第17页）指出对组织的承诺可以理解为组织成员对组织的心理认同，包括参与感、忠诚感和对组织价值的认同感。O'Reilly和Chatman（1986，第493页）提出了组织成员形成组织承诺的三个阶段：服从、认同和对组织核心价值观的内化。Weick（1985，第383页）认为强组织文化增进员工对组织目标的分享和认知，发育良好的组织文化降低了计划的重要性。Kotter和Heskett（1992，第16页）指出员工在对组织目标了解和认可的情况下更可能和组织目标保持一致。Pascale和Athos（1981，第80页）提出组织核心价值观与组织目标是一体化的。Posner等（1985，第301页）对近1500位美国经理人的调查显示，那些对组织价值体系高度认同的经理人更在意组织目标的实现。

对组织认同及内部互信的塑造和促进作用

组织行为学家把认同界定为从组织成员端发生的认知过程，主要涉及组织成员对组织的认可度。组织认同具备能够反映组织本质特性的核心性、针对特定组织的独特性和在特定时段内的持续性。它提供了组织和组织成员的自我分类机制，回答的是“我们是谁”的问题（Albert，Whetten，1985）。组织认同是在特定组织文化情境中形成的，可以被视作某种组织文化产物（Soenen，Moingeon，2002，第22页）。强文化组织通过文化的广泛分享而具有强烈的组织认同。当组织成员的文化特征与组织文化特征近似时，就会对组织产生认同并增进彼此间的信任（Kramer，1999，第589页）。高度的组织认同帮助组织产生凝聚力。对组织的认同感越强，组织成员彼此间就更愿意相互合作，并与外部组织展开竞争。通过对美国1504位医师的实证研究发现：对组织的认同与属于同一组织的医师之间的合作行为具有强烈的正相关关系（Dukerich et al.，2002，第507页）。Chatman（1991，第459页）通过对8家美国最大的审计公司171位新员工的跟踪调研得出了三点结论：①那些与组织价值观接近的新员工适应得更快；②那些接受了密集的组织价值观灌输的员工对组织价值观的认同度更高；③对组织价值观认同度最高的员工满意度也最高，长期为组织效力的意愿也最强。Vandenberghe（1999，第183页）通过对比利时医疗服务行业的实证研究也得出了类似的结论。

对组织内部战略认同的塑造和促进作用

战略的制定和实施都与组织文化密切相关。Weick（1985，第383页）认为对于组织成员而言很难区分文化和战略，甚至可以把文化和战略视为同一件事，而且文化和战略都为组织带来凝聚力、秩序和意义。Bate（1994，第19页）也持有类似的观点。在他看来，文化是一种战略现象，战略是一种文化现象，战略变化就是文化变化。Miles和Snow（2003，第117页）认为组织战略反映被领导层所认可的组织主流文化，且往往会被组织的主流文化所修正。在更为具体的层面上，Schneider（1989，第149页）指出战略的制定涉及收集、选择、诠释和印证外部信息和制定战略重点，这一过程不可能免于文化价值观的影响。Johnson（1990，第183页）指出，人们越来越意识到对战略变迁的阐释不能局限于传统意义的理性规划框架，而必须从组织认知、文化和政治的情境中寻求答案。O'Reilly（1989，第16页）指出，即便是组织制定了特定战略后，如果没有相应的组织文化支持就难以推行。Tichy（1982，第71页）认为组织文化必须和战略相匹配。Green（1988，第7页）发现在战略与文化不能完全匹配时，战略的顺利实施必须克服文化阻力。Lorsch（1986，第97页）通过对12家成功公司的研究发现：所有12家成功公司的领导人都有与战略相匹配的信仰体系和文化。

对组织执行力的塑造和促进作用

文化与执行力密切相关，强组织文化通过塑造和协同员工的行为提升组织的表现（Chatman，Cha，2003，第21页）。被高度分享的意义、语言和感受还有助于强化组织内部的沟通效率（Sathe，1983，第7页）。Michael和Wortham（2009）针对两家组织文化迥异的投资银行展开了两年参与式质性研究后发现：同时进入两家投资银行的员工由于受到不同组织文化的影响在价值观和行为模式上发生了显著分离，但进入同一家投行的员工的行为模式则显著趋同。Gordon和DiTomaso（1992）通过对11家保险公司进行的问卷分析得结论：价值观和范式的广泛分享有助于提升组织成员行为的一致性和快速反应能力，进而提升组织的执行能力和短期整体表现。

激励弥补作用

巴纳德（Barnard，1938，第139—160页）在讨论管理中的激励问题时指出：一个组织可以通过目标激励方式或改变成员思想状况等方式确保成员努力工作。他将“目标激励”称为“激励的手段”，而将“改变成员的思想和态度的过程”称为“说服的手段”。张淑敏（2008，第98页）指出：目前组织内的激励契约形式主要有两种，即货币性报酬激励体系与非货币性报酬激励体系，但两者都有一定的局限性。张淑敏（2008，第171页）认为：组织文化可以有效弥补物质激励契约的不完备性。比起物质激励，精神文化的激励时效更长期，激励强度更大，激励范围更具有全局性和整体性。

对组织效能的促进作用

大量研究试图表明，强组织文化对提升组织效能具有正面促进作用：威廉·大内（Ouchi，1981）在《Z理论》一书中，挑选了日、美两国的典型企业进行研究，发现日本企业比美国企业更成功，一些在管理风格上与日本企业更接近的美国企业比其他美国企业有更好的表现。他建议美国企业应借鉴日本企业的经验，形成新的管理模式，打造“Z”型组织。根据他的描述，Z型组织都是强组织文化公司，有独特的管理哲学和核心价值观。Deal和Kennedy（1982）认为强组织文化既是日本企业成功的原因，也是驱动大部分美国企业成功的因素。Peters和Waterman（1981）通过对62家公司进行研究，筛选出了14家“卓越公司”。在分析这些公司的文化特质时，他们指出：“无一例外，强大和具有凝聚力的文化是所有这些优秀公司的基本素质之一。”Deal和Kennedy（1982）选择了80家公司进行研究，发现其中有25家公司有清晰明确的价值理念，18家有抽象的价值理念，而这18家公司都是成功的公司。Collins和Porras（1994）出版的名著《基业长青》选择了18家“强文化”公司和18家“弱文化”公司展开比较研究，发现“强文化”公司在财务回报和社会影响方面都显著优于“弱文化”公司。

对强组织文化理论的批评与质疑

并不是所有人都认同强组织文化理论。20世纪80年代既开始了对强组织文化理论的集中研究，也同时开启了对强组织文化理论的批评和质疑。这些批评和质疑主要集中在三个方面。

第一类批评

第一类批评指出强组织文化理论把组织文化作为单一整体看待，忽视了组织内部的个体性、差异性和冲突性。与文化人类学的传统相符，很多组织文化研究把组织文化视为单一性整体，文化被认为涵盖组织中所有人文要素，组织文化通过增强组织凝聚力和整合性对组织有效性的影响也成为研究重点（Meek，1988，第454页）。文化人类学家爱德华·泰勒在其名著《文化的起源》（Tylor，1958，第1页）中将文化定义为："文化是个人为了成为社会成员而获取的复杂性整体：包括知识、信仰、艺术、法律、道德、习俗以及其他能力和习惯。"Schafer（1998，第26页）认为泰勒的文化定义起到了分水岭的作用。在此之前的所有文化的概念都是不完整的概念，即整体的各个部分的概念。美国文化人类学家露丝·本尼迪克特（Benedict，1934，第47页）阐释了为什么整体性对于文化概念如此之重要，在她看来，整体，正像现代科学在许多领域所坚持的，已经不单纯是所有各部分的总和，而是各部分独一无二的排列和内部关系的结果，从而产生一个新的实体。整体决定它的部分，不仅决定各部分之间的关系，而且决定它们的各自性质。巴纳德（Barnard，1938，第83页）也宣称组织的主要方面是非个人化的。在他看来，合作而非冲突才是组织的基本性质；人们因分享组织共同的道德目标而加入组织。他的这种观点在儒家文化圈很容易获得共鸣：强调集体性和组织同质性正是日本组织模式的重要特征之一（Ouchi，Price，1978，第32页）。

组织文化作为单一性整体的观点在学术界广受质疑（Turner，1986，第113页），被批评为假象、神话、幼稚和简单化的认识（Gregory，1983，第365页）。Maanen和Barley（1985，第32页）认为把组织文化视为单一性整体的观点虽然代表文化人类学的传统，但很难经得起实证检验；从社会学视角来看，文化是由很多种亚文化构成的。Rose（1988，第142页）认为组织文化从根本上就是多元的。Louis（1985，第130页）指出组织成员因专业性或区域性分工产生多种亚文化。Trompenaars等（2004，第23页）指出亚文化存在于不同的管理层级上。Pfeffer（1981b，第38页）、Martin和Siehl（1983，第53页）、Meek（1988，第456页）认为：亚文化代表着不同的局部利益和价值观，甚至会彼此冲突。Perrow（1961，第855页）指出组织目标往往并非管理层宣示的那么简单，有可能是多重的和相互冲突的。Young（1989，第190页）提出，基于不同利益的亚文化群体在对组织价值观的接受、理解和表述程度都存在差异性，这些差异性被用以划定亚文化组织边界和界定成员身份。Nord（1985，第194页）特别强调复杂性组织内部存有大量相互冲突且处于动态变化中的价值观，所以与其把文化比喻为具有凝聚力的“胶水”，不如比喻成具有吸引力的“磁场”。在他看来，“胶水”比喻过于静态，而“磁场”比喻更能反映出文化的复杂性和动态性。

第二类批评

第二类批评者认为强组织文化并非都是自上而下形成的，也可能是自下而上的亚文化互动结果。早期组织理论家认为组织成员是因为分享共同的组织目标而走到一起的，共同目标是组织合作的基础。若组织成员，尤其是那些底层成员无法分享组织的共同目标，通过自上而下的信念灌输促成共同目标的形成就成为组织领导人的基本职责（Barnard，1938，第87页）。Selznick（1957，第61页）也持类似观点。沙因（Schein，1991，第14页）认为组织的创立者是组织文化最重要的来源，创立者们会对组织如何识别和解决外部适应和内部整合问题产生主要的影响，并将自己的观念强加给合作伙伴与雇员。Lorsch

（1985，第84页）把组织文化定义为最高管理层就如何管理自己和雇员以及如何展业所分享的信念。Martin和Frost（1996，第613页）把组织文化视为被全面分享的管理层价值观；Berson等（2008）的实证研究表明组织文化明显反映出CEO的个人价值观，当CEO分别崇尚员工自主、稳健或仁慈的价值观时，组织文化会分别倾向于创新型、官僚型和支持型。Peters（1978，第18页）认为当组织脱离了创始人的直接影响后，组织领导人，包括历届CEO在文化传承或改变方面的影响力是重要的，甚至是决定性的。

持反对观点的学者则认为强组织文化的来源是多元的。Drennan（1992）列举了包括强势领导人在内的12个组织文化来源。O'Reilly（1989，第13页）认为最高领导人所奉持的指导性信仰、愿景与基层员工所遵从的日常信仰和范式存在重要差异。前者指的是领导者的文化期待，后者反映的才是文化现实。Goffman（1961）指出，面对由管理层主导的组织文化，组织成员并非完全处于被动地位，而是具有主动性的参与者。他们在一定程度上对自上而下灌输的组织文化采取接受、否认、反制、重塑、反思、默认、反抗或者顺从等不同态度，并以此共同塑造组织文化。Golden（1992，第19页）也认为组织文化研究往往忽视员工作为个人的能动性。在他看来，面对特定组织文化，员工可以选择无条件遵守，有保留遵守，秘密抗拒和公开抗拒，而并非被动的个体。Young（1989，第201页）提出组织文化是多种亚文化互动博弈的结果，不同的利益集团之间的互动每天都在塑造和重塑组织文化。相对折中观点则认为既有主流文化构成亚文化互动的情境（Feldman，1986，第603页），形成符号性力量（Hallet，2003，第129页），对亚文化互动的结果和新组织文化的形成产生影响。彼得·圣吉（Senge，1997）把长寿公司视为有自我生命的组织，创造自己的流程，追求自己的目标，不断自我更新，员工更像是合作性社区的成员。圣吉把这样的公司与必须有置身其外或凌驾其上的特定操纵者控制和改变的机器相区别。

第三类批评

第三类批评尤其值得关注，且对我们研究的主题至关重要。这类批评无论是在理论层面还是在实践层面上，对强组织文化理论的负面评价大都集中在组织应变能力缺陷之上，这对于强组织文化理论和指导实践的价值可能带来致命性减损。

首先，大量学者指出强组织文化削弱组织应变能力。Kanter（1983）认为内部整合度最高的企业往往最缺乏外部反应能力；Wilkins（1984，第41页）提出强组织文化不仅通过协调行动促进特定价值观，还可能对管理层的战略转轨努力起到阻碍作用；Martin（1985，第160页）认为强组织文化一方面带来一致性和员工忠诚度，另一方面减少灵活度和对外部环境的适应能力。Weick（1985，第385页）指出强组织文化是锲而不舍的文化，在发现变化和机会方面比较迟钝，可能成为相对滞后和保守的外部适应工具。当环境发生变化时，灵活性比一致性而言更适合成为预测组织效能的指标。Thomas（1985，第24页）认为文化可以成为变化的掣肘，强组织文化像是一个强有力的惰性系统，要想改变方向需要巨大的能量。Nemeth和Staw（1989）指出强文化组织由于追求在思想和行为上的整齐划一，扼杀员工的创造力。Hendry（1999，第563页）指出：因为文化深度嵌入，导致社会、机构或组织排斥变化。Sorensen（2002，第75页）批评强组织文化很容易成为单一性文化，排除组织内部异质性，对多元价值观缺乏宽容度，不利于组织的外部适应。Boisnier和Chatman（2003，第88页）提出当组织生存的基础在于外部适应和应对变化时，强组织文化就成为负担。Trompenaars等（2004，第23页）批评邪教式的文化抗拒变化且压抑内部多元性。Kroeber（1944，第774页）指出："每一种文化都有它的绽放期，但随着高潮退去，这种文化以低质量在低水平上自我重复，演化为十分固定和机构化的行为，深植于传统并释放出令人生疑的满足感；这种文化不再着眼于，或者说不再能够成就高价值，却仍旧被人们以纯熟的技巧付诸实践。"

其次，有学者认为强组织文化即便能够积极促进组织效能，这种作用也很可能是短期的。Denison（1997，第78页）通过量化研究得出结论：强组织文化为组织带来的一致性在短期是组织的资产，在长期而言，特别是组织外部环境发生急剧变化时，则可能是负担。组织内部的高一致性在短期内能够促进组织效能，但由于限制了组织赖以应对外部环境的内部多样性，会削弱组织的外部适应能力。Calorie和Sarnin（1991）通过对五家法国公司展开的量化研究也发现，文化力度（表现为强度和同质度）仅在短期内（3年左右的时间）对这些公司的经济表现有正面促进作用。Soeters（1986，第303页）指出强组织文化公司的运行很像一场由领导人动员发起的社会运动，而社会运动往往只能带来昙花一现的短期表现，难以持久。Mitchell（1985，第354页）从道德角度担心被强力灌输给员工的组织文化有可能演化成领导者操纵员工思想和行为，并为领导者利益服务的工具，而不利于组织的长远发展。Tushman和O'Reilly Ⅲ（1996，第23页）指出，除非管理得当，强组织文化既可以带来短期成功，也可以是长期失败的原因。

最后，基于对公司实际表现的观察对强组织文化理论和实践也很不利。1984年美国《商业周刊》发表的一篇文章指出：很多"卓越公司"在被研究后的实际表现令人失望，其中1/3的公司（13家）陷于困境，有一家甚至倒闭了，它们共同的问题是未能有效适应外部市场环境的变化（Anon，1984）。由于强组织文化理论经不起实践的检验，相关研究在相当长一段时间内陷入了低谷。Martin（2002，第8页）评论道：强组织文化理论过于简单化，最终也被证明没那么实用，但很多企业因此犯下了代价高昂的错误。

组织文化内容与组织效能的关联性研究

强组织文化理论虽然面临困境，但广泛的文献阅读却表明：尽管不是所有强组织文化都促进组织效能，但也不是所有的强组织文化都削弱组织效能。Ogbonna和Harris（2000，第781页）的一项实证研究就发现：较为内向的官僚型文化和社区型文化尽管高度强调整合、内部凝聚和一致性，因而易于造就强组织文化，但与组织效能的正相关性却十分微弱。相对而言，强调对外部环境敏感洞察、及时回应的竞争型文化和创新型文化则与组织效能存在明显的正相关性。尽管我们无法同意这种观点，但至少可以认识到：如果不是所有强组织文化都促进组织效能，研究重点就必须移向什么样的强组织文化能够促进组织效能。更准确地说，究竟什么样的组织文化才是值得人们追求的，能够确实提升组织效能的强组织文化。就此而言，文化内容的研究就变得非常重要了。

Kotter和Heskett（1992）认为强组织文化的存在仅仅意味着组织存在强大的文化分享机制，但分享的内容（核心价值观）比起分享的力度即便不是更重要，至少也同等重要。丹尼森（Denison，1984）提出：能够促进组织效能的文化特征与文化力度是一个硬币的两个方面，只有存在增进组织效能的文化特质，能够放大这些文化特质所带来的效应的文化力度才有意义。Hofstede（1984）指出组织整合和社会化过程的强度与组织核心价值的内容在概念上必须加以区分。基于同样的逻辑，有学者提出，文化管理首先是内容管理，其次才是力度管理。Tichy（1982，第63页）指出：作为社会性工具，组织是由范式的胶水黏合在一起的，也就是说，组织是通过分享一些重要理念把人们黏合在一起的。因此，组织必须决定哪些范式和理念应该被组织成员所信奉和受持。Tichy（1983，第10页）具体解释道：对于管理者而言，最重要的也是最困难的工作是决定组织文化的内容。也就是说，决定哪些价值观要被组织分享，哪种目标值得被组织追寻，哪些观念需要被员工信奉，如何阐释过往的事件和当下的宣示对组织最为有利。在这些决定的基础上，管理者要以令人印象深刻且可信服的方式传播以这些价值观为基础的信息，使得员工不要轻易忘记或斥之为宣传的把戏。

以“正确的文化内容”（Schein，1985，第18页）为对象的研究包括组织文化特质（trait）研究、类型（typology）研究和维度（dimension）研究，这三类研究之间又存在一定程度上的交叉关系。

组织文化特质研究

关于组织文化特质的研究自20世纪80年代开始日益增多（Safford，1988，第546页），成为文化内容研究最为普遍的形式。这些研究希望发现哪些文化特质能够为组织带来效能，或者说，那些高效组织都有哪些文化特质。这些研究的假设是：每个组织都有自己特定的文化并展现出一系列文化特质。有些文化特质对组织效能有负面作用（Amsa，1986，第356页），有些则提升组织效能，是公司成功主因（Schwartz，Davis，1981，第30页）。Barney（1986，第658页）说：能带来持久竞争力的组织文化建立在三个前提之上：①该组织文化必须是有价值的，能带来高财务回报和经济利益；②该组织文化是稀有的，具备大部分组织所没有的文化特质；③该组织文化是无法完美模仿的，具有独特性。在这个意义上，文化成为独特和难以复制的资源，造就组织的独特个性和能力（Selznick，1984，第42页）。因此，研究哪些文化特质与成功相关，哪些与失败相关就变得至关重要（Nicholson，2008，第76页）。

威廉·大内（Ouchi，1981）在《Z理论》一书中，建议美国企业应借鉴日本企业的经验，形成新的管理模式，打造更有效能性的“Z”型组织。根据他的描述，Z型组织的核心文化特质有四点：①都是强文化公司，有独特的管理哲学和核心价值观；②终身雇佣轮换制使得员工间形成彼此信任、微妙和密切的关系；③强烈的集体价值观带来同质性文化和整体性文化，促进跨部门协作；④共享的同质性文化使员工广泛参与决策成为可能。

Peters和Waterman（1981）通过对62家美国公司进行研究，筛选出了14家“卓越公司”。在分析这些公司的文化特质时，研究者指出：“无一例外，强大和具有凝聚力的文化是所有这些优秀公司的基本素质之一。”研究者进一步讨论了这些公司的八项文化特质：①行动偏好；②贴近客户；③自主性和企业家精神；④以人为本的创造；⑤亲力亲为、价值驱动；⑥专于主业；⑦机构精简，人员精干；⑧管理张弛有度。此外，研究还暗示了这些公司的另一项文化特质，即持续创新。研究者在概念上限定了只有持续创新的公司才是卓越公司；在选择样本公司时，考虑了创新尺度；在评价阶段，邀请专家对相关公司20年的创新纪录进行了评估。研究者使用了六项覆盖20年的财务指标来衡量这些公司的组织效能。这些指标分别是：①资产复合增长；②股本复合增长；③市值对账面值的比率；④平均资本回报率；⑤平均股本回报率；⑥平均销售利润率。

Deal和Kennedy（1982）选择了80家公司进行研究，发现其中有25家公司有清晰明确的价值理念，18家有抽象的价值理念，而这18家公司恰恰都是成功的公司。在他们看来，强组织文化企业具有三个主要文化特征：①具有鲜明的核心价值观；②通过英雄、传说和仪式等符号不断强化核心价值观；③拥有分享核心价值观的内部文化网络。两位作者未对成功公司进行量化描述，只是提到这些公司都获得了出色的业绩，并“具有一贯出色的表现”。

丹尼森（Denison,1984）通过问卷调查研究了34家大型美国公司，确认拥有鼓励员工参与这一文化特质的强组织文化企业在投资回报率（ROI）上比其他企业高出近2倍。他的结论是组织文化与组织的短期表现与长期生存密切相关。

Kotter和Heskett（1992）总结了在1987年到1991年间对分布在22个行业中的207家公司展开研究的成果，印证了强组织文化与长期经济回报间存在重要关联。他们的结论是：那些既有强大的文化力度，同时具有特定文化特征的公司在表现上远远超过其他公司。这些文化特质包括：①切实关心以客户、股东和员工为核心的利益相关方；②在组织各个层面弘扬领导力；③适应环境；④持续应变。不同于以往的研究，两位研究者对文化力度进行了更为仔细的衡量，通过问卷设计编制了“文化力度指数”。研究者以长达11年间的年平均销售增长率，年平均资本回报率和年平均股价增长率作为尺度来衡量和比较组织效能。

Collins和Porras（1994）出版的名著《基业长青》选择了18家强愿景（强文化）公司和18家相对弱愿景（弱文化）公司展开比较研究，发现强文化公司在财务回报和社会影响方面都显著优于弱文化公司。研究聚焦于三大文化特征：①组织至上，注重组织整体建设而非依靠特定创意、产品或领导人；②拥有不受时空限制，不因环境变化而改变的核心价值观；员工对这些核心价值观有“邪教崇拜式”认同，不认同核心价值观的员工在公司内难以生存；倾向于内部选聘领导人以利于核心价值观的延续；③在秉持核心价值观的基础上不断设定雄心勃勃的目标，追求进步，鼓励试验创新，拥抱变化，永不知足。在组织效能的衡量上，该研究关注了累计股价表现、股本回报率、累计付息比率、长期投资等指标。值得强调的是：该研究揭示了具有上述特质的强组织文化与组织长期效能的因果关系：18家强文化公司的平均成立时间在1897年，平均历史长达92年，经历了不同的行业周期并接受过多任领导人的积极管理，都是长寿公司。

丹尼森等人（Denison，Mishra，1995）的研究结果是：具备四类文化特质（员工参与、一致性、适应能力和使命感）的组织能够取得更好的组织效能。

丹尼森（Denison，1997）将质性研究和量化研究相结合，通过围绕34家公司的量化分析和针对其中5家公司进行的案例研究，揭示出组织文化与组织效能的密切关系。在强组织文化的特征研究方面，强调了员工参与、一致性，应变性和使命感这四大特质，并认为这四大特质对于组织效能的实现缺一不可。

Arie de Geus（1997）阐释了成立于1890年的壳牌公司在80年代的一项研究成果。壳牌公司计划部的专家找到了40家比壳牌石油公司更长寿的公司，并对其中的27家展开详细研究。壳牌公司使用“长寿公司”的概念呼应了Collins和Porras的观察：即具有长期组织效能的公司更类似于独立的生命体，追求长期生存和进化，具有持续学习能力。该研究认为财务数字只是公司健康的结果，但并不能预测公司未来的健康。因此，该研究完全依赖四项文化特质指标来描述和衡量特定公司是否具备长期效能：①对外部环境敏感，不断感知，学习，调整和适应；②具有高度的凝聚力和强大的自我认同；③宽容性及必然带来的多元性；④拥有保守的资本策略。

组织文化类型研究

对文化类型的研究希望回答“哪类文化能够带来更高的组织效能”这样的问题。类型学研究在发展理论方面扮演重要角色，好的类型研究为进行科学分类提供指导和分析工具，简化数据并刺激思考（Mills，Margulies，1980，第255页）。与组织文化特质研究相比，组织文化类型研究同样为文化观察和分析提供了重要的角度。这类研究所关注的文化类型通过重要文化维度的互动形成，比组织文化特质研究更能展示文化如何通过维度互动在整体上发挥不同的作用（Brown，1998）。文化类型的研究数量繁多（Etzioni，1961；Handy，1978；Harrison，1979；Deal，Kennedy，1982；Wallach，1983；Quinn，McGrath，1985；Kotter，Heskett，1992；Goffee，Jones，1996；Cameron，Quinn，2006），在有限的篇幅里很难展开全面描述，我们选出几个比较具有代表性的研究进行简述和分析。

Deal和Kennedy（1982）指出在企业文化方面，最重要的影响因素是企业所处的更广阔的社会环境和产业环境。企业文化的类型体现了在这种环境中什么样的方式能够成功。如果强行推销是成功所必需的，企业文化就会鼓励人们去努力推销；如果周全的技术决策是成功所必需的，企业文化也会保证这种决策得以实现。

两位研究者对数百家企业及其经营环境进行了调查，发现可以把众多的企业文化归纳为四大类型，这些类型又是由市场中的两类因素决定的：其一是与企业经营活动有关的风险程度，其二是在决策或战略是否成功方面企业以及员工得到反馈的速度。四类文化类型是：硬汉型文化、努力工作/尽情玩乐型文化、赌注型文化、过程型文化。

1. 在投资风险很高而且反馈很快的硬汉型文化里，一夜之间可以功成名就，或一败涂地，是年轻人的文化，看中速度而不是持久力，也看重冒险精神。在这种文化中成功的人需要有强硬的态度和赌博精神，可以孤注一掷，且获得即时反馈。这是一个个人主义的世界，成为团队的一分子并不会有特别奖励，目标是成为个人明星。这种明星性格急躁，然而硬汉型文化却能容忍他们。因为如果明星不存在，硬汉型文化将一无所有。硬汉文化的优势在于：能够在风险高、转向快的环境中创造业绩，劣势在于：由于注重快速反馈，对长期投资并不看重。短期的行为取向会带来很多问题。

2. 努力工作/尽情玩乐型文化通常植根于销售型组织。在这些组织中，业务风险较低，有着快速而密集的信息反馈。行动意味着一切，员工只要不断努力就能达到目标。核心价值观集中在客户及其需求方面，崇尚“发现客户的需要并满足它”的信念。管理者要求员工保持高水平的积极性和创造性，始终处于竞争状态。英雄人物是那些极其优秀的销售人员，最优秀的人是那些对人友好、欢快热闹、善于交际的人。在这里团队赢得一切，因为任何个体都不存在真正的差异。娱乐成为与紧张的销售活动相对应的一面，竞赛、各种会议和活动是工作的一部分。这种文化的优点是能够迅速扩大规模和创造业绩，缺点则在于缺乏思考和注重短期利益，另外员工的流动率很大，对组织的忠诚度低。

3. 赌注型文化面临的风险大且反馈慢。“慢”并不意味着压力的减轻；相反，它意味着要持久地承受压力。人们需要在一个项目中投入巨额资金，而且要经过若干年后才能知道项目能否成功。由于少数决策就可能带来灾难性的后果，这类文化深刻认识到深思熟虑的价值。文化的仪式是公司会议，决策会自上而下地进行。价值观关注未来及对未来投资的重要性，英雄人物是那些有坚强的性格和信心的人，能够忍受漫长的一段几乎没有反馈的不确定时期。分享来之不易的知识是成功的另一个要素，大家非常依赖于其他人，真诚友好地对待彼此。赌注型文化能够带来重大发明和突破，但有时慢得可怕。企业在等待一个大型项目的回报的过程中充满不确定性。

4. 拥有过程型文化的组织大都处于有严格规范的行业，面临的风险小，反馈慢。这种文化面临的资金风险较低，但回馈期很长。由于缺乏反馈，人们不得不将注意力集中在如何从事工作，注重细节。核心价值观是在技术上尽善尽美，组织形式趋于官僚化。在这种环境中，真正的幸存者遵纪守时，注意细节，靠记忆求得生存，严格按照程序办事。核心仪式主要是做事的方式和程序，而且就此还会展开大量的讨论。这里的人非常重视头衔和规范，对级别和升迁高度敏感。过程型文化的优点是带来秩序，缺点是低效和官僚化。

作者指出，在上述这四类文化类型中，很难认定哪种文化是好的文化。首先，每类文化都存在长处和短处，而且哪类文化更能促进企业的效能取决于企业所处的外部环境。而不同的外部环境会给企业效能以不同的定义和要求。

Handy（1978）在参考了其他学者的观点后把文化分为权力、角色、任务和个人四种类型：

1. 权力文化：权力文化拥有单一的权力中心，权力辐射整个组织。这样的组织不鼓励成员的主动性，决策通过政治运作达成。最大优点是决策和执行的速度快，但组织的成功很大程度上取决于处在中心的领导的能力和水平。组织的规模有可能带来挑战，因为中心化的权力无法有效覆盖太多业务种类或地域市场。领导风格简单、粗暴、重视结果而不重视过程。善于弄权的政治动物在这里如鱼得水。这类组织频频出现的人事错误容易打击士气，中层干部缺乏稳定性，且容易义无反顾地走上战略歧途。

2. 角色文化：角色文化是建立在逻辑和理性基础上的官僚文化。长处在于有明确的功能和专业性分工，权力掌握在一群技术性官僚手中，提升取决于胜任程度。在这类组织的内部存在着明确的规则、流程和岗位描述，在外部环境相对稳定、对适应能力要求较低的环境下最为成功。

3. 任务文化：具有任务文化的组织权力比较分散。权力分配更多依据专长而非职位或领导魅力。在那些为特定项目或任务经常需要组建临时团队的组织容易出现任务文化。任务型文化组织专注于特定项目，需要合理调动内部人员和资源组成团队，需要有足够的灵活性、应变性、个人自治性和团队成员彼此间的尊重和理解。就个人成功而言，能力而非年资或身份起到关键作用。在那些市场竞争激烈、产品周期短、需要持续应变和创新的行业中，这类文化比较适宜。

4. 个人文化：当一群人认为作为集体而非个人组织在一起最符合每个人的利益时，个人文化就会出现。律师、建筑师和医生经常会以这样的文化组织起来。个人文化型组织完全以个人为服务对象，没有任何个人具备支配性权力。每个个人都有很大的自主权。

Quinn和McGrath（1985）把文化分为市场文化、灵活文化、家族文化、等级文化四种类型。

1. 市场文化是一种理性文化，把生产力和效率指标作为目标达成的主要尺度。“老板”是这种文化的驾驭者，权威来自能力。领导风格是指令性的，并以目标为导向。决策果断，员工依据合同而遵从指令。个人绩效评估以实际产出为依据，组织鼓励员工追求业绩。

2. 灵活文化是一种思想性文化，支持依据业绩尺度所制定的多方面目标，主要包括外部支持、成长和资源获取。权威的基础是领导魅力和权力，权力的使用与核心价值观相关联。在这类组织中，领导人经常凭直觉做出决定，乐于创新和冒险。员工对价值观的认同强化他们的服从意愿，业绩的衡量看重努力程度。

3. 家族文化是一种共识性文化，拥有这类文化的组织以团结为目标，在衡量表现时主要看是否提升了团体凝聚力和士气。权威来自在团体内部的地位，权力的使用具有非正式性。决策源自成员的参与和共识，主流性的领导风格是关心与支持。员工因为参与而倾向于服从；对个人的评价取决于与团体内其他人的关系和对组织的忠诚度。

4. 等级文化有助于遵循法规且提升组织的稳定性和可控性。在这类组织中，权威的依据是规则，权力掌握在技术官僚手中。决策的基础是事实分析，领导风格趋于保守和谨慎。这类组织通过监督与控制确保员工的服从；员工的考评依据事先设定的标准，四平八稳是重要的标准之一。

Goffee和Jones（1996）基于团结维度和社交维度，把文化分为网络型文化、破碎性文化、图利型文化及社区型文化。

1. 网络型文化的特征是轻松友好的氛围及成员间高度的信任感。

2. 破碎性文化的特征是高度的意见分歧；在这类文化中，组织成员甚至会彼此破坏，这类文化在律师事务所和咨询公司中比较常见。

3. 图利型文化聚焦商业事务，快速决策，把办公室生活和个人生活严格分开。

4. 社区型文化的特点是信任度高且目标感强，但在环境巨变和全球化时代很难持续，因为这时组织需要的是聚焦、紧迫感和快速反应。

Trompenaars和Hampden-Turner（2003）根据人员导向还是任务导向、层级导向还是平等导向这两个相互对立和竞争性的维度，把组织文化分为四种类型：孵化器型、制导型、埃菲尔铁塔型和家庭型。

孵化器型文化建立在人员导向和平等导向之上。这种文化的目标是把人员从日常工作中解放出来，去做一些“孵化器”式的创造性工作。这种文化强调平等，因为每个人，无论其身份高低，都可能贡献出制胜的奇思妙想。这是以人为本的文化，因为文化的内核强调创造力、激情和个人的即兴发挥。工作的满足感来自持续学习、工作激情和对发现的庆贺。孵化器文化的优点在于灵活、即兴、创新、适应力和反应力；缺点则在于缺乏对共同目标的承诺、无序和散乱。

制导型文化建立在平等和任务的导向之上。这种文化的目标是帮助项目团队完成任务和达到目标。团队成员是为了完成共同目标跨功能、跨部门集结在一起的专业人才。这种文化也强调平等，因为对成员的评价来自对项目的贡献而非身份。工作的满足感来自完成项目的喜悦。制导型文化的优点在于清晰、透明、可预测性强、流程结构性强、可控性强、聚焦任务、以目标和结果为导向、鼓励内部流动和敬业精神；缺点在于缺乏长线思维、成员间缺乏信任和忠诚、过度自我中心和彼此防范的心态。

埃菲尔铁塔型文化建立在任务和层级导向之上，高度结构化，类似工厂中的原料加工过程。在存在巨大的官僚体系的情况下，这种文化追求精确、具体和常规性并避免错误。每个人都有确切的岗位描述，老板有要求员工照章办事的权威。埃菲尔铁塔型文化平稳，可预测，安全，常规并可靠。工作满足感来自在特定领域建立专长。这种文化的长处在于高效、稳定、专业性强；缺点在于机械、刻板、过度管控、枯燥、压抑。计划、系统和流程显得比实现目标更加重要。

家庭型文化建立在人员和层级的导向之上，用来描述关系密切但等级森严的文化。这种文化以权力为导向，领导（作为关怀型家长）自认为最了解员工需要做什么和怎样做才好，被员工尊重和恐惧。这种文化多见于家族公司和源自家族型公司的组织，以人而非任务为导向，因为你是谁比做了什么更重要。工作满足感来自忠诚和经过长年积累起来的权力和身份。家庭型文化的优点在于忠诚、信任、果决和长线思维；缺点在于没有清晰度和缺乏章法，过度依赖等级、身份、权势人物；权力过度集中，易导致明争暗斗和小团体思维。

组织文化维度研究

从哲学角度看，“维度”是人们观察、思考与表述某事物的思维角度。Kluckhohn（1962，第317页）较早开始了对文化维度的研究，认为可以将文化中更具普适性的因素加以归类，以体现文化最明显和最突出的相对性，从而为比较研究提供基础。按照这一思路，人们可以借助被证明确实存在且相对独立的维度对文化现象加以整理（Hofstede，1984，第36页）。Smith等人（1996，第232页）认为发现文化变量的维度能够提升文化概念的可操作性。Chatman和Jehn（1994，第534页）提出文化范式具备多重维度。Triandis（2004，第28页）指出文化维度在数量上是不可计数的，但有些维度是基本维度，具有典型意义，从中可以衍生出独立的次要维度。Cameron和Quinn（2006，第149页）指出：鉴于我们无法关注组织内部的所有现象，为了能够对组织文化加以诊断，有必要对于组织文化的一些维度给予更多的关注。

Cohen（1976）认为文化分析应该是辩证分析，而非线性分析。文化分析可以从符号和权力这两个概念入手，因为社会组织由符号秩序和权力秩序构成。这两个维度相互依赖且辩证性地发挥作用，展示出组织形式和组织安排。

霍夫斯泰德（Hofstede，2001）在进行国别文化[①]研究时使用了五个维度：①权力距离：指的是社会中对于“权力分配不均等”的接受程度，或者说，权力在社会中分配的分散或集中程度；②个人/集体主义：指的是社会成员倾向于用个人或是集体定义自己的倾向；③男性度/女性度：指的是社会成员对于“决断力和物质成功”或“感性和人际关系”的偏好程度；④不确定性回避维度：指社会成员对风险和未知性的容忍度；⑤长线思维：指社会成员对短期收效和长远效果的偏好程度。

霍夫斯泰德（Hofstede，1984，第36页）在国别文化研究的维度研究中，重点参考和借鉴了两组学者的观点：Parsons和Shils（1951，第77页）认为所有人类行动都基于五大典型变量（基本维度）：①情感性（需求满足）和情感中性（冲动抑制）；②个人倾向和集体倾向；③普遍主义（使用普适原则）和特殊主义（强调特殊情形）；④归属（以特质对人加以评判）和成就（以所作所为对人加以评判）；⑤特异性（把与人们的关系局限于特定领域）和扩散性（对关系的发展不做事先限定）。Inkeles和Levinson（1969，第447页）提出了三大标准分析目标（基本维度）：①与权威的关系；②自我认知，包括对自我男性度和女性度的认知；③主要的两难或冲突情形，如何应对这些情形，包括对侵犯行为的控制及对情感的表达和抑制。

① 鉴于国家也是组织的一种形式，以国家为单位的组织文化研究及理论对于本研究具有完全的适用性。

Gordon（1985，第106页）提出了评价组织文化的11个维度：①目标的清晰度：是否强调制定清晰的目标和计划并加以实现；②努力程度：是否敢于设定大胆目标，持续创新；③整合度：是否鼓励部门间密切协调，这是组织内部横向相互依赖的指标；④与高管层的互动：员工在何种程度上能够得到高管层的清晰沟通和支持，这是组织内纵向相互依赖度的指标；⑤鼓励个人的主动精神：在何种程度上员工有自由发挥的空间，并强调创新和冒险；⑥冲突解决：在何种程度上鼓励员工公开表达分歧和批评；⑦业绩清晰度：在何种程度上员工明了自己的业绩指标；⑧注重业绩：在何种程度上给员工设定高业绩目标，鼓励突出表现并把责任落实到人；⑨行动导向：在何种程度上能够及时决策，富有紧迫性并强调针对市场变化及时反应；⑩薪酬：在何种程度上能够公平且富有竞争性地支付薪酬，薪酬是否与业绩挂钩；⑪人力资源建设：在多大程度上为员工在公司内部的成长创造机会。

O'Reilly，Chatman和Caldwell（1991）提出了组织文化的七个维度，分别是：革新、稳定、对员工的尊重、结果导向、注重细节、团队导向和进取性。

Triandis（2004，第28页）认为复杂性维度、权力维度、集体主义与个人主义维度、紧密性维度是文化的主要维度；这些基本维度可以变异出许多次要维度。

Trompenaars和Prud'homme（2004，第75—82页）用了十八个相互对立的概念构筑了组织文化的九个维度：①一致相对于务实维度；②个人导向相对于团队导向维度；③竞争性相对于合作性导向维度；④员工中心相对于结果中心维度；⑤理性相对于激情维度；⑥平等相对于等级维度；⑦内部驱动相对于外部反应维度；⑧稳定相对于动态维度；⑨长期利益相关方导向相对于短期股东导向维度。

Robbins和Judge（2012，第520页）使用七个维度概括组织文化。①创新：组织在多大程度上鼓励员工进行创新和冒险，如产生新思想、开发新产品；②注重细节：组织在多大程度上期望员工做事缜密、善于分析、注意细节；③结果导向：组织在多大程度上集中注意力于结果而不是强调实现这些结果的手段和过程；④人际导向：管理决策在多大程度上考虑到组织决策的结果对员工的影响；⑤团队导向：组织在多大程度上以团队而不是以个人工作来组织活动；⑥进取心：员工的进取心和竞争性如何；⑦稳定性：组织活动重视维持现状而非重视成长的程度。

Cameron和Quinn（2006，第26页）提出了六大组织文化维度：①组织的主要特征；②领导风格和领导力在组织内部渗透的方式；③对员工的管理：对待员工的风格和工作环境是怎样的；④组织黏合方式：把组织黏合在一起的机制是怎样的；⑤战略侧重点：哪些因素驱动组织战略；⑥成功标准：如何界定、奖励和庆祝胜利的方式。

Spitzer（2007，第57页）以二十个概念构筑了组织氛围的十大维度：①正式（等级架构）和非正式；②内向和外向；③过去导向和未来导向；④员工间彼此信任和缺乏信任；⑤封闭式沟通和开放式沟通；⑥任务导向和人事导向；⑦控制型决策和协作型决策；⑧论功行赏和论资排辈；⑨变革和死板；⑩冒险和避险。

Livermore（2015，第99—130页）提出了文化价值观的十大维度：①个人主义与集体主义；②权力距离；③不确定性规避；④合作与竞争；⑤短期与长期；⑥直接与间接；⑦静态与动态；⑧普世主义与特殊主义；⑨内敛与外露；⑩共时性与历时性。

对现有研究的评述和总结

综合现有研究，可以大致形成几个初步结论：①学界和企业界普遍认为组织文化作为一个概念是重要的，作为一项管理工具同样是重要的。②人们普遍认为组织文化与组织效能具有很强的关联性，并通过不同类型的研究确认了这种关联性。③在寻找能够有助于对组织文化进行有效管理的操作性概念时，人们开始聚焦于强组织文化（strong culture）这个概念，并试图论证强组织文化能够带来更强的组织效能。但在理论上和实践中，人们对这个概念产生了不同的解释和评价，对强组织文化是否能够带来更强的组织效能在理论和实践上都出现了重大分歧，对强组织文化在理论上的批评和在实践中的质疑甚至占据了上风。本书认为，现有围绕强组织文化这一概念的论述，无论是正面的还是反面的，都存在明显缺陷，主要存在以下三个问题：①建立在混乱的概念基础之上；②对强组织文化的理解和批评存在片面性；③对文化内容的研究未能有效补充和优化强组织文化理论。

强（力）组织文化与强效组织文化的概念澄清

目前通行的强组织文化概念具有模糊性。英文中的强组织文化（strong culture）既可以被理解为强力组织文化，即被组织成员强力共享的文化，也可以被理解为强效组织文化——能够带来强大组织效能的文化。例如，Deal和Kennedy（1982，第7页）说：我们把一贯有着出色表现的公司定义为强（组织）文化公司。但绝大多数学者都把强力组织文化混同为强效组织文化，例如，Deal和Kennedy最终还是把强组织文化描述成为“具有强价值观”的文化，即强力组织文化（第9页、第13页）。在1995年出版的一本有影响力的教科书中，强组织文化被定义为“一致性”文化，强文化组织被定义为那些价值观和信仰在内部被一致性分享的组织（Brown，1998，第226页）。2003年，提出强组织文化假说的丹尼森在与他人合作的文章中也把强组织文化等同于强一致性文化（Fey，Denison，2003，第688页）。

在未能把强力组织文化和强效组织文化在概念上加以区分的情况下，大量对强组织文化的批评实际上是对强力组织文化的批评。Deal和Kennedy（1982，第34页、第36页）对于强价值观提出了三个警告：①价值观过时、无法应对环境变化的风险；②抗拒变化的风险；③缺乏一致性，即管理层言行不一的风险。在这里，作者实际上还是在批评强力组织文化，因为强效组织文化不会存在这些问题。Peters和Waterman（1981，第76页）提到一些表现低劣的公司同样具有强组织文化，但这些公司的文化功能失调。在这里，作者也没有把强力组织文化和强效组织文化概念进行有效区分，因为强效组织文化恰恰能够避免文化功能失调的问题。需要强调的是，强力组织文化本来就不一定可以无条件地等同于强效组织文化。由于建立在模糊概念之上，对于强组织文化未必带来组织效能、甚至会破坏组织效能的讨论自然缺乏严谨性。

对强力组织文化概念和强效组织文化概念的混淆也模糊了组织文化研究的一个关键焦点：追求更高的组织效能从一开始就是人们对组织文化这一概念感兴趣的最重要的原因。无论是在理论上还是在实践上，人们对强组织文化的关心主要还是在于其是否能够真正提升组织效能这个问题上。什么样的组织文化是有效的，可以提升组织的有效性，本来就应该是组织文化研究领域的核心问题（李海、张德，2005，第11页）。因此，强组织文化研究的重点和焦点应该是强效组织文化而非强力组织文化。

对强（力）组织文化效能性的质疑存在的缺陷

即便把强组织文化定义为强力分享的文化（强力组织文化），对于强组织文化阻碍组织应变能力，因而破坏组织效能的批评也存在片面性。大多数现有组织文化理论排斥了强组织文化作为强力组织文化的同时，也可以是强效组织文化的可能性。这导致了强组织文化理论与强力组织文化理论趋同，并同强效组织文化理论分离，也间接导致了组织文化理论和组织变革理论的分离，形成了强组织文化阻碍组织文化变革的假设（Meyerson，Martin，1987，第623页）。科特（Kotter，1985，第15页）把组织文化分为三大类：强力文化、战略适当文化、灵活应变型文化。并提出灵活应变型文化是最有效能的组织文化。这样的区分被广泛引用（李海、张德，2005，第6页；陈春花，2016，第34页）。从这种概念分类出发，强力组织文化只能强化组织内部的一致性，而无法强化组织的应变性和适应性（Sorensen，2002，第72页），这种偏见也间接受到现有对组织文化功能表述的支持。尽管从文化功能主义（Malinowski，1944）的角度来看，组织文化具有两方面的功能：外部适应功能和内部整合功能（Schein，1985，第18页；Schneider，1989，第152页），但现有文献过度强调组织文化强化内部一致性、共享性、单一性、整体性和求同性的功能。例如，沙因（Schein，2010，第94页）把组织文化内部整合功能概括为一系列求同性努力：①创建共同的语言和概念范畴：如果组织成员不能够相互沟通和理解，就很难将他们界定为一个群体。②界定群体边界和成员进入与退出的标准：群体必须能够界定自己，谁在群体之中？谁在群体之外？以及以什么标准来确定成员？③分配权力、权威和地位：每一个群体必须制定出自身的社会等级，以及群体成员获取，维持和丧失权力与权威的标准和规则。在这些问题上达成一致，对帮助群体成员控制情绪、避免冲突大有裨益。④形成信任、亲密、友谊和爱的规范：每一个群体都必须为同事关系、异性关系以及在执行组织任务时处理与其他群体的开放和亲密关系制定出“游戏规则”。在这些问题上达成一致，对帮助群体成员界定信任关系和管理情感至关重要。⑤界定和设置奖赏和惩罚：每一个群体必须知晓该群体中英雄式的行为和有罪的行为分别是什么，同时必须在奖赏和惩罚内容上达成一致。⑥解释不可解释的事件：群体就像社会一样，都会面临一些不可解释的事件，但同时这些事件又必须被赋予意义，以便成员能够对其做出反应，并且避免处理不可解释、不可控制的事件时出现焦虑。

沙因（Schein，2010，第74页）把外部适应问题同样描述为组织内部追求一致性和认同的过程：①使命和战略：对组织的核心使命、主要任务以及外显与潜在功能达成共同理解。②目标：就目标达成共识。目标来源于核心使命。③方式：就用来实现目标的方式达成共识。如组织结构、劳动分工、薪酬体系以及职权体系。④测量：就用来测量群体在多大程度上实现其目标的标准达成共识，如信息和控制体系。⑤修正：就适当地补救和修复策略达成共识。当目标未实现时，这些策略将被使用。

Brown（1998，第89—91页）把组织文化功能概括为：①冲突降解功能。②协调和控制功能。③降低不确定功能。④激励功能。⑤支持竞争优势的功能。作者又进一步阐释说：“因为强文化促进一致性、协同和控制，减少不确定性并强化控制，从而提升组织效能并使得组织在市场上成功的概率增加。”

李成彦（2012，第32—36页）把组织文化功能划分为积极功能和消极功能，积极功能包括：①认同功能。②导向功能和解释功能。

③凝聚功能和强化功能。④塑造员工行为的控制机制。⑤影响员工的道德行为。⑥标识功能。⑦适应功能。消极功能则包括：①不利于组织变革创新。②不利于组织重组。③不利于组织的多元化。

由于大部分文献在讨论组织文化的功能性时也都片面强调组织文化内容的一致性基础，在一定程度上强化了一致性导致效能性的推论。在另一方面，这种观点基本上把组织文化功能界定为追求一致性的内部整合功能，而且把组织文化的内部整合功能和外部适应功能割裂开来并对立起来。这本身就使得组织文化（无论是否强组织文化）在理论意义上的功能失调成为不可避免，而强组织文化在逻辑上只可能进一步放大这种功能失调，在一些特定的实践场景中也势必会证实这种功能失调。

但问题是，为什么一定要把强力组织文化与战略适当组织文化或灵活应变型组织文化分割甚至对立起来？为什么强力组织文化不可以同时是战略适当文化和灵活应变文化呢？沙因（Schein，2010，第365页）也表达了类似的困惑：

> 许多管理咨询顾问和理论家断言，强力文化是十分可取的，因为它保证了有效和可持续的绩效。但是从定义上来看，这种强文化是稳固且难以改变的。如果世界变得更加动荡，需要更多的灵活性和更多学习，这不就暗示着强文化将逐渐成为一个障碍吗？这难道不意味着，文化创造的过程存在着功能障碍，因为可能让事务变得过于稳固而难以改变，灵活的文化或许更加合适？或者，我们是否可以设想一种本质上以学习为导向，具有适应性和灵活性的文化？我们能使持续性学习和变革稳定下来吗？这种倾向于持续性学习和灵活性的文化将会是什么样的呢？

在我们看来，强力文化与持续学习、灵活性等特质并不一定会产生矛盾。如果强力文化只是代表被强力分享的文化，那么强力文化既可以用来强化保守型文化，也可以用来强化外部适应性文化和变革型文化。管理者们完全可以通过特定的文化仪式来积极弘扬变革价值观，同时无碍那些提倡稳定性和一致性的既有文化仪式（Hedberg et al.，1976，第42页）。Amabile（1997，第51页）认为组织文化对冒险的鼓励有利于组织的创新求变；Edmondson（1996，第199页）认为领导者可以通过分享容错文化来提升员工的心理安全感，鼓励员工学习、实验、公开讨论新的观点和错误，以促进组织的创新求变。从这些观点来分析和汇总，人们会初步意识到，对组织文化内容的研究对于强组织文化理论的修补作用是至关重要的。在组织文化与组织效能关系的框架内，组织文化的内容起到核心作用，组织文化的力度起到的是工具性作用。如果把强组织文化界定为强效组织文化的话，对组织文化力度和组织文化内容的研究都不可或缺，而后者更为重要。

重构强组织文化概念模型的必要性

现有文献中有关组织文化内容的研究主要分为文化特质研究、文化类型研究和文化维度研究。但上述三类文化内容研究都未能更加系统地完善强组织文化的理论框架。

Safford（1988，第547—550页）提出文化特质研究存在五大缺陷：①假设组织文化是单一性整体，忽视了组织内部亚文化的互动性影响；②文化力度的重要性仍旧被大部分文化特质研究所强调，但文化力度的概念过于模糊，难以形成研究的坚实基础；③文化特质研究过度依赖对样板公司的总体描述，无视文化内在的复杂性；④对文化特质与组织效能的关系分析过于简单化，忽视了特定文化价值的多面性作用；例如，特定价值观可能促进了组织的凝聚力，但同时可能阻碍组织的适应力和学习能力；⑤很多文化特质研究采用的研究方法过度单一，其中一些回避了比较研究，缺乏理论的普遍意义。

本书也认为，文化特质研究提供了认识组织文化的有趣角度，但趋于简单化，倾向于把组织成功和失败的原因归属于几个彼此孤立的文化特质。这种做法忽视了不同文化特质彼此间的关联性。文化因素“倾向于彼此间紧密相连且互相影响”（Kluckhohn，1942，第65页），它们之间存在着不同程度的相互依存关系，其共同作用对组织的整合、控制和忠诚等功能造成影响（Pettigrew，1979，第576页）。因此，孤立罗列文化特质的做法无法解释组织文化的整体性、特质间的关联性和互动性，无法揭示复杂文化现象的全貌，所以无法帮助构建系统化的理论模型。由于存在这些问题，通过观察组织文化的一些特质是否能够解释给定水平的组织效能也成为一个问号。Hitt和Ireland（1987）研究了财富1000名单中的185家公司，其中包括14家“优秀公司”（Peters，Waterman，1981）。结果显示从市场回报的角度，“优秀”公司相比其他171家公司而言并不出色，而且就那些导致优秀的重要文化特质（接近客户、创新、独立和企业家精神、以人为本的生产力）的打分而言，“优秀”公司也不比其他公司的平均水平高出多少。此外，文化特质研究如果不是聚焦于所有组织都无法回避的少数共性或基本性特质，就很难展开比较研究。

Safford（1988，第550—553页）提出了改进文化特质研究的三个方向：①改进衡量文化影响的方式，分别测量文化的散布程度和文化的效力；②更多地展开情境分析而非样板分析，在情景分析过程中，至少要关注文化如何影响组织氛围形成、行为控制、战略塑造、社会效率、组织学习、整合与多元、领导力等关系到组织效能的重要方面；③强化文化内部的互动性研究，避免流于对文化认识过于简单化。

就组织文化类型研究，现有研究大都是在维度解析的基础上生成的，但大部分研究从作者各自熟悉或感兴趣的维度出发展开，而不是从被广泛认可的基本维度展开，所生成的研究缺乏共同基础和可比性，很难整合出关于组织效能的理论。组织文化类型研究的这种碎片化状态还表现为文化类型标签的大量增长，使读者难以开展横向比较并形成全面理解。由于缺乏共同的理论基础，组织文化类型研究的描述意义大于理论概括意义。组织发展理论家们还尽可能地把文化类型作为诊断工具，通过大量的文化类型分析，试图描述出特定组织现有的文化类型和理想中的文化类型，确定文化转型的方向（Stacey，2012，第42页）。此外，对文化类型与组织效能的相关性研究并不透彻。Cameron和Ettington（1988，第385页）、Cameron和Quinn（2006，第156页）都指出相对于文化力度和文化契合度，文化类型与组织效能有更加密切的关系。但学者们对哪种类型的组织文化具有更强的组织效能并无一致性意见，甚至很难形成大体上一致的倾向性。Deal和Kennedy（1982，第107页）承认按照自己的分类，无法确认哪种类型的文化更能促进组织效能。Goffee和Jones（1996，第134页）、Cameron和Quinn（2006，第156页）、Quinn和McGrath（1985，第325页）则认为不同类型的文化在不同情境中有不同的效能优势。更多的组织文化类型研究干脆回避了结合组织效能的讨论。

就文化维度的研究，现有的最大问题是与文化类型研究和文化特质研究的混淆。例如，Berson等人（2008，第617页）总结了组织文化的三个维度：创新性维度、官僚性维度和支持性维度。作者承认这三个维度是通过文化类型研究加以总结的，而又勾画出不同的组织形式，分别造就了具有创新导向、官僚导向和支持导向的组织文化。这一研究明显将文化维度研究和文化类型研究混为一体。大部分文化类型是通过对文化维度的研究而生成的，而这一研究则相反。Cameron

和Quinn（2006，第156页）把文化维度分为内容维度（content dimension）和模式维度（pattern dimension），实际上也模糊了文化维度研究和文化类型研究的边界。尽管很多学者研究文化维度的目的就是为了展开文化类型分析，但本书认为文化维度研究恰恰应该远离文化类型研究而独立存在，因为把文化进行简单分类无法反映出组织文化所具有的复杂性和动态性。另外一些文化维度研究（例如Robbins，Judge，2012）由于所提出的组织文化维度缺乏基本性和层次性，与文化特质研究难以区分，且与文化特质研究面临同样的问题，即缺乏共性的基础，难以展开比较研究。基于组织文化维度研究的比较研究只能建立在普适性维度上，也就是最基本的维度上，而非个性化的维度上。

综上所述，现有文献所重点研究的强组织文化大都指向强力组织文化，而非强效组织文化，但倾向于把强力组织文化混同为强效组织文化。事实上，强力组织文化只是强效组织文化的要素之一，尽管强力组织文化不能等同于强效组织文化，但强效组织文化却一定是强力组织文化。换言之，组织文化具备强力性只是具备组织文化强效性的必要条件而非充分条件。

需要进一步探讨和明确的是强效组织文化的内容架构。但现有的组织文化内容研究，包括文化特质研究、文化类型研究和文化维度研究均未能提供出强效组织文化的内容和理论框架，因此无法对强组织文化理论的缺陷加以补足，使之升级为强效组织文化理论。我们认为，通过文化维度分析建构强效组织文化的内容框架依旧是值得探索的方向。相比于文化特质研究，文化维度研究更深入、更综合、更有系统性和层次性。相比于文化类型研究，文化维度研究更具辩证性和动态交互性，更能够揭示出组织文化的整体性和复杂性。关键问题是，文化维度研究能否真正超越文化特质和类型研究，通过对长期以来展示出卓越效能的组织展开文化观察与分析，梳理出强效组织文化具有共性和基本性的维度以及这些维度之间的互动模式，构建出更为成熟的强效组织文化内容框架和理论框架。实际上，Chatman和Jehn（1994，第525页）也提出过类似的观点："证明一系列能够反复应用的维度的确存在是展开有意义的组织和行业比较研究的前提条件。"

Chapter 03

第3章

从强组织文化到强效组织文化

鉴于强组织文化理论存在缺陷，有必要对该理论进行重新构建。我们在文献回顾的基础上，把强组织文化更加明确地定义为被强力分享，能够提升组织效能的文化，即强效组织文化。在此基础上，本书致力于厘清三个基本问题：①强效组织文化建立在哪些主要维度之上？②这些维度之间的关系是怎样的？③强效组织文化是如何形成的？通过回答这些问题，我们希望完成对强效组织文化理论的初步构建。

样本公司

与强力组织文化的力度导向不同，强效组织文化以效能为导向。只有选择已经被长期实践证明效能卓著的组织文化为样本，才可能得出有意义的结论。在本章中，我们选择被公认具有强力组织文化，且其组织文化被长期实践证明有力促进了组织效能的公司作为我们的研究样本。我们假设这些公司拥有强效组织文化，通过文化剖析，可以对强效组织文化的主要维度和维度间关系形成深入扎实的理解。经过反复筛选，我们选择了中国的华为公司作为样本公司。

华为公司被公认为一家具有强力组织文化的公司，且其组织文化被长期实践证明有力促进了组织效能，是强效组织文化。华为公司的组织强效性是成为研究样本的基础，在这里，组织效能的衡量尺度与我们在第1章的讨论是一致的。首先，华为是一家长寿公司：由于历史原因，中国大陆的公司历史都不是很长，1987年成立的华为已经属于长寿公司；其次，在电信设备领域，华为能够不断超越国内外竞争对手，成为行业领头羊。从国内竞争格局看，电信制造业在发展初期曾经有400多家厂商。这其中，有号称“巨大中华”的四家主要厂商，分别是1985年成立的中兴通讯，1987年成立的华为公司，1995年成立的巨龙公司和1998年成立的大唐电信。时至今日，巨龙公司早已销声匿迹，大唐电信公司也已经被边缘化，中兴和华为则遥遥领先。但即便是比起中兴公司，华为公司也已呈现出一骑绝尘之势。从全球排名来看，2013年，华为的营业收入达到395亿美元，超越了老牌竞争对手爱立信的353亿美元。到了2015年，华为以608亿美元的营业收入超越思科492亿美元的营业收入，成为全球第一大通信设备商。毫无疑问，华为是一家全球性高效能组织。

扎根理论方法

扎根理论（grounded theory）方法是由社会学家Barney G. Glaser和Anselm L. Strauss在20世纪60年代提出的，以一系列程序化方法系统性收集和分析数据，通过反复比较和归纳分析从现象研究中建构理论的质性研究方法。扎根理论自下而上建立实质理论，在系统性收集资料的基础上寻找反映事物现象本质的核心概念，然后通过这些概念之间的联系建构相关的社会理论。扎根理论研究主要依靠两类分析技巧：持续比较分析和对观察到的现象进行理论考问。对质性数据进行编码是扎根理论方法最为关键的技术手段。质性编码是对数据贴上概念标签并加以归类分析的过程（Charmaz，2014，第56页），而概念是理解和分析组织现象的主要工具（Lawrence，Lorsch，1967，第5页）。

两位扎根理论的创始人在开始扎根理论研究前是否进行文献研究存在分歧。Glaser（1992）坚持认为不应该进行任何文献研究，避免先入为主的理论；Strauss和Corbin（1990）则鼓励在开始扎根理论研究前进行文献研究，认为这样有助于澄清研究问题，在理论建构过程中由于了解理论发展状况与空白点获得更高的敏感度。折中的观点则认为在开始扎根理论前不需要理论，但需要理论视角（Locke，2001，第34页）。就本书而言，文献研究只是帮助我们聚焦和发现问题，在开始扎根理论研究之前，我们的确带有以发现强效组织文化维度为导向的理论视角，但并未带有任何先验性的强效组织文化理论成见，因为我们的目的恰恰在于发现、建构和完善相关理论。在我们看来，两派学者并无本质性争议，只是前者更看重发现理论，使得理论“自然浮现”，在就特定题目展开论述的同时确保这些论述植根于实证观察和数据之中（Martin，Turner，1986，第141页），而后者更看重带有目的性的理论构建。重要的是，两派学者都批评社会科学研究对理论验证的过度重视和对理论发现和构建的忽视。他们认为，发现和构建理论比从假设中验证理论更有意义，扎根理论方法能够有效填平理论与实证间令人尴尬的鸿沟（Glaser，Strauss，1967，第2页）。

Charmaz（2014，第7页）在综合了两派观点后提出扎根理论的基本程序：①数据收集和数据分析同时进行；②从数据中而非从预想的逻辑演绎的假设中构建分析代码和类属；③使用不断比较的方法，包括在分析的每个阶段进行比较；④在每一个数据搜集和分析的步骤都推进理论发展；⑤通过记备忘录来完善类属，详细说明它们的属性，定义类属之间的关系，发现它们之间的缝隙；⑥为了理论建构的目的进行抽样，而不是为了样本代表性进行抽样。在形成独立的分析后再进行文献综述。

数据的收集

研究的质量和可信性是从数据开始的，数据的深度和范围非常重要。Glaser（2001，第145页）认为“一切都是数据”，他指出：“数据是研究对象到底发生了什么，不论数据来源是访谈、观察还是文件，也不论我们被告知了什么，如何被告知的，在什么情形下被告知的，所有与被告知的情形相关联的都是数据。”我们从尽可能多的渠道和角度获取不同类型的质性资料，主要来自公司传记、历史资料、案例研究、档案记录、公司领导人传记、公司高管的公开谈话、报刊、监管机构档案及文件、公司公开披露的数据、信息、年报等。近些年来在中国掀起了研究华为的热潮，每年都有大量研究华为的专著出版，大大强化了参考数据的数量、质量、多元性和相互印证的可能性。

由于本研究是跨越30年的历史性纵向研究，涉及组织文化在较长一段历史进程中形成和演变的过程，作为外部人，依赖于访谈和参与式观察获取数据是不可能的。Locke（2001，第112页）也认为通过扎根理论对组织管理问题的研究面临重大制约：获得作为研究对象的特定组织的同意已经很困难，而扎根理论研究由于在数据收集和分析上是同步且反复进行的，频繁、反复要求获取特定组织的合作，通过访谈或参与式观察以直接获取信息则尤为困难。因此，我们主要依靠现存的文本数据。文本数据是典型的二手数据。周长辉（2012，第225页）指出：二手数据有三大优越性：①基于二手数据的样本量通常很大，样本甚至可以具有时间跨度；②具有较高程度的客观性；③具有高度的可复制性，使实证研究更具有“他律性”。Locke（2001，第112页）认为现有的文本数据提供了组织行为的海量记录，且在理论上可以无限制地反复接触并加以研究。Charmaz（2014，第48页）指出扎根理论研究有重视既有文本的传统，因为“它们相对容易获取，数据搜集的方式不那么唐突，而且似乎是客观的。”此外，由于大量扎根理论研究主要是基于有限数量的访谈基础之上，所以一直有人指责扎根理论方法把分析建立在偶然事件和有限数据上（Lofland，Lofland，1984）。通过使用大量文本资料和聚焦反复和频繁出现的文化现象，可以有效规避类似争议。

初始编码

进行文本分析时应力求客观、系统化，并以理论发现为目的（Holsti，1969，第14页），扎根理论研究的编码研究环节恰恰可以满足这些要求。初始编码过程是开放性的。开放编码是指对数据进行逐行编码将其逐层概念化和抽象化，通过不断比较把数据和抽象出的概念打破、揉碎并重新综合。我们在对数据概念化时对任何理论可能性保持开放，紧贴数据，而不是把已成型的概念和类属框架套用到数据分析的过程之中。

经典扎根理论提倡在进行初始编码的时候，头脑中不应有任何预先形成的概念（Glaser，Strauss，1967），虽然这在实际中很难做到，因为扎根理论本身就隐含着一整套概念体系，也没有人可以脱离既有概念展开思维活动，但避免先入为主式地套用既有概念框架的确可以避免压抑新概念的浮现。我们自始至终注意了这点。我们希望这一阶段的研究更多地侧重于理论发现而非理论构建。理论发现不仅是扎根理论的初衷，也为建立在理论发现基础上的理论构建确立坚实的实证基础。Van Maanen（1979b，第541页）指出：概念可以分为第一级概念和第二级概念，前者来自原始资料的自然显现，后者来自研究者的构建。前者是基于原始资料的阐释，后者是对阐释的阐释。在我们的研究中，形成第一级概念的过程（理论发现过程）尽可能压缩主观性，而形成第二级概念的过程（理论构建过程）则不再刻意规避主观性。

在初始编码过程中，我们保持灵活的态度。通过对文本资料的持续性和反复考察，修正初始形成但被其他数据证明并不准确的概念标签。我们对开放编码过程中浮现出来的概念进行反复比较、分类和分析，把类似的概念进行归属，并发现那些反复和密集出现的概念和类属。当有些概念和类属的密集程度明显突出时，就把它们假设为核心概念和核心类属。我们假设这些核心概念和核心类属很可能就是华为文化的核心现象。

聚焦编码

聚焦编码专注于初始编码过程中最频繁出现和最有意义的概念和类属，并以这些核心概念和类属为框架，进一步分析、整合大量数据，为编码分析建立更加明确的方向（Charmaz，2014，第140页）。聚焦编码是个去粗取精，获取研究重点的过程，通过这一过程，我们在华为组织文化中发现了一些不断重复且具有理论意义的概念和类属，包括“核心价值观分享”“客户导向”“团队协作”“组织至上”“赋权”“组织求生欲望”“高效激励”“勤奋进取”等20个概念和类属。从理论发现和建构的角度而言，核心概念和类属开始成为构成理论联结的焦点（Glaser, 1978，第93页）。在确认核心概念、类属和现象时，我们实际上已经开始进行理论抽样。理论抽样遵循与传统量化研究设计的抽样技术不同的逻辑，目的是获取数据来澄清类属，包括从数据出发，建构关于数据的尝试性想法，然后通过进一步的经验探究来检验这些想法（Charmaz，2014，第150—155页）。

表3-1　华为公司组织文化编码分析举例

典型引用	分维度	主维度
任正非指出：“一个企业怎样才能长治久安，这是古往今来最大的一个问题。我们十分关心并研究这个问题，也就是推动华为前进的主要动力是什么，怎么使这些动力长期稳定运行，而又不断地自我优化。这个一同努力的源是企业的核心价值观，这些核心价值观要被接班人所确认，同时接班人要有自我批判的能力。”（余胜海，2016，第4页）	核心价值观分享	整合维度
华为非常关注内部成员对企业价值观的认同。华为大学的课程一半以上与企业文化有关。华为试图借助这些培训，让企业成员逐渐认同、接受华为的价值观并融入华为的价值文化中。（孙科柳、易生俊、陈林空，2016，第132页）	核心价值观分享	整合维度
任正非认为，华为的发展任重而道远，公司需要每一位员工，特别是那些承担更多压力和责任的干部积极献身，时刻要把公司的利益置于个人利益之上，做通往大道的铺路石。（孙科柳，2014，第119页）	组织至上	整合维度
为什么华为会集了大量的高素质人才，但是并没有出现各自为战的个人主义？为什么华为聚焦了最顶尖的人才，而外界所知的却只是一个共同的名称——华为人？从企业文化的角度来说，原因在于华为公司一直在倡导以对人格尊重为前提的团队精神。从进入华为的第一天开始，员工们就会被强制性地灌输这样一个理念：“你首先是一个华为人，然后才是一个自我的个体。”（黄继伟，2016，第191页）	组织至上	整合维度

续表

典型引用	分维度	主维度
在华为的培训教材中，重点提到了大雁的合作精神，大雁以“人”字形飞行，每只领头雁扇动翅膀时，会给随后的大雁创造一股向上的升力，减轻飞行负担，而当领头雁感到疲惫时，就会有另一只健壮的大雁替代。通过合作，整个雁群可以减少一半的体力消耗，而且能够飞更远的距离。受到大雁群体飞行的启发，华为公司采用了矩阵管理系统，要求各个职能部门相互配合，并通过互助网络及时做出反应。（黄继伟，2016，第177页）	团队协作	整合维度
2011年12月，任正非在华为内部讲话说：“万里长城、河边的纤夫、奔驰的高铁……都让我深刻地体会到，组织的力量、众人的力量，才是力大无穷的……我后来明白，一个人不管如何努力，永远也赶不上时代的步伐，更何况知识爆炸的时代。只有组织起数十人、数百人、数千人一起奋斗，你站在这上面，才摸得到时代的脚。”（张笑恒，2017，第48页）	团队协作	整合维度
商场日益激烈的生存压力，也要求在企业里必须做到一切行动听指挥，步调一致，才能得胜利。任正非的强势风格使他在华为几乎是一言九鼎，只要他一声令下，所有人就立即行动起来，员工在做事的时候不用多想，只要按照他的要求执行即可。这种雷厉风行经常会把对手打个措手不及。（余胜海，2016，第21页）	权威性决策中心	整合维度
任正非不止一次地强调：“授权并不等于彻底放权，把权力放出去，企业还需要管理者做什么？”华为管理者在授权之后仍然会保留着一定的牵制权力，确保在相应人员观点、行动出现分歧时管理者能够及时介入，调整相应的策略，保障团队能够沿着既定方向前行。再者，华为建立了被授权者定期汇报机制，要求被授权者及时汇报工作进度，这样授权者便能全程了解项目的进展，另外，通过被授权者的汇报，授权者可以在第一时间纠正团队前进方向上的偏差，指导团队成员的具体工作。（景元利，2016，第133页）	权威性决策中心	整合维度

续表

典型引用	分维度	主维度
在精神上，华为主要依靠荣誉激励和职位激励来激发员工的欲望，唤醒员工的进取心。华为曾经专门设立过荣誉部，负责对员工进行各种考核和奖惩，对员工取得的进步给予精神上的奖励。另外，有进取心的员工可以通过华为公平的晋升制度满足自己的欲望。在华为，只要能力出众，有进取心，那么就可以凭借公平的晋升一步步升迁，更快更好地实现自己的人生价值。（景元利，2016，第144页）	高效激励	整合维度
华为坚持高薪战略，所开薪资在行业内一直处于高水准——起点高、涨薪快、发展前景好。正是在高薪的基础上，华为才拥有了对人才的绝对吸引力，才能更加迅速地调动起员工工作的积极性。（景元利，2016，第163页）	高效激励	整合维度
任正非说，为客户服务是华为存在的唯一理由，客户需求是华为发展的原动力。我们坚持以客户为中心，快速响应客户需求，持续为客户创造长期价值进而成就客户；为客户提供有效服务，是我们工作的方向和价值评价的标尺，成就客户就是成就我们自己。（李志朝，2016，第13页）	客户导向	应变维度
华为董事长孙亚芳曾说："正反两方面经验教训反复证明：当我们遵循客户需求导向时，可以化危为机；当我们背离客户需求导向时，局面就会转机为危。以客户需求为导向，是经过实践检验的生存之魂，是我们留给未来者的宝贵财富。"（吴春波，2017，第111页）	客户导向	应变维度
2012年7月，任正非在研讨会上着重强调："我们一定要避免建立封闭系统。我们一定要建立一个开放的体系，特别是硬件体系更要开放。我们不开放就是死亡，如果我们不向美国人民学习他们的伟大，我们就永远战胜不了美国。"（张笑恒，2017，第238页）	开放多元	应变维度
任正非说："要团结一切可以团结的人，共同打天下，包括不同意见的人。进来以后就算组成反对联盟都没有关系，他们只要是技术上的反对，只要他们不是挑拨离间、邪门歪道，要允许技术上的反对。百花齐放、百家争鸣，让人的聪明才智真正发挥出来。""允许异见，就是战略储备。"（田涛，吴春波，2015，第200页）	开放多元	应变维度

续表

典型引用	分维度	主维度
任正非："我们是为面子而走向失败，走向死亡，还是丢掉面子，丢掉错误，迎头赶上呢？要活下去，就只有超越，要超越，首先必须超越自我；超越的必要条件，是及时去除一切错误。去除一切错误，首先就要敢于自我批判。"（余胜海，2016，第97页）	求真务实	应变维度
华为公司是以客户为中心，不是以老板为中心。如果以老板为中心，从上到下阿谀、逢迎、吹牛、拍马之风、假话之风就盛行。只要说几句假话，老板高兴，我就有希望；这个风气就是以老板为中心，我天天就要让老板舒服，老板舒服了，我就可以提拔，这个风气就是阿谀奉承之风。（黄卫伟，2016，第13页）	求真务实	应变维度
任正非曾经用中国传统哲学的太极八卦图阐释"灰度理论"：太极圈里的白鱼表示为阳，黑鱼表示为阴。白鱼中间一黑眼睛，黑鱼之中一白眼睛，表示阳中有阴，阴中有阳的道理。万物都在互相转换，互相渗透，阴中有阳，阳中有阴，阴阳相合，相生相克。（田涛、吴春波，2015，第185页）	辩证宽容	应变维度
任正非认为，一旦同人打交道，宽容的重要性立即就会显现出来。人与人的差异是客观存在的，所谓宽容，本质就是容忍人与人之间的差异。不同性格、不同特长、不同偏好的人能否凝聚在组织目标和愿景的旗帜下，靠的就是管理者的宽容（程东升、刘丽丽，2016，第42页）	辩证宽容	应变维度
任正非："创新会消灭自己，而不创新就会被别人消灭。如果没有创新，不敢冒险，跟在别人后面，只能长期处于二三流，我们将无法与跨国公司竞争，也无法获得活下去的权利。"（余胜海，2016，第36页）	变革创新	应变维度
任正非反对企业自主创新："自主创新就陷入熵死里面，这是一个封闭系统。我们为什么要排外？我们能什么都做得比别人好吗？为什么一定要自主，自主就是封建的闭关自守，我们反对自主。"（周留征，2015，第87页）	变革创新	应变维度

续表

典型引用	分维度	主维度
华为坚决提拔那些眼睛盯着客户，屁股对着老板的员工；坚决淘汰那些眼睛盯着老板、屁股对着客户的干部。任正非认为前者是公司价值的创造者，后者是谋取个人私利的奴才。（唐新，2016，第66页）	（低）权力距离	权力分享维度
2009年，华为的几位高管在一篇案例文章中写道："以客户为中心，可以成为天才；以领导为中心，就会成为奴才；以自我为中心，则会变成蠢材。华为人，你如何选择？"（田涛、吴春波，2016，第269页）	（低）权力距离	权力分享维度
2009年年初，任正非在题为《让一线直接呼唤炮火》的内部讲话中，用惯用的军事化语言对华为正在进行组织结构调整的原因进行了明确的表述："我们现在的情况是，前方的作战部队，只有不到三分之一的时间是用在找目标、找机会以及将机会转化为结果上，而大量的时间是用在频繁地与后方平台往返沟通协调上。而且后方应解决的问题让前方来协调，拖了作战部队的后腿……"（李志朝，2016，第83页）	赋权	权力分享维度
华为的授权是建立在一体化管理平台的基础上的。2013年底，任正非在华为年度干部会议上的讲话中指出："数据流量越来越大，公司也可能会越来越大。公司可以越来越大，管理决不允许越来越复杂。公司管控目标要逐步从中央集权式，转向让听得见炮声的人来呼唤炮火，让前方组织有责、有权；后方组织赋能及监管。这种组织模式必须建立在一个有效的管理平台上，包括流程、数据、信息、权力。"（周留征，2015，第201页）	赋权	权力分享维度
2010年底，华为6万多股东在全球100多个地区、300多个投票点选举51位股东代表，9名候补代表，股东代表再选举华为新一届董事会，一切都是在开放、民主的氛围下展开，没有任何的人为干预。（田涛、吴春波，2015，第144页）	参与	权力分享维度

续表

典型引用	分维度	主维度
华为的务虚会一般要进行两天，第一天上午漫议，任正非采取完完全全的"头脑风暴法"，每个与会者都可以说出自己的想法。而到了下午，会议开始筛选并聚焦主题，所有人围绕主题进行充分的开放式的讨论，并且主动与任正非或者其他高层进行争论和辩解。到了第二天，所有讨论的议题会进一步得到收缩，大家对前一天的一些富有代表性的观点进行充分讨论，然后形成会议纪要。不仅如此，华为还会将会议纪要下发到相关部门的高管层，听取相关的意见和建议，接着进行讨论和修改，如此几上几下地反复之后，最终形成了真正的决议。（黄继伟，2016，第23页）	参与	权力分享维度
2004年，任正非推出一项大胆的举措，就是在经营管理团队实行轮值主席制度，由7位经营管理团队成员轮流执政，每人半年时间。轮值主席制度的实施既强化了内部的监督和竞争氛围，也平衡了公司各个部门之间的矛盾。另外，为了得到别人对他的决议的拥护，轮值主席不得不把他所管理部门的利益带入华为全局利益的发展平衡之中，各个部门也开始彼此妥协与通力合作。沿袭多年的高耸的部门墙和林立的"山头"，也随着轮值主席制度的深化而逐渐土崩瓦解并归于沉寂。（唐新，2016，第95页）	跨亚文化权力分享	权力分享维度
轮值制度给华为带来的最大好处是，每个轮值者，在其任职首席执行官一段时间里，同时还担负了公司首席运营官的职责，不仅要处理日常事务，而且要为高层会议准备起草文件，大大地锻炼了他们。同时，当值CEO不得不在行为上进行收敛，否则就得不到别人对他决议的拥护。这样他就将他管辖的部门，带入了全局的利益平衡，使公司得以均衡成长。（张笑恒，2017，第250页）	跨亚文化权力分享	权力分享维度
值得一提的是，华为员工为了能够实现部门之间的无缝对接，盛行一种"吃文化"。总部派人到办事处做支持，首先就要过吃饭这一关，找一个咖啡厅或者干净的小饭馆，边吃边谈。华为"吃文化"的精髓就在于边吃边谈中，可以进行畅通无阻的沟通、交流。（孙科柳、易生俊、陈林空，2015，第176页）	信息共享	权力分享维度

续表

典型引用	分维度	主维度
公司在管理上是高度透明的，公司的各种文件、《华为人》报、《管理优化》报，以及各种会议，倡导的就是以沟通的方式进行管理，即公开、透明的管理。（吴春波，2017，第11页）	信息共享	权力分享维度
“活下去”是华为发展的最大动力，也是它曾经最低和最高的组织纲领；“活下去”的唯一法宝是奋斗与进取，是血与泪的付出。（田涛、吴春波，2015，第210页）	求生欲望	进取维度
任正非曾在一篇名为《华为的冬天》的文章中写道：“这十年来我天天思考的都是失败，对成功视而不见，也没有什么荣誉感、自豪感，而是危机感。也许是这样华为才存活了十年。”（李志朝，2016，第43页）	求生欲望	进取维度
早在创业初期，任正非就向所有华为人宣称：未来世界电信市场，三分天下，华为有其一。（程东升、刘丽丽，2016，第23页）	使命与愿景	进取维度
华为的追求是在电子信息领域实现顾客的梦想，并依靠点点滴滴、锲而不舍的艰苦追求，使我们成为世界级领先企业。为了使华为成为世界一流的设备供应商，我们将永不进入信息服务业。（《华为基本法》，第1章）	使命与愿景	进取维度
“我们追求在一定利润水平上的成长的最大化。我们必须达到和保持高于行业平均的增长速度和行业中主要竞争对手的竞争速度，以增强公司的活力，吸引最优秀的人才，和实现公司各种经营资源的最佳配置。在电子信息产业中，要么成为领先者，要么被淘汰，没有第三条路可走。”（《华为基本法》第14条）	追求卓越	进取维度
任正非在《华为的红旗到底能打多久》一文中曾经指出过：“我们是瞄准业界最佳，我们制定的产品和规划管理都要向他们靠拢，而且要跟随他们并超越他们。如在智能网业务问题上，我们的交换机已经领先于西门子了，但在产品的稳定性、可靠性上我们和西门子还有差距。我们只有业界最佳才有生存的余地。”（张笑恒，2017，第246页）	追求卓越	进取维度
任正非：“我们要对各级优秀干部循环赋能，要在责任结果的基础上，大力选拔干部，内生成长永远是我们主要的干部路线。我们要用开放的心胸，引进各种优秀人才，要敢于在他们能发挥作用的方面使用他们。”（程东升、刘丽丽，2016，第5页）	顶级人才	进取维度

续表

典型引用	分维度	主维度
任正非："实行末位淘汰制走掉的一些落后的员工也是有利于保护优秀员工，我们要激活整个组织，大家都说美国的将军很年轻，其实了解西方军官培训体系和军衔晋升制度就会知道，通往将军之路，就是艰难困苦之路，西点军校就是坚定不移地贯彻末位淘汰制度。"（孙科柳，2014，第148页）	顶级人才	进取维度
中国人的优良传统还包括杜绝腐败，怠惰是一种最常见、最有害的腐败，人人皆可能为之。狭义的腐败，即贪污，化公为私，只有少数人有这种机会和资源；但是怠惰，每一个人都有机会，所以华为把怠惰也定义为腐败。（吴春波，2017，第27页）	勤奋进取	进取维度
华为被称为"中国最累企业"，不管是真是假，华为公司一路走来，的确让华为人付出了代价。一直以来，华为人承受着高于其他企业数倍的压力，特别是在开拓海外市场的过程中，他们简直就是"在夹缝中求生存"，这是外人无法体会的心酸，也是外人无法感受到的压力。（孙科柳，2014，第200页）	勤奋进取	进取维度

轴心编码

轴心编码的目的在于建立起相对主要的核心概念和类属与相对次要的核心概念与类属之间的关系。如果说初始编码和聚焦编码产生了分析的骨头，理论整合会把这些骨头组合成一套可用的骨架。轴心编码使得类属的属性和维度具体化了（Charmaz，2014，第147页）。如果说初始编码和聚焦编码很像文化内容研究中的特质研究，轴心编码则更接近于维度研究。本书认为，对文化内容的维度研究更能够体现组织文化维度的多元性，以及维度间的互动性所带来的复杂性，能够为组织文化研究提供更有综合性和动态性的理论框架。通过轴心编码过程，我们归纳出华为组织文化的4个主维度和从属于主维度的20个次要维度。需要说明的是：这些维度的代表性大于全面性，正如霍夫斯泰德（Hofstede，1984，第212页）所言，在进行文化维度的分析时，研究者不得不在寻求综合性表述和对细节的更全面反映之间寻找平衡。

表3-2　华为强效组织文化的4个主要维度和20个次要维度

主维度Ⅰ	整合维度	主维度Ⅱ	应变维度
分维度1	核心价值观共享	分维度6	客户导向
分维度2	组织至上	分维度7	外向多元
分维度3	团队协作	分维度8	求真务实
分维度4	权威性决策中心	分维度9	辩证宽容
分维度5	高效激励	分维度10	变革创新
主维度Ⅲ	**权力分享维度**	**主维度Ⅳ**	**进取维度**
分维度11	权力距离（低）	分维度16	求生欲望
分维度12	参与	分维度17	使命与愿景
分维度13	赋权	分维度18	追求卓越
分维度14	跨亚文化权力分享	分维度19	顶级人才
分维度15	信息共享	分维度20	勤奋进取

理论编码

理论编码建立在核心概念和范畴已经饱和的基础上。如通过理论编码发现理论无法饱和，则研究者有可能需要追溯整个研究过程，或者从出发点开始重新进行理论性抽样，或者再次进行聚焦编码，以重新补充新的数据，实现理论的饱和。所谓达到饱和状态，即“研究者

持续收集数据直到研究者收到的只是已知的说法。”（Selden，2005，第124页）

扎根理论研究的理论构建工作主要通过理论编码来完成，把在初始编码和聚焦编码过程中形成的概念或范畴组织起来构建理论。Glaser（1978，第72页）指出，理论编码是指概念化实质性编码所形成的概念或范畴间的相互关系，如并列、因果和递进等，“把支离破碎的故事重新聚拢在一起。”按照这种说法，轴心编码已经是理论编码过程的有机组成部分。

作为理论编码的初步成果，我们观察到华为的强效组织文化由整合维度、应变维度、权力分享维度和进取维度这4个主要维度构成的，这4个维度持续且反复地以各种微妙的差异显现，具有基本性、重要性、理论相关性、冲突性和交互性。在这4个主要维度下，还可以观察到共计20个次级维度，这些维度既在各自从属的主维度内相互促进和优化，也在主维度间相互促进与优化，并共同产生作用。我们将结合对现有文献的再回顾展开详细论述。

与现有文献的对话

以华为公司的强效组织文化为样本，我们找到了20根足以撑起新的强效组织文化理论框架的“雨伞的辐条”，这些“辐条”聚合性地交织在一起，共同撑起组织效能之伞。Corbin和Strauss（2015）指出：对于想进行理论整合的研究者，单有辐条并不构成雨伞，单有概念并不构成理论。要想从资料中构建理论，必须要将概念联系起来并充实细节，而那些具有各种属性和维度的次级概念提供了说明的细节。此外，在理论建构过程中，分析者的目标除了抽象性外，还要有稠密性，也就是说要能够找出所关注的类属的所有属性和维度，而且建立其变化的形式。

为此，作为理论构建的必要工作，我们将再度展开与文献的对话。尽管早期的扎根理论专家建议把文献评述延迟到分析完成之后，我们出于四个原因将文献评述与理论构建同时展开：首先，我们的研究已经具备了相当程度的独立性和自主性，不再会受到既有理论的根本性影响，而且即便是在文献综述的章节，我们对既有理论始终是以批判的态度来看待的；第二，世界上不存在崭新的研究，有必要尽可能地清晰展示“新”的理论与既有理论千丝万缕的联系；在这个意义上，与文献的对话也有助于确认通过扎根理论研究所观察到的文化维度是否真的具有重要理论意义；第三，我们同意Charmaz（2014，第308页）的观点：一个材料充分、要点突出的文献评述会加强你的论点——以及你的可信度，文献工作不仅仅局限于一篇论文的一小部分或者一部论著的一章，而是要把对文献的讨论交融到整个研究作品中；第四，我们假设与现有文献的对话可以使理论构建超越少数一两个案例公司的局限性，具备更为广泛的普适性，而普适性正是理论之所以成为理论的核心基础所在。

强效组织文化的多维性

我们的扎根理论研究揭示出作为强效组织文化，华为文化具有多维性，是由整合维度、应变维度、权力分享维度和进取维度4个主维度构成，又可以进一步细分为20个次级维度。既有文献的论述表明，这20个维度都与组织效能密切相关，是组织效能的重要影响因素。

主维度I：整合维度

整合维度是强效组织文化的基本维度之一，也是任何组织文化不能回避的核心维度，对组织效能的影响至关重要。Nadler（1998，第37页）借助系统论的理论框架提出：对组织而言，其总体效能取决于内部各个部分的契合度或适合度。契合度越高，整体效能越高。Lawrence和Lorsch（1967，第7页）指出，当组织体系规模化后，会差异化为各个部门，但只有当这些部们整合在一起运作时，组织体系才能有效。就本书而言，组织文化的整合维度以组织文化的整体性、一致性、契合性、凝聚性倾向为强端，以个体性、分裂性、离散性、松散性倾向为弱端。根据扎根理论研究，整合维度由五个次级维度构成，分别是核心价值观分享、组织至上、团队协作、权威性决策中心和高效激励维度。

核心价值观分享维度以拥有被强力分享的核心价值观为维度的强端，以缺乏被强力分享的核心价值观为维度的弱端。价值观是对行为模式或存在状态的主观取舍机制（Rokeach，1973，第5页），被广泛分享的核心价值观是组织的黏合剂，对提升组织整合度至关重要（Tushman，O'Reilly Ⅲ，1996，第26页）。Lewicki等人（1998，第445页）认为，高度分享的价值观促进组织成员间的信任，而信任是协作、相互依存和创新行为的基础。O'Reilly（1989，第13页）指出：核心价值观，即便以非书面形式呈现，也会构成组织文化范式的基础，起到鼓励和抑制特定行为和信仰的作用。Sampler（2015，第151页）指出：要想在复杂、不确定、多变的时代立于不败之地，组织必须有一个能够解读这个世界的统一视角，价值观起到了统一视角的作用。Senge（1990，第208页）指出核心价值观回答这样的问题：“我们应当如何行动，以确保在实现组织愿景的道路上与组织的使命保持一致。”

组织至上维度以对组织的认同倾向（凝聚倾向和集体主义倾向）为强端，以对组织的背弃倾向（离散倾向和个人主义倾向）为弱端。对集体主义价值观的认可是组织形成的前提，正如肯尼斯·阿罗（Arrow，1974）所言：

为什么需要集体行为？为什么需要组成社会，或至少使之扮演重要的经济角色呢？从经济学的观点看，这是因为集体行为可以扩展个人理性的范围。集体行为是一种发挥力量的手段，一种使个人能够借以更充分实现其价值的手段。

Chatman等（1998）的研究揭示出以集体主义为导向的组织文化强化员工的组织成员特性，有利于整合不同背景的员工，使他们形成相互依赖、相互信任、彼此合作、乐于交流的工作关系，避免恶性冲突，提升创新能力和工作绩效。组织至上维度是团队协作维度的优化因素。Simon（1997，第12页）观察到：由于组织成员不把自己与整个组织视为一体，而是认同组织的某个部门，当自己的部门和组织发生利益冲突时，他会认为前者比后者更重要。这成为大型组织特有的部门之间竞争和冲突的主要原因。组织至上文化有效制约组织内部的小团体主义。巴纳德（Barnard，1938，第84页）指出：组织成员有协作的意愿，意味着个人要克制自己，交出自己的控制权，并让个人行为非个人化。Burns和Stalker（1961，第233页）提出，组织成员对组织的认同感越强，其人生重心就越会从家庭和社会活动向工作转移，与同事的互动也会愈加密切，从朝九晚五式的雇员转型成为一位专业人士。团队协作的氛围使得员工不再各人自扫门前雪，而是要努力了解更加宽泛的业务领域，这也会加大员工的工作投入程度。

团队协作维度以组织成员的协作倾向为强端，以自利倾向为弱端。Etzioni（1959，第43页）把组织定义为人们为实现特定目标而构建的协调努力机制。巴纳德（Barnard，1938，第215页）认为：组织的实体是人的协作活动，管理者的一项重要职能就是确保组织成员的协作活动。在他看来，好的组织是一个协作系统，任何一个组织都是由个人组成的，如果组织中的个人都不愿意相互协作，那么组织的目标就无法完成。德鲁克（Drucker，1967，第74页）发现只有具有不同知识和技能背景的团队能够为了共同的目标协同努力才能使得工作卓有成效。Simon（1997，第12页）认为，组织依赖其成员之间的合作达到组织目标并提升生存概率。Handy（1997，第86页）提出了“适当的自私”的概念。借助德国哲学家康德的理念，他提出最糟糕的自私是极端的个人主义，对他人漠不关心，也毫不宽容。而适当的自私则超越自己，是一种可敬的品行。适当的自私要求我们做自己，但同时也得了解到，别人一样有权利做合乎适当自私的事。在这个两难之间求取平衡的唯一可能即是，我们了解自己唯有借助与他人共同生活与工作的历练，才可能彻底发挥潜能。

权威性决策中心维度以组织内部的各级决策中心富有权威性为强端，缺乏权威性为弱端。当组织的决策集中在一个或少数几个人时，组织是高度中心化的，当组织中很多人参与决策时，决策是去中心化的，但从业绩指标来看，并没有迹象显示去中心化决策比中心化决策更能促进组织效能（Dalton et al.，1980，第58页）。相反，Gulick等人（1937，第9页）强调说：“绝对不能忽视命令统一原则在协作和组织过程中的重要性，严格遵守统一原则可能有点荒谬，但是如果违反了这一原则，肯定会出现混乱、无效和不负责任的状况。”Arrow（1974，第68页）论证了决策中心存在的合理性。他提出：“由于信息的传递是有成本的，在使用资源、特别是个人时间的意义上，将所有的信息一次性地传递到中心位置，要比把每个信息分散地传递给每个人更便宜，更有效率。出于同样的效率原因，由处于中央的个人或办公室做出集体决定并传递，可能要比把决策据以做出的所有信息进行再传输更为便宜。”Etzioni（1959，第48页）指出，即便是决策相对去中心化的企业中，也会有最高层面的权威中心。这样的权威中心最了解企业目标，可以确保做出最后决定并协调低级别决策中心的分歧。Pfeffer（1981b，第4—5页）提出，当权力的使用因符合组织核心价值观而转化为权威时，权力因机构化而被广泛分享。权威中心体现为员工的高度服从和强大的执行力。权威性决策中心还有利于强化部门间的联系（Hickson et al.，1971，第221页）。权威性决策中心的存在强化组织整合度，缺失则弱化组织的整合度。

高效激励维度以对员工的有效激励倾向为强端，以忽视对员工的有效激励倾向为弱端。激励体系是影响组织文化特别重要的手段，谁得到奖励，为什么得到奖励，是对组织价值观和信仰的明确宣示（Kerr，Slocum，2005，第130页）。激励可以定义为影响员工使其为实现特定目标而努力的过程（Daft，1993，第512页）。巴纳德（Barnard，1938，第82页）指出，组织的活力在于成员贡献力量的意愿，意愿的持续性取决于成员个人在实现目标的过程中所获得的满足，如果这种满足不能超过个人所做出的牺牲，意愿就会消失，组织就没有效率；反之，如果个人的满足超过其牺牲，做出贡献的意愿就会持续下去，组织就富有效率。Simon（1997）认为：“组织成员对组织做出贡献，组织向他们提供激励物作为回报。一个群体的贡献是该组织为成员提供激励的来源。如果总贡献的数量和种类足以提供必需数量和种类的刺激物，组织就能够生存和成长；如果没有达到均衡，组织就会衰退甚至最终消失。”Tichy（1983，第86—92页）指出，动机指个人为特定活动付出能量的意愿，激励体系对于提升组织中的动机水平起到关键性作用。

整合维度强化组织文化的整合性。组织文化的整合性有效应对组织内部多元文化给组织带来的离散倾向。科特（Kotter，1985，第31页）指出：当组织充满多元时，冲突是不可避免的。在目标、工作重心、信仰存在很大差异的情况下，寻找抑制冲突并使各方都满意的方式是一个艰难、耗时和充满挫折感的过程。在这种情况下，人们容易放弃让各方都满意的努力，转而寻求自己的独赢。这进而带来狭隘的政治过程和破坏性的内斗，使得组织内部更加碎片化，充满冲突，难以整合。Tichy（1982，第71页）指出，如果亚文化太强了，组织就很难把研发、生产、销售、财务等整合在一起，为组织的大目标服务。Griesinger（1990，第492页）提出：部门的专业化程度越强，整合协调这些部门的需要就越强烈。Young（1989，第202页）提出：共同信奉的价值观有效限制极端化的小团体倾向。Feldman（1986，第591页）指出：彼此信任是跨部门合作的基础。Lewin（1952，第145—169页）指出：团体的凝聚力高时，所有的成员都表现出团结一致、相互欣赏，对参加会议和落实团体的日常任务有积极的感情。

组织文化的整合性对组织的变革创新文化也有促进作用。Kanter（1983，第28页）认为：具有整体性和整合性文化的组织更具创新性，而部门各自为战式的“割据文化”则阻碍组织内部的信息流动和观点碰撞，不利于创新。Nemeth（1986，第29页）指出，在缺乏信任感的团队中，人们因惧怕被冷嘲热讽而不愿意分享创新性见解。Lorsch

（1986，第104页）提出，组织将核心价值观以文字的形式清晰地描述出来有利于变革创新。当人们非常明了所分享的核心价值观的情况下，一旦外界环境的变化要求对组织文化加以调整，组织就可以迅速做出反应。Nadler（1998，第12页）指出：所有变革在本质上都只能是涉及复杂性组织各个方面的“整合性变革”。

组织文化的整合性还为权力分享文化的发育提供基础。Chatman等人（1998，第753页）指出，当组织文化强调集体主义价值取向时，组织成员更愿意积极参与解决共同面临的问题。彼得·圣吉（Senge，1990，第136页）指出，在缺乏一致性的组织中分享权力会适得其反，只会使得管理层在保持组织凝聚力和方向感时面临更大压力和负担。Fairholm（1994，第1—8页）指出：只有在充满彼此信任、密切合作、拥有共享价值观和共同愿景的组织文化中，领导力才能够得以展现。Staw等人（1981，第503页）认为：缺乏信任，感受到威胁的团队更倾向限制信息交流并强化单边控制。

主维度Ⅱ：应变维度

不确定性和复杂性是现代组织理论中的核心概念之一，与组织外部环境密切相关。所谓外部环境是组织无法控制的外部因素的总合（Hofstede，1984，第112页）。面对不确定性和复杂性，有些组织试图加以规避，通过把组织封闭起来尽量加以简化，但加尔布雷斯等人（Galbraith，2002，第97页）则认为组织其实别无选择，只能把内部复杂性提升到与业务要求相匹配的程度，才能有效应对快速变化的世界。因此，组织的外部应变能力对于组织的持续生存至关重要，适应外部变化的能力是任何有效组织体系所不可或缺的（Lawrence，Lorsch，1967，第7页）。组织文化的应变维度以主动发现和适应外部变化的倾向为强端，以封闭自大的倾向为弱端。根据扎根理论研究，应变维度有五个次级维度，分别是客户导向、开放多元、辩证宽容、求真务实和变革创新维度。

客户导向维度以对客户需求的关注力和反应力为强端，以对客户需求的缺乏敏感和反应迟缓为弱端。对于商业组织而言，客户是最重要的外部环境因素；客户的存在是组织存在的前提和基础，客户需求的变化关系到组织的兴衰。德鲁克（Druker，1974，第41页）指出：

> 正是客户决定了企业的使命，是客户为商品和服务支付的意愿，将经济资源转化为财富和商品。尤其是对企业的未来及其成果而言，最重要的并不是企业想生产什么。客户想购买什么，客户对价值的真正理解才具有决定性——它决定了企业的使命、企业的产品和企业的兴旺发达。顾客购买和珍视的不是产品，而是效用。顾客是企业的基础，决定着企业的生存。

以客户为导向的价值观决定了组织如何塑造其核心竞争力。伦敦商学院教授哈默尔和密西根商学院教授普拉哈拉德（Hamel，Prahalad，1994）认为，组织核心竞争力并不是一个企业对自身价值的衡量，而是在客户眼里这个企业有多大价值。任何定义都必须从顾客的角度出发，企业自认为是优势的某些特点，如果不为顾客所认可，就不能被称为核心竞争力。Nadler（1998，第59页）把变革区分为渐进式变革和断裂式变革、预见式变革和被动式变革，认为那些紧密关注客户变化并据此调整战略的组织更有可能避免极易带来组织震荡的断裂式、被动式变革。

开放多元维度以组织对外部环境变化高度敏感及鼓励内部应对外部复杂性为目标的多元性为强端，以封闭自大和对内部多元性的漠视和压抑为弱端。Lawrence和Lorsch（1967，第6页）把组织视为社会大系统中的一个开放型子系统，受环境的影响。Pfeffer（1976，第37页）指出，管理层对于组织的内部控制只能是相对的。Pfeffer和Salanick（1978，第2页）指出，组织只有在具有效能的前提下才能生存，组织效能来自满足那些组织赖以获得资源和支持的外部利益团体。查尔斯·汉迪（Handy，1997，第17页）观察到，企业的成败取决于市场。市场是个奇妙约束机制，通过自动发出信号指出短缺与过剩之所在。市场以其内在奖惩机制，促进创新和改善，但很多企业会在这一过程中衰亡，即便是大公司也很少能活过40年，甚至是值得活下去。德鲁克（Drucker，1967）有个著名的观点，在组织内部，不会有成果出现，一切成果都存在于组织之外。举例来说，企业机构的成果是通过顾客产生的，企业付出的成本和努力，必须通过顾客购买其产品或服务，才能转变为收入和利润。具体到组织文化管理的角度，Martin（1985，第148页）强调管理层要关注组织文化与环境的匹配度。沙因（Schein，2010，第14页）指出：文化是“好”还是“坏”，“有效”还是“无效”，不仅仅依赖于文化本身，更依赖于文化与其所在环境的关系。Denison（1997，第6页）认为，假以时日，特定环境会造就特定文化，或者说要求组织具备特定文化以持续生存。Davis（1985，第137页）强调了顾客、竞争、股东、供应商和政府对组织文化的塑造作用，当这些外部因素发生变化时，组织战略必须做出相应调整，组织文化理应随之发生变化。Ogbonna和Harris（2000，第782页）的实证研究也揭示出内向型组织文化与外向型组织文化相比较，在组织竞争优势的塑造上起到破坏作用，“在短期内损害盈利能力，阻碍长期增长，甚至危及组织的生存”。

组织文化外向性的重要指标之一是组织内部亚文化的发育程度。亚文化是连接组织外部需求和内部资源的桥梁（Hickson et al.，1981，第172页）。外部环境具有多样性和易变性，应对组织环境的多样性需要借助组织内部既有的多样性（Denison，1997，第80页）。因此，多元亚文化的存在反映出组织在内部建立多样性以应对外部多样性的努力。Boisnier和Chatman（2003，第88页）指出亚文化使得组织能够对外部环境进行差异化反映，同时不会破坏其内部和谐。巴纳德（Barnard，1938，第29页）指出："在实际工作中，一个合作群体可能对工作中某一个部分的适应性较好，对另一部分工作的适应性则较差，对第三部分工作则完全不具适应性，对第四部分工作可能会有反作用。因此，在某一方面有效能的适当过程，常常是导致其他方面没有效能的原因。"上述观点提醒人们，面对复杂的外部环境和需求，单一性文化是很难带来令人满意的效能的。建立在多样性上的亚文化协同合作才能让组织效能最大化。沙因（Schein，2009，第5—6页）提出日趋活跃的兼并收购、全球化、技术复杂性和信息技术的飞速发展都使得协调组织内部亚文化，使其服务于组织的共同目标变得更加重要。领导者除了要在整体上管理好组织文化，还必须有能力识别、创造、管理和优化日益多元复杂的内部亚文化。

内部多元亚文化对变革创新有重要促进作用。Chatman等人（1998，第755页）通过文献研究指出，背景多元的团队比背景单一的团队更有创新能力。Salanick，Pfeffer 和 Kelly（1978，第248页）指出，个人做出重复性决定方面的影响力与自身经验高度相关，而在做出开创性决定方面的影响力与信息源的数量及内部沟通能力高度相关。Livermore（2015，第135页）提出不同文化的融合将创造力与现实主义相结合，看似矛盾的价值观可以共同促进组织目标的实现。

求真务实维度以实事求是倾向为强端，以经验主义、面子文化、盲从领导或小团体主义等导致脱离现实的倾向为弱端。求真务实倾向对于组织应变能力的形成至关重要。组织求真务实文化可以操作化为组织学习行为。组织学习行为归根到底是一种针对外部环境变化对组织认知的纠错行为，目的是为了更准确地认识和更有效地适应外部环境（Argyris，Schon，1978）。组织学习行为包括寻求反馈、分享信息、要求帮助、讨论错误和开展实验。组织要想发现计划中的缺陷，组织成员就要在内部公开讨论不同见解，而不是在外部私下议论。然而，求真务实在很多组织中并不容易做到。有些人过度依赖于经验，但美国心理学教授兼计算机科学教授斯泰兰·奥尔森（Ohlsson，2011）指出，世界是一个混乱的复杂系统，变化是世界的唯一常态，由于现实的混乱性，对于是否可以运用过去的经验不可能存在一劳永逸的处理方式。Janis（2011）指出当决策者面临的局面有可能威胁到自尊时，最难以理性行事，广开言路或寻求专家的多元意见。人们为了不伤及自尊很容易以放弃独立思考和发表独立见解，以团结的名义盲从于“小团体思维”。Edmondson（1999，第351—380页）指出，由于组织学习行为结果并不确定，可能伤及面子，甚至使得组织成员感受到威胁，很多组织成员为了自我保护而刻意规避组织学习行为。在一个能够给成员带来心理安全感（组织成员都认为彼此间的互动是安全的）的组织中，组织学习会更加有效。这种心理安全感可以来自共享核心价值观所带来的彼此信任，可以来自辩证宽容的文化氛围，也可以来自组织成员出于对组织的承诺对面子文化和小团体主义的克服，以及对上级绝对服从出现的松动（Burns，Stalker，1961，第233页）。

辩证宽容维度以鼓励辩证思维和宽容态度的取向为强端，以黑白分明和苛刻对待异见的取向为弱端。当组织内部鼓励基于个人和亚文化层面上的多元化时，文化的复杂性必然导致文化的内在矛盾性和冲突性，辩证宽容文化就变得愈加重要。此外，辩证宽容的文化还意味着对混沌和模糊的容忍。Meyerson和Martin（1987，第625页）把混沌和模糊定义为一种不清晰、无法解释，可能同时具有两个或以上意思的事物，认为混沌模糊状态有两种类型：一种是内部缺乏信息而产生的混乱状态，随着信息的充实，这样的状态就会消失；另一种来自无法解决的冲突和无法弱化的矛盾，当个人同时面对无法调和的意义时，就会陷入混沌和模糊的境地。Meyerson和Martin（1987，第640页）还认为：对混沌模糊状态的容忍，就是容错，就是对冒险、实验和创新行为的鼓励，可以为组织带来持续性变革创新文化。Quinn和McGrath（1985，第316页）指出人类并不擅长思辨矛盾，因为这是一个反直觉过程。人类的自然倾向是分别对立式的，而与此相对应的思维方式是兼容并包式的。兼容并包式的思维是一个复杂的过程，认为两个看上去绝对矛盾的观点或概念可以同时运行。这种思维方式涉及制造相对立的两极并加以整合（对立统一式的整合）。Quinn和McGrath（1985，第331—335页）进一步指出：组织中的类别文化之间充满了矛盾、复杂性和悖论，在处理内部文化冲突时组织可以采取调试妥协、封闭孤立、强权压制和沟通超越四种方式，而最有利于组织效能的是沟通超越方式。这种方式要求不同的亚文化群体能够超越自身的文化倾向，共同寻求协同效应。

变革创新维度以主动性的变革创新倾向为强端，以因循保守倾向为弱端。变化指新的外部因素的出现（Burns，Stalker，1961，第96页），创新是主动寻求变化的行为。由于变化可能使组织现有的流程、资源、核心竞争力、生产和服务方式丧失价值，威胁组织的生存，组织都希望创新发生在组织内部而非外部（Burns，Stalker，1961，第36页）。在Pettigrew和Whipp（1991，第238页）看来，作为集体学习的组织学习能力就是去除过时知识、技能和理念，学习新知识、技能、理念，让组织得以实施新战略的能力。Lorsch（1986，第98—104页）指出，成功企业的管理者均热衷于企业自身的文化，但文化可能在两方面阻碍战略管理。一方面，根深蒂固的信念会遮挡管理者的视线，使他们常常不能够察觉到外部条件的变化；另一方面，当特定文化在过去行之有效时，很自然的做法是在未来仍坚守这一文化，即使是发生了很大的战略变化时也是这样。若想让组织文化避免成为组织变革的隐形障碍，高层领导者一定要假设变化无时无刻不在发生，并要使变革创新成为组织文化的重要预设和前提。Allarie和Firsirotu（1985，第19页）认为："企业在试图改变战略方向而遇到难以克服的困难时，文化提供了一种解释。这不仅是因为'正确的'文化是企业成功的重要条件和基础，也在于改革的成效取决于管理者能否明智、有效、及时地改变企业的主导文化。使之与所需的战略变化相协调。"Altman和Iles（1998，第53页）指出组织各个层级的领导对变革型组织学习行为的倡导和身体力行是组织成功变革的促进因素。

应变维度强化组织文化的应变性，组织文化应变性有效抗衡组织文化整合性可能带来的封闭、排外、僵化倾向。具有高度凝聚力的团体也会面临问题，例如，Janis（2011，第11—15页）就用"小团体思维"（group think）这一概念来指人们的一种思维方式：当人们深陷一个内聚的团体时，团体成员对团结一致的追求取代了他们对不同行动步骤进行客观评估的动机。"小团体思维"可能导致组织封闭、排外和排斥异见。Janis还总结说："决策团体内成员之间的关系越亲和，越有团队精神，独立的批评性思考被小团体思维所取代的危险性就越大，这就可能对外部团体采取非理性和野蛮的行为。"应变维度中的开放多元和求真务实文化可以有效对治这类倾向。此外，应变维度中的变革创新文化是整合维度中核心价值观分享维度的优化因素。正如

Gagliardi（1986，第129页）所强调的，组织的主导价值观必须能够持续带来成功，否则就需要通过变革创新改变组织的核心认同。

主维度Ⅲ：权力分享维度

所有组织都面临权力与资源的分配问题（Tichy，1982，第63页），权力和政治的概念是理解任何组织行为所不可或缺的，但对权力研究的忽视长期存在（Pfeffer，1981b，第1页；Perrow，2014，第72页）。Linstead和Grafton-Small（1992，第339页）也认为，许多学者在组织文化研究中忽视了权力关系对文化情境的影响。

涉及权力分配的政治文化是组织文化的重要方面（Riley，1983，第435页）。巴纳德（Barnard，1938，第120页）把权力定义为正式组织中沟通（命令）的一种特征，得到组织贡献者或组织成员的接受，并支配着他们的贡献行为，即支配或决定什么是应该为组织从事的活动、什么是不应该为组织从事的活动。根据这一定义，权力文化和组织核心价值观一样，都对塑造组织文化和组织行为具有重要作用，是讨论组织文化必须面对的一个基本维度。Schreiber（1983，第250页）指出权力在组织内部正式和非正式的分配方式影响到组织内部的信息产生和分享方式，例如，关键性问题可以由谁提出，如何提出，信息是被分享还是隐藏，这些都是影响组织效能的重要因素。美国心理学家和管理专家，提出过权变领导理论的费德勒教授（Fiedler，1966）把权力使用方式分为两种：一是明确指令下属做什么和怎样去做；二是与组织成员共同分享领导工作和责任。前者是专制独裁的领导风格，后者是以组织为中心的领导风格。Fairholm（1994）认为由组织成员分享的权力构成领导力。他指出，传统领导理论过度强调个人，但领导力不应该基于个人的权力或魅力，而是集体行为的一部分。就本书而言，权力分享维度以鼓励权责和信息在组织内部的分享为强端，以利益集团策略性地隐匿信息，获取和垄断权力利益为弱端。根据我们的扎根理论研究，权力距离、赋权、参与、跨亚文化权力分享、信息共享是权力分享维度的5个次级维度。

权力距离维度是权力分享维度的次级维度，用来衡量特定组织或文化对权力分配不均的接受程度。权力距离越低就越接近于维度强端，越高就越接近于维度弱端。综合霍夫斯泰德（Hofstede，1984，第65—109页）的研究，组织中的权力分配可以从高度集中到高度分散；组织成员的偏好取决于核心价值观和权力距离文化。权力高度集中的组织权力距离就高，权力相对分散的组织权力距离就低。对于知识型企业而言，员工更倾向于较低的权力距离。低权力距离组织有两大特征：①下级员工更愿意和敢于向上级提出不同意见；②员工更欢迎参与式决策而非专断式决策。相对于高权力距离组织，低权力距离组织的员工更有自主性，更愿意彼此信任与合作，更愿意参与决策，更加愿意表达不同意见。较低的权力距离有助于其他组织内部权力分享形式的实现。当权力距离比较大，且最高管理层过度自信、生性傲慢或缺乏宽容的情况下，下属因为恐惧或缺少渠道很难给最高决策者足够的反馈，形成有意义的参与。为了和领导“保持一致”，下属也会回避“被授权”，避免自己应当承担的责任。降低组织内部的权力距离可以有效促进参与行为。Kanter（1977，第277页）指出，官僚层级的扁平化促进不同级别管理者的相互接触，促进赋权，从而使得上级和下级的权力都被放大了。

参与属于权力分享维度，以鼓励员工对决策的参与为强端，以压制或漠视员工对决策的参与为弱端。巴纳德（Barnard，1938，第142页）认为扩大的参与是有效激励员工的手段之一。丹尼森等人在多项研究中确认员工参与和组织效能之间存在正相关关系（Denison，Mishra，1995，第204页）。Lawler等人（1995）发现员工参与计划（包括信息共享、授权等）同时影响到公司的财务和非财务绩效。他们在五年内通过对《财富》500强中的279家企业的三次实证调研，证实了员工参与对企业绩效产生显著影响的理论假设。Kanter（1983，第18页）指出让个人获得，或阻碍个人获得有效使用权力的机会是那些停滞和不断创新的公司在操作层面上的主要分别。Pennings（1976，第688页）认为分散化、参与式的权力结构提升员工的满意度和安全感，使员工更愿意增加努力程度，追求更高的工作指标，因而提升组织效能。

赋权是组织内部权力分享的重要形式之一，是组织上级领导为了组织共同利益，与下属分享信息、权威、资源，使得下属认知和行动能力提升的行为。赋权可以视为组织内部的纵向协作行为，通过持续赋权行为，员工获得了“参与能力”（Keiffer，1984，第19页）。Handler（1996，第115页）认为赋权并非一个以一方权力减少来换取另一方权力增加的零值博弈过程，最有趣的赋权形式通过权力的分享达成双赢局面。Thomas（1997，第21—23页）认为赋权的目的并非让下属为所欲为，而是涉及上下密切和持续的沟通，不断明确各自的权力和责任的范围，以达成共同的目标。Zimmerman和Rappaport（1988）提出赋权行为能够提升“相互联结在一起”的意识。

跨亚文化权力分享维度是权力分享维度的次级维度。组织内部不同的亚文化部门、群体之间也存在着复杂的权力关系（Gresov，Stephens，1993，第253页）。这些亚文化部门和群体承担着不同的职能，如不同的前台部门、财务、销售、研发等，一些亚文化群体明显比另一些更有权力。一个亚文化的权力以其对其他亚文化所需资源的控制程度为基础，最有权力的通常是那些贡献了最重要资源的亚文化群体（Pfeffer，Salancik，1978）。在20世纪80年代的所罗门兄弟公司，证券部门的人比起在债券部门的人要弱势不少，因为债券部门是公司最能赚钱和最有权势的部门（Lewis，1990，第61页）。组织内部的横向权力分享最有意义的形式正是跨亚文化的权力分享。与最高领导人最亲密的亚文化组织以及盈利性最强的亚文化组织很容易成为支配性亚文化。不是所有亚文化在组织内部都具有同样的权势，但权力过度集中于特定亚文化显然不利于公司内部亚文化的多元发展。有才能的个人会意识到只有成为支配性亚文化的成员才能在组织内部有前途（Pfeffer，1992，第147页），但有些强势亚文化所代表的也许只是组织的过去而不是未来，局部而不是全部，而不被重视的亚文化则有可能非常重要。跨亚文化的权力分享有助于培育多元亚文化，使得组织更具创新和改变的资本。跨亚文化权力分享可以有多种形式，包括未来领导人的跨部门交流（Arie de Geus，1997，第116页），建立跨亚文化的高层决策委员会，在领导更替时考虑亚文化多元性因素等。相反，按权威领导的模式挑选接班人（领导克隆）有可能带来狭窄的视野、单一性战略能力、强化控制和可预见性、限制创新等后果（Nicholson，2008，第81页）。

信息共享维度属于权力分享维度，以共享信息的倾向为强端，以垄断和隐藏或选择性使用信息的倾向为弱端。巴纳德（Barnard，1938，第82页）指出：一个组织成立需要三个条件：能够互相进行信息交流的人们；这些人们愿意做出贡献；实现一个共同目的。但信息沟通是促进成员协作和实现组织目标的基础。巴纳德还认为：正式组织的复杂性要求建立一个信息交流系统。这是因为组织中的各个部分和要素必须连接为一个整体，共同的目标必须有明确的规定，并且能够让个人接受，使活动的进展维持正常的顺序，这些要求离开信息系统是很难实现的。明茨伯格（Mintzberg，1973）把分享信息列在有效管理10个要点的首位。他强调管理者必须有意识地多关注一下将信息传达给下属这件事情，囤积信息的管理者是在拿工作效力来换取自己的权力。信息是权力的主要来源之一，组织成员的权力大小取决于在组织信息网络中的位置，那些在信息交换中心的人更容易获得权力（Pfeffer，1992，第111—125页）。因此，个人和部门经常通过垄断和隐藏知识与信息把自身置于不可替代的状态，以获取更大内部权力（Pfeffer，1981b，第112—114页），但这显然会伤害到组织效能。Spitzer（2007，第105页）指出团队之间持续互动与协作使得散乱的数据生升级为对组织有用的信息，并进一步凝结成为组织知识和组织智慧。Wieland和Ullrich（1976，第281页）指出，当个体员工缺乏足够的信息或知识时，其参与行为是缺乏意义的，甚至成为被影响的对象，不仅未能获得权力的分享，反而会失去更多的权力。Kanter（1977，第299页）提出，获取运营数据或以前被禁止分享的信息促进员工获得真正的赋权。

权力分享维度强化组织文化的权力分享性，组织文化的权力分享性对组织文化的整合性起到强化作用。Martin（2002，第66页）指出：协作，顾名思义，只有在两个或两个以上的个人分享做出某项选择的权责时才会发生。权力分享意味着按照每个人的决策能力而分配责任。协作只有在“我们共同负责”的环境中才会发生，而在“这事我管，没你的事；或这事你管，没我什么事”的状态中则不会发生。Selznick（1957）指出参与行为是深化组织内部沟通和增进集团凝聚力的方式。霍夫斯泰德（Hofstede，1984，第92页）观察到，在权力距离低的文化中，员工彼此之间更愿意合作；而在权力距离高的文化中，员工彼此间因缺乏信任而难以合作。在另一方面，集中决策虽然带来高效率，但缺乏参与的集中决策则充满危险。Dill（1958，第409—411页）指出高管对环境的认知受到自身偏见和自我历史经验的局限；

阿罗（Arrow，1974，第73—79页）也指出个人和小团体的信息处理能力是有限的，信息越是多元复杂，信息处理的相对能力就越有限。在信息过载的情况下，负责决策的个人或小团体会以先入为主之见过滤信息，扩大信息处理效率的损失，因此，决策会产生错误。Galbraith等人（2002，第13—14页）提出参与行为若能发生在决策之前，将为决策者提供更多的信息和决策选项。德鲁克（Drucker，1967）也高度认可参与对集中决策的价值：他认为，有效的决策总是在“不同意见的讨论”的基础上做出的判断，绝不会是一致意见的产物。

组织文化的权力分享性还通过促进组织内部的多元性和复杂性有效强化组织文化的应变性。Perrow（1961，第860—861页）认为，在复杂组织中，组织目标因多元利益群体的存在并非总是单一的和清晰的，而是多元的。多元领导（multiple leadership）能够促进不同利益团体参与对组织目标的设定，确保对组织至关重要的利益不被忽略，并为目标的实现共同努力，因而有助于复杂组织多元目标的设定和实现。在这里，多元领导意味着权力在2~3个重要利益集团中分享，共同负责组织目标的制定和实现；这样的多元领导与权力分散的派系纷争所造成的不稳定状态不同，也不同于部门拥有高度自治权的权力分散（decentralization）状态，在多元领导状态下，组织中不存在单一的最终权威。科特（Kotter，1985，第17—39页）提出在复杂组织中存在多元目标、价值观、利益关系、假设和观点；复杂组织内部的多元化群体间又存在着错综复杂的相互依存关系。多元化程度越强，相互依存性也就越强。当复杂性组织同时又是大型组织的时候，有效应对内部冲突就变得非常具有挑战性。在这种情况下，单靠少数领导型人才已无法实现有效管理，其结果是组织内部充满官僚主义内耗、狭隘的公司政治和破坏性的权力斗争。因此，组织需要比原来多得多的领导型人才才能避免上述情况。

组织文化的权力分享性还通过促进创新行为强化组织文化的应变性。Pfeffer（1992，第7页）指出变革创新不仅依靠技术和分析能力，由于任何变革创新都会影响现有利益格局，在本质上都是政治行为。Nadler（1998，第67—72页）提出“成功综合症”是阻碍变革的重要病因之一，沉迷于过往成功的领导人会使得组织变得机械、内向、孤僻、傲慢、自大、烦琐、保守、疏于学习、漠视客户、缓慢，造成创新性和行动力丧失。在一个有强大权力分享文化的组织中，过时的领导人会被及时取代，使得组织重新获得变革动力。Lawler Ⅲ和 Worley（2006，第218页）认为被广泛分享的领导力有效支持对变革的管理。组织的各个层级上都会有关注组织外部变化并了解组织内部能力的人，他们会早于高层领导意识到变革创新的必要性。

主维度Ⅳ：进取维度

进取维度主要涉及组织生存和发展的目标设定，也与组织为完成目标所进行的集体努力的力度和质量密切相关。进取维度以求生性、战略性、卓越性、精英性和勤奋性为强端，以自大性、随机性、平庸性、裙带性和慵懒性为弱端。我们的扎根理论研究表明组织文化的进取维度有5个次级维度：分别是求生维度、使命与愿景维度、追求卓越维度、顶级人才维度和勤奋进取维度。

求生维度是进取维度的最基本维度，强烈的求生意识和危机意识是其强端，自大、自满、自傲倾向是其弱端。Pettinger（2010，第111页）指出，组织生存是管理层对于员工、客户、社区和其他利益相关方所负的重要道义责任，为此，必须确保组织不仅拥有短期效能，而且具备长期效能。短视和急功近利的行为都可能危及组织生存。Ellis（2009）指出所有伟大的企业都是“偏执狂”——对竞争对手总是保持高度的警惕和忧虑。Arie de Geus（2002，第6—7页）把真正实现了长期效能的公司称为长寿公司，并总结了这些公司的共同特质：①对外部环境敏感；②内部团结；③内部宽容；④财务保守。Arie de Geus所总结的组织求生文化反映出某种形式的保守主义，在进取维度的总体框架中，这种保守主义是一种为了发展而采取的积极保守主义。中国古代军事家孙子提出的“先为不可胜，以待敌之可胜”表达了类似的思想。

使命与愿景维度是进取维度的次级维度，以拥有明确的组织定位和长期愿景为强端，以机会主义和随波逐流倾向为弱端。组织的使命回答的是“我们做什么”的问题，使命陈述“描述公司与众不同的长远目标，界定公司在产品和市场方面的经营范围。”（Pearce Ⅱ，David，1987，第109页）Tichy（1983，第6页）指出，清晰的使命宣言有助于组织成员明确组织的战略方向。德鲁克（Drucker，1974，第61页）也指出：

> 使命陈述是确定业务优先顺序、制定战略、拟定计划以及分配任务的基础……事实上，“我们的业务是什么”却往往难于回答，正确的答案通常也模糊不清。回答这一问题是战略制定者的首要责任，只有战略制定者能够确保这一问题能够得到应有重视并得以合理解答，才能推动企业设定发展道路，确立未来目标。

Rarick和Vitton（1995，第11页）的研究表明，有正式使命陈述的企业给股东的回报相比没有企业陈述的企业高出很多，前者的平均值为16.1%，后者的平均值仅为9.7%；Bart和Baetz（1998）通过对136家加拿大大型机构的研究得出结论，那些反映组织的核心价值观、与激励体系紧密关联、在形成过程中有企业内部各种力量参与且令员工满意的使命陈述与企业业绩之间存在较为明显的正相关关系。

组织愿景回答的是“我们想成为什么”的问题，愿景宣言为组织成员描绘长远目标。Senge（1990，第195页）指出，在拥有共享愿景的组织中，人们更愿意检讨自己的思维方式，放弃根深蒂固的成见，承认个人和组织的不足，通过冒险和实验行为探索新的方向。巴纳德（Barnard，1938，第82页）指出：“组织的活力在于成员贡献力量的意愿，这种意愿要求这样一种信念，即共同目标能够实现。如果在进行过程中发现目标无法实现，那么这种信念就会逐渐削弱并降到零，这样，效能就不复存在了，做出贡献的意愿也随之消失。”

组织战略是个更广泛的概念，包括组织的愿景与使命，以及短期和长期目标，并为组织指明方向（Galbraith et al.，2002，第4页）。组织不断设定和调整战略目标是对生存欲望的超越，发展是生存最有效的保障。组织通过阶段性地制定和实现新的战略目标可以不断证明自身的效能，并激励员工的贡献行为。

追求卓越维度以追求行业领导地位的倾向为强端，以自我满足、故步自封的倾向为弱端。根据柯林斯等人（Colins，Porras，1994）的研究，能够做到基业长青的公司都具有伟大的愿景，有持续追求宏伟、艰难、大胆目标的文化，并能够不断避免“终于登顶”式的自足和自满。对于德鲁克（Drucker，1964，第6页）而言，追求卓越应该被视为组织求生欲望的另一种形式。他指出，一个产品或一项服务除非占据领导性地位，一定会变得边缘化。无论一个企业有多大市场份额，多好的势头，多么傲人的历史和传统，一旦落入边缘化的境地，就难以长期生存。一旦潮水退去，就会被挤出市场。追求卓越的文化还有助于强化组织整合，强化员工自豪感，并提高士气。March和Simon（1958，第57页）指出：群体的可感声望越高，个体认同群体的倾向越高；群体成员共享可感知目标的程度越高，个体认同群体的倾向越明显。Dutton等人（1994，第240页）指出，如果组织在员工心目中的可感外部形象是正面的，员工对组织的认同将得到强化。

顶级人才维度是进取维度的次级维度，以精英取向为强端，以裙带取向为弱端。Miller（2018）提出顶级人才是那些最能够为实现组织目标做出贡献的人，那些拥有顶级人才的组织最终会赢得市场。他列举了顶级人才的十个特质：①帮助组织创造竞争优势；②更加善于应对变化；③业绩更为突出；④善于应对复杂局面；⑤追求持续成长；⑥最能体现组织的品牌特征；⑦进取性强；⑧为组织创造未来；⑨提供能量；⑩吸引更多的顶级人才。德鲁克（Drucker，1964，第111页）提出，商业组织是由人构成的，其成败取决于人的质素。Schneider（1983，第27页）指出，“组织的特质是由其吸引、选择和留住什么样的员工所决定的。”根据Peters和Waterman（1981，第235—270页）的研究，卓越的组织都有一个共同的特点，那就是以人为本，重视招聘顶级人才，确保这些人才的价值观与组织核心价值观一致，通过培训和赋权使得人才变得更加优秀，并通过信息的广泛分享使得员工面临高水平的“同级压力”。

勤奋进取维度属于进取维度的次级维度，以勤奋进取为其强端、以慵懒懈怠为其弱端。从管理学理论的角度看，勤奋进取维度的强弱反映的是组织成员对工作的投入程度。哈特等人（Harter et al.，2002，第275页）在调查了不同业务部门的工作投入状况后发现，工作投入程度与工作成果呈现正相关关系。另一项研究在综合了91项调查后发现，高度的员工投入促进彼此之间的协作和意见表达，从而促进组织效能（Christian et al.，2011，第123页）。Kirkpartrick和Locke（1991，第50页）认为，精力充沛、勤奋进取是有效领导的重要特征之一，优秀的领导者总是无休无止地追求成功和进步。柯林斯等人（Collins，Porras，1994）提出那些最有效能的公司不仅宽容组织内部的矛盾性因素，如追求稳定和不断创新，而且不是简单地在两种因素中寻求平衡，而是要把矛盾性的两端都做到极致，既要稳定，也要创新，既要做好长期投资，也要追求短期表现，既要做好产品质量，也要降低成本，等等。这种思维和行为方式需要员工和领导人付出超常的智力和体力投入，没有超强的工作力度是很难做到的。

进取维度强化组织文化的进取性。组织文化的进取性对组织文化的整合性、应变性和权力分享性都有重要的促进作用。Arie de Geus（2011）认为，追求生存和卓越是组织存在的终极目标，而强化"客户导向"之类的应变性努力是为组织追求生存和卓越而服务的。露丝·本尼迪克特（Benedict，1934）认为群体文化的形成和组合方式归根到底是围绕这群体所共同认可的总体目标和方向而展开。圣吉（Senge，1990，第192—202页）详细论述了以共享愿景为核心的组织进取性对组织整合性、应变性和权力分享性的强化作用。柯林斯等人（Collins，Porras，1994）也揭示出那些拥有强大愿景、雄心勃勃的组织更加倾向于将组织至上、核心价值观分享和持续创新作为核心组织文化要素。

基于扎根理论的研究和在此基础上与文献的对话给我们提供了多方面的启示：强效组织文化是建立在多个维度上的文化体系。正如赫伯特·西蒙（Simon，1997，第15页）所指出的那样："人类各种事物构成的复杂世界并不是按照简单的单变量主导方式来运作的。"传统的强组织文化理论仅对整合维度做了充分的研究，对其他三个维度的研究则相对欠缺。这就解释了为什么传统的强组织文化理论把强力组织文化与强效组织文化相互混淆，既无法有效指导和解释实践，也无法解决所谓强文化组织缺乏外部应变能力的问题，以及所谓强组织文化只能提供短期效率而无法支持长期效能的问题。

强效组织文化的维度聚合性

我们的扎根理论研究还显示：强效组织文化的4个维度和20个次级维度亦非孤立存在、独立发生作用，而是通过相互强化和优化共同发生作用。这些强化和优化作用有些发生在同一主维度内部，有些发生在不同的主要维度之间，使得主要维度相互交织，互为因果，所表现出来的复杂程度远非任何单一维度可以解释和描述。这种现象也得到了既有文献的印证。

表3-3　华为文化主维度内部、主维度之间相互强化和优化现象举例

同一主维度内部次级维度的相互强化	观察
任正非写了一篇文章《力出一孔，利出一孔》，以解决一个组织的动力机制问题。力出一孔，就是聚焦，尽管15万的个体都很柔弱，弱不禁风，但把15万人的力量凝结起来，使柔弱的水能够穿石，变成一个强大的动力。那么，这个强大的动力背后，就是一个公司的利益机制——力出一孔。（吴春波，2017，第41页）	**整合维度**（高效激励）强化**整合维度**（团队协作）
华为投入了世界上最大的力量去进行创新，但在这个过程中，华为反对盲目的创新。任正非认为盲目的、自以为是的创新，认为做点新东西就是创新这种想法是不可取的。未经科学归纳就把客户的想法变成产品，而对客户的基本需求不予理会，产品自然做不稳定，付出了巨大努力，找到了其中规律，才是有价值的创新。（张笑恒，2017，第12页）	**应变维度**（客户导向）强化**应变维度**（变革创新）

续表

同一主维度内部次级维度的相互强化	观察
华为的管理者们经常会深入工作现场与基层员工一起交流，甚至会与基层员工一起工作。在一起工作中，管理者会与员工进行面对面的思想交流，听取员工的意见。听一位华为的基层员工讲，公司的几个很重要的管理决策都是出自他们之口。（成正心，2018，第166页）	**权力分享维度**（低权力距离）强化**权力分享维度**（信息共享）
任正非是一个有野心的企业家，他一向坚信所谓“逆水行舟，不进则退”，企业想要活下去就必须不断壮大，不断发展。对待国际化的问题任正非同样表示，走出国门绝对不代表只在国外建设几个工厂，把一些产品卖出去，中国企业应该有更大的野心和更高的追求。（申辰，2018，第126页）	**进取维度**（求生欲望）强化**进取维度**（追求卓越）
主维度之间的相互强化和优化	**观察**
轮值CEO制度背后是一个高度严密的决策机制，是价值观统一的前提下，是有任正非这个权威前提下的轮值，而不是简单的“轮流执政”，一旦董事会形成决议，执行时非常强硬，当值CEO必须遵从。（余胜海，2016，第68页）	**整合维度**（核心价值观分享、权威性决策中心）强化**权力分享维度**（跨亚文化权力分享）
任正非：“只有企业的员工真正认为自己是企业的主人，分权才有了基础，没有这样的基础，权力分下去就会乱。所以，文化是权力分化的基础，没有认同感，就不能实现分权。”（程东升、刘丽丽，2016，第8页）	**整合维度**（组织至上）强化**权力分享维度**（赋权）
在华为，不同级别的员工的绩效和奖金对比是非常明显的，绩效好的员工和绩效一般员工的奖金有着巨大的差距。这样一来，这种奖金差别就无形中营造了一种压力差，促使华为员工为了做好本职工作而付出更多的努力。（景元利，2016，第182页）	**整合维度**（高效激励）强化**进取维度**（勤奋进取）
任正非认为：企业发展就是要发展一批狼。狼有三大特性：一是敏锐的嗅觉；二是不屈不挠、奋不顾身的进攻精神；三是群体奋斗的意识。要养好这样一群狼，肉自然不能吝惜。（程东升、刘丽丽，2016，第8页）	**整合维度**（团队协作、高效激励）强化**进取维度**（勤奋进取）

续表

主维度之间的相互强化和优化	观察
任正非没有明言的是，“开放、妥协、灰度”作为一种思维方式，对内，是一种良性企业政治文化，运用得当，有利于高级干部的互相包容，开阔心胸，换位思考，合作共事，不至于形成“诸侯政治”、互相封闭、各自为政、情绪对立、山头主义。（田涛、吴春波，2016，第162页）	**应变维度**（辩证宽容）强化**整合维度**（团队协作）
1996年12月28日，任正非在《团结起来接受挑战克服自我融入大我》的讲话中说：“只有在批评和自我批评中，华为才会变得更加强大。我们不要搞一团和气，互相包庇缺点，要加强批评和自我批评，只有在批评与自我批评的基础上，才能陶冶自己，清洁自己，提高对公司文化的认识，加强真正坚实的团结。”（孙科柳、易生俊、曾文明，2016，第294页）	**应变维度**（求真务实）强化**整合维度**（团队协作）
任正非：“真理越辩越明，要相信员工多数对公司是有责任感的。而允许异见，是战略储备。开始我们想当然地认为是有风险的，现在看来是多余了。而且，‘群众斗群众’，管理者的压力不是也小了吗？实践证明，公司的决策越透明，越能够听到来自员工的许多好的建议，员工的思想也容易达成统一，总是少数人关起门来决策，迟早会出大问题。”（田涛、吴春波，2015，第144页）	**应变维度**（求真务实、开放多元）强化**权力分享维度**（参与）
任正非：“为了更好地服务客户，我们把指挥所建到听得到炮声的地方，把计划预算核算权力、销售决策权力授予一线，让听得见炮声的人来决策。打不打仗，后方决定；怎么打仗，前方说了算。由前方指挥后方，而不是后方指挥前方。”（田涛、吴春波，2015，第59页）	**应变维度**（客户导向）强化**权力分享维度**（赋权）
任正非：“从企业活下去的根本来看，企业要有利润，但利润只能从客户那里来。华为的生存本身是靠满足客户需求，提供客户所需的产品和服务并获得合理的回报来支撑；员工是要给工资的、股东是要给回报的，天底下唯一给华为钱的，只有客户。我们不为客户服务，还能为谁服务？客户是我们生存的唯一理由！”（孙立科，2017，第255页）	**进取维度**（生存欲望）强化**应变维度**（客户导向）

续表

主维度之间的相互强化和优化	观察
任正非："开放是公司生存下来的基础，如果我们公司不开放，我们最终会走向死亡，开放要以自己的核心成长为基础，加强对外开放合作，华为坚持开放的道路不动摇，开放是我们的出路。"（余胜海，2016，第69页）	**进取维度**（生存欲望）强化**应变维度**（开放多元）
任正非："我们要广泛展开危机的讨论，讨论华为有什么危机，你的部门有什么危机，你的流程的哪一点有什么危机。还能改进吗？还能提高人均效益吗？如果讨论清楚了，那我们可能就不死，就延续了我们的生命。"（陈广，2015，第6页）	**进取维度**（生存欲望）强化**应变维度**（变革创新）
任正非本人对加班情有独钟，经常教育员工们：世界上著名的IT企业都有加班的传统——IT业技术更新那么快，市场变化那么迅速，你不拼命干就会落后，只有死路一条。（程东升、刘丽丽，2019，第182页）	**进取维度**（生存欲望、勤奋进取）强化**应变维度**（变革创新）
任正非："古人云：三人行，必有我师。这三人中，其中有一人是竞争对手，还有一人是敢于批评我们设备问题的客户，如果你还比较谦虚的话，另一个人就是敢于直言的下属、真诚批评的同事、严格要求的领导。只要真正地做到礼贤下士，没有什么改正不了的错误。"（余胜海，2016，第97页）	**权力分享维度**（低权力距离）强化**应变维度**（求真务实）
任正非："到1997年后，公司内部的思想混乱，主义林立，各路诸侯都显示出他们的实力，公司往何处去，不得要领。我请人民大学的教授们，一起讨论一个'基本法'，用于集合一下大家发散的思维，几上几下的讨论，不知不觉中'春秋战国'就无声无息了，人大的教授厉害，怎么就统一了大家的认识了呢？从此，开始形成了所谓华为的企业文化，说这个文化有多好，多厉害，不是我创造的，而是全体员工悟出来的。"（吴春波，2017，第41页）	**权力分享维度**（参与）强化**整合维度**（核心价值观分享）

续表

主维度之间的相互强化和优化	观察
不仅是自己的接班人，任正非还要为华为整个公司培养接班人，他开始鼓励员工们奋勇向前，鼓励他们独当一面，他说："中国长期受中庸之道的影响，虽然在寻求稳定上有很大贡献，但也压抑了很多英雄人物的成长，使他们的个性不能充分地发挥，形不成对社会的牵引和贡献……"（王永红，2018，第123页）	**权力分享维度**（赋权）强化**进取维度**（勤奋进取）
华为的软件工程师从1级开始，一直做到9级。9级相当于副总裁级别，和副总裁享受一个级别的待遇。这样一来，工程师工作的积极性就有了显著的提升，并且也能够通过学习不断地提升自己的层级。（景元利，2016，第116页）	**权力分享维度**（跨亚文化权力分享）强化**进取维度**（勤奋进取）

以扎根理论所揭示出的组织文化现象为背景，我们发现既有文献也意识到不同维度的组织文化的确存在聚合性作用，只是没有进一步理论化。Katz和Kahn（1980，第162页）提出对组织的考察需要采用系统化视角，而非过度依赖单一性变量，数据分析必须建立在能够揭示出复杂的相互依赖关系的模型之上。霍夫斯泰德（Hofstede，1984，第213页）在对国家文化维度的研究中指出，尽管对4个维度的研究是分别和独立进行的，但在现实中，这些维度是整合发挥作用的。科特（Kotter，1980，第294—298页）提出组织效能由多个效能要素共同构成，从中长期而言，组织效能取决于这些要素能够协调发挥作用，且这些要素都能够与时俱进。他认为管理人员经常犯的错误是认为少数几个而不是所有要素起作用就能够实现组织效能。Goodman等人（1983，第169页）指出一些组织效能研究的缺陷在于未能充分揭示组织效能指标间的相互关系。Hatch（1993，第662—663页）认为隐藏在价值观背后的假设和显现出来的价值观并不存在一一对应的关系，最终显现出来价值观是多重假设共同发生作用而形成的总体结果。

竞争式价值观模型还是聚合式价值观模型

通过扎根理论研究浮现出来的强效组织文化模型是多维聚合式的，这和既有的强组织文化理论的差异在哪里呢？尽管有大量强组织文化理论表述片面强调整合维度这一单一维度对提升组织效能的作用，但对文献的回顾表明，大量组织文化研究，即便是那些聚焦于强组织文化理论的研究，实际上普遍认同组织文化的多维性。虽然从我们的“四强维度”框架来看，有些理论的确存在维度缺失，甚至是重大维度缺失，但更大的问题是，很多成功避免了维度缺失的理论对强效组织文化的聚合性也缺乏清晰的认知，使得这些理论没有关注文化维度的互动效应以及文化维度互动所带来的组织文化的内在复杂性，特别是组织文化维度之间的强化和优化作用。

表3-4 既有组织文化研究中涉及文化维度的表述概览

	整合维度	应变维度	权力分享维度	进取维度
Ouchi，1981	强文化公司、独特的管理哲学和核心价值观、终身雇佣轮换制、强烈的集体价值观、同质性文化和整体性文化		共享的同质性文化使员工广泛参与决策成为可能	
Peters和Waterman，1981	具有鲜明的价值观、专于主业	贴近客户、持续创新	自主性和企业家精神	

续表

	整合维度	应变维度	权力分享维度	进取维度
Deals和Kennedy，1982	鲜明的核心价值观、通过英雄、传说和仪式等强化核心价值观、拥有分享价值观的内部文化网络			
Kotter和Heskett，1992		切实关心以客户、股东和员工为核心的利益相关方，适应环境，持续应变	在组织各个层面弘扬领导力	
Collins和Porras，1994	组织至上，对核心价值观邪教崇拜式的认同，不认同核心价值观的员工难以在内部生存，内部选聘领导人	创新，拥抱变化，避免非此即彼，拥抱矛盾的两端	不依靠特定领导人	不断追求进步，永不知足
Denison和Mishra，1995	一致性	适应能力	员工参与	使命感
Arie de Geus，1997	具有高度的凝聚力和强大的自我认同	对外部环境敏感，不断感知、学习、调整和适应	宽容性及必然带来的多元性	拥有保守的资本策略
Gordon，1985	整合度、薪酬	个人的主动精神、冲突解决、行动导向	高管层的互动	目标的清晰度、努力程度、业绩清晰度、人力资源建设

续表

	整合维度	应变维度	权力分享维度	进取维度
Trompenaars和Pruad’homme，2004	员工导向	任务导向	平等、等级	
Goffee和Jones，1996	团结程度高低	社会性程度高低		
Cameron和Queen，2006	内向、控制	外向	灵活	
Hofstede和Hofstdede，2005	不确定性回避倾向强	不确定性回避倾向弱	权力距离高、低	长期取向与短期取向
Triandis，2004	集体主义维度、紧密性维度	复杂性维度、个人主义维度	权力维度	
Spitzer，2007	员工间彼此信任和缺乏信任、论功行赏和论资排辈	内向和外向、封闭式沟通和开放式沟通、变革和死板、任务导向和人事导向、冒险和避险	正式和非正式架构、控制型决策和协作型决策	过去导向和未来导向
Livermore，2015	集体主义、不确定性规避、合作、静态、普世主义、内敛、历时性	个人主义、拥抱不确定性、竞争、动态、特殊主义、外向、共识性	权力距离	短期和长期维度

上述组织文化内容研究在总体上看都可以在组织文化的四个主要维度框架内得到归纳和总结，如果按照文化类型研究的思路，可以概括为整合性文化、应变性文化、权力分享性文化和进取性文化。但为什么这四类文化的聚合性模型未能建立起来呢？我们的看法是：这在

一定程度上和文化类型研究的主导理论框架相关。

文化类型研究的主导性框架是竞争性价值观框架（competing value framework）（Cameron，Quinn，2006，第33—37页）。两位教授的研究开始于对组织效能指标的研究，最终聚焦于两个基本维度，并以此为基础建立了竞争性价值观框架。第一个基本维度将灵活性和决策自由度作为一端，把稳定和控制作为另一端，其假设是有些组织因为变革性、适应性和有机性而有效，而另一些组织则因为稳定性、可预测性和机械性而有效。第二个维度以内向性和整合性为一端，以外向性和差异性为另一端，其假设是有些组织以内部和谐性而有效，而另一些组织以外部互动性及竞争性而有效。这两个维度代表了四个象限，每个象限代表了一系列独特的组织效能指标。但四组核心价值是两两对立和竞争性的。例如稳定性之于灵活性，内向性之于外向性。因此四个象限代表了四类不同性质的组织文化：部落文化、等级文化、市场文化和灵活文化（如图3-1所示）。

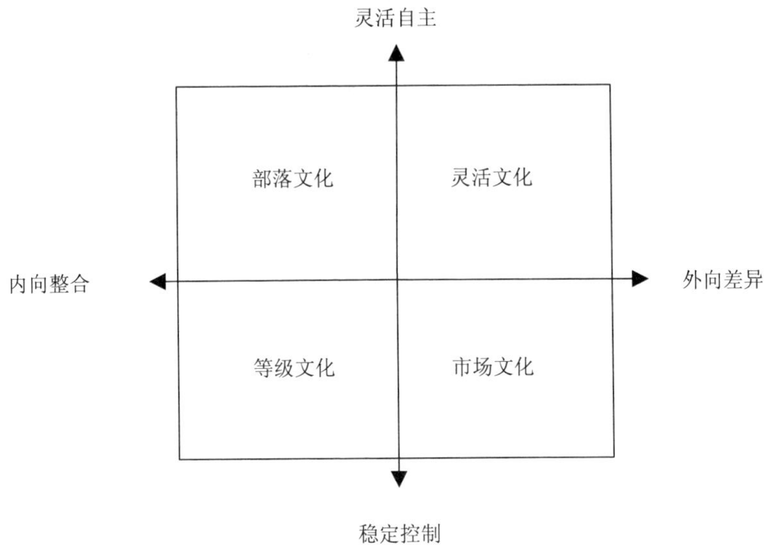

图3-1　竞争性价值观框架（Cameron，Quinn，2006，第33—37页）

在我们看来，竞争性价值框架存在两个问题。首先，根据我们的研究，在一个整合良好的组织文化内部，基本的文化维度之间虽然存在一定程度的竞争性、冲突性和矛盾性，但也可能存在相当程度的聚合性和相互促进性。例如，从组织效能的角度看，整合维度和应变维度之间是相互促进的，这两个维度与权力分享维度以及进取维度之间也可以是相互促进的。但竞争性价值观框架与大部分文化类型研究一样，通过两组基本维度把组织文化分为四个类型，把这些类型对立起来和割裂开来，认为针对不同的文化类型，对组织效能的定义和对领导力的要求都是差异化的（如图3-2所示）。

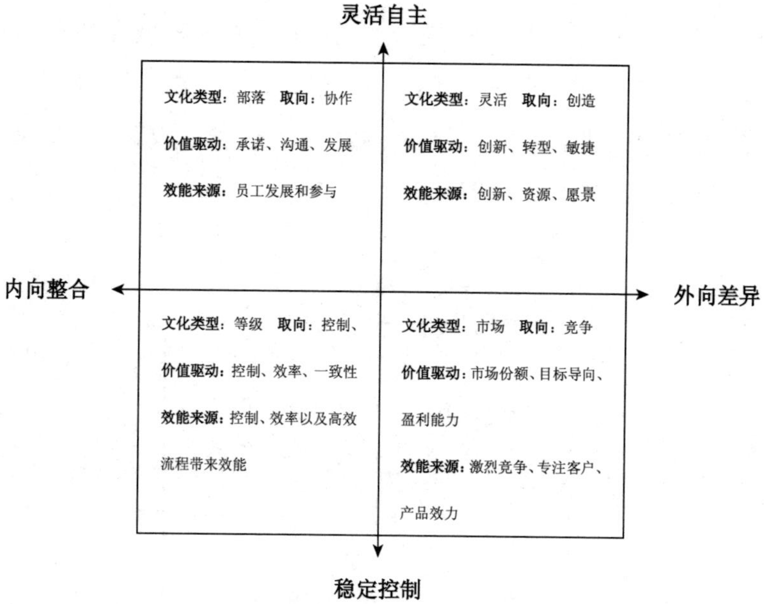

图3-2 组织领导效能和组织理论的竞争性价值观

（Cameron，Quinn，2006，第46页）

竞争性价值框架理论忽视了不同类型文化作为亚文化同时出现、聚合、相互强化并共同促进组织效能的可能性，而是倾向于认为，

①不同类型的文化适用于组织发展的不同周期（类型文化周期性价值理论）或者②不同类型的文化适用于不同的外部环境（类型文化权变性价值理论）。

类型文化周期性价值理论认为不同类型的组织文化在组织发展的不同周期轮流发挥主导作用，驱动组织效能。沙因（Schein，2009，第16页）认为组织文化在组织发展的不同阶段所产生的影响是不同的。Cameron和Quinn（2006，第53—54页）认为组织以哪类文化为主导，与组织的生命周期有关：

（1）在组织创立初期，组织以灵活文化为主，缺乏正式架构，以企业家文化为特征，经常由单一、有远见、强势型领导来驾驭。

（2）随着组织的发展，组织文化中加入了部落文化，产生一种家庭式的归属感，个人开始对组织产生认同感，组织成员在组织中满足大部分社会性和情感性需求，彼此间存在社区意识和友谊。

（3）当组织进一步成长时，组织开始需要强调正式架构和标准化程序，以应对扩大化的责任。秩序和可预见性变得更为重要。等级森严式的文化成为主导文化，组织成员开始感到组织文化中人与人之间的亲密和友情开始丧失。

（4）最终，等级森严式的文化会让位给“市场为先式”文化，更加强调竞争性、取得结果和外部关系导向。文化重心从去个人情谊化和控制转向客户导向和外部竞争。两位作者认为那些成熟和高效的组织趋向于通过建立下属机构来代表所有四种文化类型，例如研发部门代表临时体制性文化、会计部门则强调等级森严文化。但在任何情况下，一种或两种文化类型是支配性的文化类型。

Quinn和McGrath（1985，第330页）提出了类型文化权变性价值理论。两位作者认为人们在观察外部环境时主要采用两个维度，纵向的、自下而上展开的是高不确定性维度和低不确定性维度，横向的、自左而右展开的是长期反应维度和短期反应维度，据此形成了四个象限代表的四种外部环境状况（如图3-3所示）

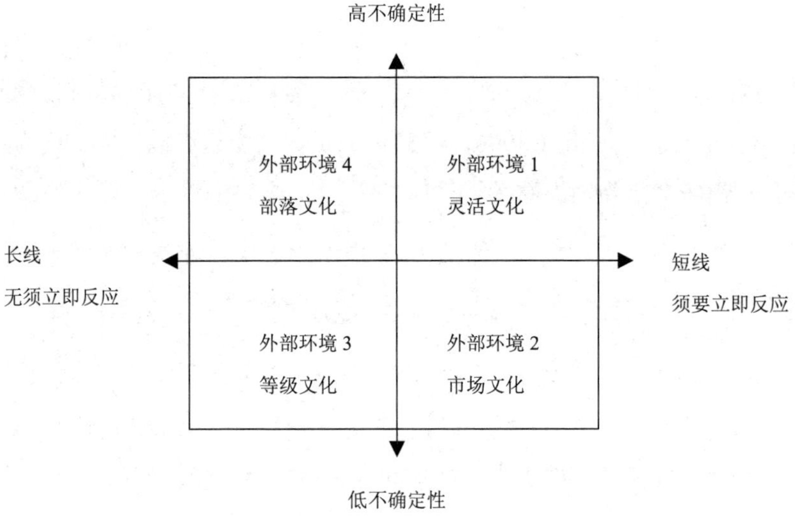

图3-3 适应四类外部环境的组织文化（Quinn，McGrath，1985，第330页）

两位作者认为，不同的外部环境状况会决定哪种类别文化和领导方式是最契合的，或者说是最有价值的和最有效的。

表3-5 契合四类外部环境的文化和领导风格

外部环境条件	组织文化类别	领导风格
高不确定性，需要迅速回应	发展型文化（灵活文化）	理想主义的发动者
低不确定性，需要迅速回应	理性文化（市场文化）	理性的成就者
低不确定性，可以按部就班地回应	等级文化（等级森严型文化）	经验型专家
高不确定性，可以按部就班地回应	追求共识的文化（部落文化）	判断力强的团队建设者

来源：Quinn和McGrath（1985，第330页）

本书的立场是，在构建强效组织文化概念模型时，聚合性价值观框架（converging value framework）比竞争性价值观框架（competeing value framework）更有理论适用性。在我们看来，强效组织文化建立在整合、权力分享、应变和进取这四个维度之上，这四个维度互相强化和规范，共同发挥作用。如下图所示，四个维度的强端汇聚而造就强效组织文化。聚合式价值观框架淡化了对组织文化的分类，而是强调构成强效组织文化的一系列核心价值观（主维度和次级维度）的互动和聚合作用（如下图所示）。扎根理论研究表明，很多看似矛盾和相互排斥的文化维度在实践中不仅可以调和，而且相互强化。从实践的角度来看，能够在上述四个维度上都打造出强组织文化，并且能够有效管理和调和四个维度上的强组织文化的公司是极少的，打造真正意义上的强效组织文化也是极具挑战性的。这也说明为什么只有极少数公司能够历经风雨，成为基业长青的卓越公司。

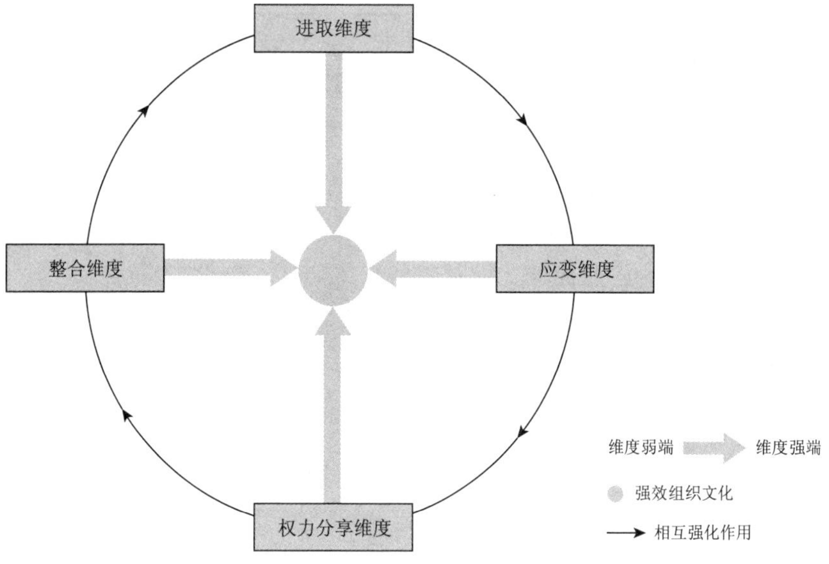

图3-4　多维度强效组织文化聚合模型

在既有研究中，丹尼森（Denison，1997，第15—16页）的组织文化模型与聚合式价值观框架具有类似性。他的组织文化模型基于四个文化特性：适应性、使命性、参与性和一致性。丹尼森认为，这四个文化特征都有助于促进组织的效能。作者引入了外向——内向，一致性和稳定性——变革性和灵活性两组基本维度，组织文化与效能模型如下图所示。

外向	适应性	使命性
内向	参与性	一致性
	变化和灵活性	稳定和方向性

图3-5　丹尼森组织文化模型（Denison，1997，第15页）

丹尼森提出尽管上述每一个文化特征都构成提升组织效能的单独路径，但其中一些文化特征是彼此矛盾的。例如严格的、高度一致的文化体系与高度参与或高度灵活的文化体系有可能彼此排斥。尽管如此，丹尼森认为应避免非此即彼式的思维方式，强调能够提升组织效能的组织文化要具备所有这些文化特质，那些具有高度应变性，同时具有高度一致性，既欢迎员工参与，又有强力分享的使命感的组织文化最有效力。所以，能够调和冲突性需求是高效组织文化的本质。丹尼森和他的合作者不再把文化价值观置于竞争性框架之中，而是强调这些文化价值观对组织效能“都有帮助”。

尽管如此，丹尼森的模型并非互动式和聚合式的。他对四个文化特征与组织效能的关联度测试是分别和独立完成的。丹尼森与另外一位作者（Denison，Mishra，1995）基于文化特征理论和案例研究提出了4个理论假设，假设1：参与作为组织文化特质与组织效能正相关；假设2：一致性，或者说范式整合程度，作为组织文化特质与组织效能正相关；假设3：适应力，或者说通过内部变化适应外部状况的能力，作为组织文化特质与组织效能正相关；假设4：使命感和长期愿景作为组织文化特质与组织效能正相关。丹尼森与另外三位作者的研究（Denison et al.，2012，第10—18页）延续了单独和分别地考察四个文化特征与组织效能关联度的做法，以宜家公司的案例说明使命感的重要性，以苹果公司的案例说明适应力的重要性，以丽兹卡尔顿酒店集团的案例说明参与的重要性，以丰田公司的案例说明一致性的重要性。

丹尼森（Denison，1997，第78—80页）自称对类别文化的看法更接近于权变理论。他提出强一致性文化虽然在短期内促进组织效能，但由于高度一致性的组织文化不支持组织内部的多样性，最终会有损组织针对外在环境的适应能力。因此，丹尼森认为自己的研究为一致性文化与组织效能的“权变理论”提供了支持：“一致性组织文化在短期内对组织而言是财富，但就长期而言，特别是当组织的外部环境面临迅速变化时，一致性就有损于组织有效适应的能力。”

本书提出的理论框架与丹尼森等人提出的理论框架最重要差异是：我们在对四大强效组织文化维度进行分别研究的基础上，更加注重维度之间的整体互动性和共同作用性的研究。我们的扎根理论研究和文献研究都表明，丹尼森等人所关注的4个文化特质单独发挥作用时，都未必会与组织效能正相关。强效组织文化是由这4个文化特质所代表的文化维度共同产生聚合性作用的结果。

初步结论

本章所构建的强效组织文化理论的主要观点包括：强效组织文化是被广泛分享的、能够强力促进组织效能的组织文化。强效组织文化是多维度、聚合式的文化，拥有四个主要维度：整合维度、应变维度、权力分享维度和进取维度。强效组织文化四个维度中任何维度的缺失都有损对组织效能的促进功能；这四个维度中包含的所有次级维度具有互动性，彼此相互强化，共同发挥整体性作用；强效组织文化是一个具有复杂性、动态性和整体性的文化体系。

多维聚合型强效组织文化概念模型有助于认识和把握文化的复杂性，有效回应组织文化概念把复杂的组织现象过度简单化（Hatch，1993，第658页）的指责，也回应了对“强组织文化”阻碍变革的批评。多维聚合型强效组织文化不仅强化组织文化的整合性，也以更全面的方式强化组织文化的应变性、进取性和权力分享性。

强效组织文化是一种辩证文化，能够避免非黑即白的选择，使得看似对立的文化要素相互促进，相得益彰。例如，加尔布雷斯（Galbraith，1973）提出比较集权的组织更擅长于完成常规性任务，相对分权的组织更善于应对复杂性挑战，把集权和分权对立起来。但从强效组织文化理论模型所提供的视角来看，在既有权威性决策中心，又有强劲权力分享文化的组织中，集中决策和权力分享是相互强化的，权力分享使得决策中心获得更全面的信息，更具合法性和权威性，而权威性决策中心的存在则避免了分散决策的低效。

强效组织文化还是一种盲点相对较少的文化。组织文化盲点是导致组织衰落的原因之一（Denison，1997，第129页）。Meyerson和Martin（1987，第642页）指出，“对组织文化的理解取决于文化视角。有些人过于看重文化的整合性，有些人过于看重文化的差异性，还有些人过于看重文化的混沌性，于是形成各自的文化盲点，而忽视了整合性、差异性和混沌性需要在组织文化中共存的事实。”Martin（2002，第159页）发现，在众多组织文化研究中，大约80%的研究在整合性、差异性和混沌性这三个理论角度中只专注于其中一个。强效组织文化理论由于强调组织文化的多维聚合性质，有助于在最大程度上减少组织文化盲点。

第4章 Chapter 04

组织文化的『后果』

在通过扎根理论研究方法初步构建了多维聚合型强效组织文化理论框架的基础上，本书的第4章和第5章通过一项历史性、多案例研究，沿着时间的跨度比较多家美国投资银行的组织文化，进一步探讨强效组织文化四个维度之间的互动机制及与组织效能之间存在的因果关系，以进一步深化理论构建。与前面的扎根理论研究相比，案例研究引入了历史维度，有助于揭示时间轴上的因果关系。多案例研究方式则有助于展开比较研究和跨案例分析。

案例研究方法

案例研究的主要目的是构建理论、扩展理论和补充理论（李平，等，2019，第207页）。案例研究聚焦特定研究对象，对一个或多个案例单位的相关信息进行多元化收集，并加以描述和分析，通过归纳式思维方式展开理论探索。案例研究有助于掌握现象的丰富性（Weick，2007），提供全面的情境性信息，特别适合对社会现象展开过程性、全局性、整体性研究，深化对复杂的因果关系的认识（Swanborn，2010，第13页）。案例研究“对于研究组织和战略各种过程常常有效，尤其是当该方法采用整体全面和长期过程导向的视角时，其研究效果

常常出人意料但却真实可信，并且可以验证”。（Eisenhardt，2012，第1页）

理论假设

有案例研究者受到民族志方法和扎根理论方法的影响，不主张在收集资料前预设观点（Towl，1954），但Yin（2009）主张案例研究应该以理论假设为开端，以保证研究有正确的方向，而且资料收集及分析会更有效率。他认为这是案例研究与其他方法，包括民族志方法和扎根理论方法的不同点之一。事实上，民族志方法也未必排斥理论假设。该方法的创始人之一，文化人类学家马林诺夫斯基（Malinowski，1922）就认为：在理论上有良好的预设，并不等于要负担“先入为主的成见”。问题预设是科学思考者的主要天赋，而且这些问题只有在观察者进行理论学习时才会初步显露出来。Eisenhardt（1989）认为事先确定构念有助于形成理论构建的最初研究设计，能够帮助研究者在研究过程中更加精确地测量构念。但她强调这些构念是“实验性”的，未必会被保留到最后的理论中。此外，理论假设还有助于精确框定研究范围，以防止研究者试图一次性回答过于宽泛的问题或过多的问题，使得研究失去焦点。在第3章中，我们就强效组织文化模型提出了新的理论假设和构念。我们的案例研究正是以这些假设和构念为先导的。我们假设强效组织文化是多维的，对案例公司组织文化的观察沿着整合维度、应变维度、权力分享维度和进取维度展开，同时关注这些维度之间的互动聚合关系及机理，以寻求新的理论发现。

建构效度和信度

案例研究中建构效度检验常常具有争议性。人们最忧虑的是由于研究者没能研发出一套指标体系，在收集和解释资料的过程中是否存在主观随意性（Yin 2009）。我们采取以下做法来应对上述问题：①资料收集以理论假设和基于理论假设的指标体系为指导，读者可以获得相应的依据，判断所收集的资料与主题之间的对应关系；②研究主要基于二手数据，几乎所有的资料都来自公开发表或公开披露的信息，以及在互联网上可以查阅到的信息，方便对数据及资料的真实性、数据分析的合理性加以检查与核实；③全程采用多元资料来源，从不同的角度和方向构筑证据三角形及完整证据链条，提升研究中的收敛效度（convergent validity）；④通过详尽的注释方便读者跟随研究的轨道审视研究过程，考察资料收集、分析阐释和归纳的严肃性和严谨性。

提升内在效度

就内在效度而言，研究者必须确定因变量的改变确实是因为自变量的改变而引起的（郑伯埙、黄敏萍，2012）。研究者可以采取时序分析、模式匹配和解释建立等方法提升内部效度（Yin，2009）。

（1）时序分析：我们的案例研究是一项历史性纵向研究，严格按照时间顺序展开，展示重要事件的前因后果。这有助于有效区分变量之间的先后顺序，合理判断因果关系的方向。Pettigrew（1979）认为以历史顺序展开的纵向研究可以透明地展示组织成长、演化、转型乃至衰败过程，使人们看到文化如何产生与发展。Rolinson和Procter（1999）相信将历史研究与文化概念相结合能够带来双赢的局面：一方面，历史研究有助于对文化理论的解析，而文化概念的引入则促进对商业历史的反思。Weick和Daft（1983）指出对于组织意义的构建都涉及历史描述，历史可以按照时间顺序展示关键事件的因果关系。此外，我们计划以分阶段案例研究揭示因果关系：第一阶段是描述加说明式的案例研究，展示三家核心案例公司组织文化差异及组织效能差异如何形成。第二阶段是描述加解释式的案例研究，目标是在2008年金融危机的情境中发现组织文化差异所导致的文化后果，实证组织文化与组织效能之间存在的因果关系。

（2）模式匹配及解释的建立：我们的案例研究以理论假设为先导，通过强化变量间理论联系的考证，在概念层面充分理清自变量与因变量之间的因果关系（樊景立、梁建、陈志俊，2012）。在这个基础上，采用模式匹配方法来检验数据和理论是否匹配。如果匹配度强，则提供支持的证据（Yin，2009）。解释的建立作为一种研究方法与模式匹配密切相关。同样基于理论假设，我们提出相关命题，然后通过检视理论、命题和案例数据的符合程度，据以检验理论与命题。

提升外在效度

就外在效度而言，案例研究的结果与理论可类推的范围越广，能解释的组织现象越多，则结果与理论就越有力量（Cook，Campbell，

1979）。从理论构建的角度而言，案例研究的成果如果具备可归纳性，就可以形成理论，并推广到其他案例研究中（Yin，2009）。在探讨案例研究的外部效度时，采用分析归纳而非统计归纳。在分析归纳中，研究者通过类似于实验法中经常使用的复制逻辑尽量从一系列研究成果中总结出更抽象和更具概括性的理论（Eisenhardt，Graebner，2007）。本案例是一篇多案例研究，恰恰有助于遵从上述复制逻辑。多案例研究是一种用于创建理论的强有力的方式，因为它允许对单独案例进行复制和扩展（Eisenhardt，1991）。

情境设定和案例公司选择

组织文化是特定情境下的产物（Barley，1983，第394页），组织文化部分地受国家、行业和专业的影响（Hofstede et al.，1990），因此，文化研究必须以完整的情境为背景（Kunda，2006，第23页）。这里所谓的情境是指通过一个因果机制产生一个结果的依情况而定的环境（Welch，et al.，2010）。对于组织文化的描述除非能够反映出不同行业对组织、技术等方面的不同要求，否则很难准确（Reynolds，1986）。我们选择的案例公司都处于同样的行业之中，在相同的国家、政治、经济、和行业情境中展开了长达近百年的竞争。所以它们分享完全一致的外部情境和行业情境。具体而言，基于雷曼兄弟公司、高盛公司和贝尔斯登公司的全面案例研究是核心部分（“核心案例”），这3家公司分别于1850年、1869年和1923年由犹太移民在美国创立，有着共同的美国文化、犹太文化和行业文化背景，在文化比较分析过程中宏观文化差异的干扰最小，增加了可比性和分析的可信度。我们使用非犹太背景的美林公司和摩根士丹利公司的案例（“辅助案例”）强化对核心案例的讨论和理解。这些案例公司都是美国投资银行业中最具代表性的公司。由于篇幅的限制，案例的具体描述部分主要围绕核心案例公司展开。

表4-1　案例公司概览

案例公司	成立时间	2008年危机前情况	危机应对情况
高盛公司（Goldman Sachs）	1869年	美国第1大独立投资银行	保持独立、盈利
摩根士丹利（Morgan Stanley）	1935年	美国第2大独立投资银行	保持独立、亏损
美林公司（Merrill Lynch）	1914年	美国第3大独立投资银行	被美国银行收购
雷曼兄弟公司（Lehman Brothers）	1850年	美国第4大独立投资银行	宣布破产
贝尔斯登公司（Bear Stearns）	1923年	美国第5大独立投资银行	被摩根大通收购

数据来源

案例研究的数据来自多元和广泛的渠道，包括公司传记、领导人传记、员工回忆录、领导人回忆录、行业历史研究、华尔街历史研究、公司年报、公司网站、政府和监管部门的调查报告、网上报道，等等。此外，我们还对曾在案例公司工作过的近20位高级专业人士进行了访谈，对一些重要历史和文化事实进行了讨论。

三家核心案例公司的简要历史

高盛公司（Goldman Sachs）由德裔犹太移民马库斯·戈德曼（Marcus Goldman）于1869年创立，到2008年已有139年历史。

雷曼兄弟公司（Lehman Brothers）由德裔犹太移民亨利·雷曼（Henry Lehman）、伊曼纽尔·雷曼（Emanuel Lehman）和梅耶·雷曼（Mayer Lehman）于1850年创立，到2008年已有158年历史。

贝尔斯登创立于1923年5月1日劳动节，到2008年已经有85年的历史。在贝尔斯登成立时，雷曼兄弟已有75年历史，高盛公司已有54年历史，美林公司刚刚诞生了9年，摩根士丹利尚未从摩根财团中独立出来。

组织文化观察之一：权力分享维度

我们以跨亚文化权力分享、权力距离、信息共享这三个次级维度为例，对三家公司的组织文化展开观察和比较。结果发现，高盛公司的权力分享文化最为强劲，雷曼兄弟公司和贝尔斯登公司的权力分享文化则相对薄弱。强劲的合伙人文化、被广泛分享的核心价值观体系和团队协作文化都使得高盛的权力距离得到有效控制，而两位强势领导人拉高了雷曼的权力距离。贝尔斯登的权力距离不如雷曼陡峭，但

比起高盛而言则偏高。

高盛公司在历史上共有13位主要领导人，分别是：马库斯·戈德曼（Macus Goldman）、亨利·戈德曼（Henry Goldman）、塞缪尔·萨克斯（Samuel Sachs）、沃迪尔·卡钦斯（Waddill Catchings）、西德尼·温伯格（Sidney Weinberg）、格斯·利维（Gus Levy）、约翰·怀特海德（John Whitehead）、约翰·温伯格（John Weinberg）、罗伯特·鲁宾（Robert Rubin）、斯蒂夫·弗里德曼（Steve Freedman）、约翰·考赞（John Corzine）、亨利·保尔森（Hank Paulson）以及劳埃德·布兰克费恩（Lloyed Blankfein）。

在雷曼兄弟公司的历史上共有9位主要领导人，分别是：亨利·雷曼、伊曼纽尔·雷曼、梅耶·雷曼、菲利普·雷曼（Philip Lehamn）、鲍比·雷曼（Bobbie Lehman）、弗里德里克·厄尔曼（Frederic Erhman）、彼得·彼得森（Pete Peterson）、刘易斯·格鲁克斯曼（Lewis Glucksman）、理查德·福尔德（Richard Fuld）。

在贝尔斯登85年的历史上，共有7位领导人，分别是联合创始人约瑟夫·贝尔（Joseph Bear）、罗伯特·斯特恩斯（Robert Stearns）和哈罗德·迈耶（Harold Mayer），以及出任过高级合伙人或CEO的西奥多·娄（V. Theodore Low）、赛·刘易斯（Salim Lewis）、艾伦·格林伯格（Alan Greenberg）、吉米·凯恩（James Cayne）。从严格意义上讲，这一名单还应加上2008年接替凯恩的阿兰·施瓦茨（Alan Schwartz），但由于贝尔斯登在两个月后就被摩根大通收购了，这位“最后的”CEO的作用可以忽略不计。

跨亚文化权力分享：时间轴上的权力分享

代际文化是亚文化的一种形式，不同年龄段的领导人对于组织如何适应外部变化和进行内部整合会有不同的观察角度和决策偏好。总体而言，高盛的最高掌门人相对不那么恋栈，使得最高权力得以较自然地纵向分享。在高盛从1869年到2008年的139年历史上，共有13位最高领导人，平均服务时间约为12.7年。和其他华尔街公司不同，在公司历史上主动辞职或退居二线的最高领导人有7位。

表4-2　高盛领导人任职情况一览

领导人	任期	时间	放权情况
马库斯·戈德曼	1869—1904	35年	主动退居二线
亨利·戈德曼	1904—1917	13年	主动辞职
塞缪尔·萨克斯	1904—1918	14年	主动退居二线
沃迪尔·卡钦斯	1918—1930	12年	被迫辞职
西德尼·温伯格	1930—1969	33年	勉强退居二线
格斯·利维	1969—1976	7年	病死于任上
约翰·怀特海德	1976—1984	8年	主动辞职
约翰·温伯格	1976—1990	14年	勉强退居二线
罗伯特·鲁宾	1990—1992	3年	主动辞职
斯蒂夫·弗里德曼	1990—1994	4年	主动辞职
约翰·考赞	1994—1999	5年	被迫辞职
亨利·保尔森	1999—2006	7年	主动辞职
劳埃德·布兰克费恩	2006—2018	12年	主动辞职

在这些领导人中，被迫下台的有两位，分别为沃迪尔·卡钦斯和约翰·考赞。相对而言，这两位领导人在保守和强调耐心寻求共识的高盛，都相对冒进一些。主动辞职的有8位，其中怀特海德、鲁宾和保尔森去了华盛顿做官。创始人马库斯·戈德曼因为年迈而自愿把公司交给了儿子和女婿，塞缪尔·萨克斯也因年迈而去职，弗里德曼则因为身心疲惫而主动去职。执政时间最长的西德尼·温伯格在晚年退居

二线，他的儿子约翰·温伯格也多少是在继任者的压力下才选择了主动退休。格斯·利维病死在任上。

高盛的内部人把“公共服务”文化作为高盛最高领导人不那么恋栈的原因之一。很多高盛的领导人都希望在精力依旧旺盛的时候就能退休，以开始第二阶段的事业，尤其是进入政府。参政的传统是西德尼·温伯格开创的：他是数任美国总统正式或非正式的顾问，罗斯福总统、杜鲁门总统、艾森豪威尔总统、肯尼迪总统和约翰逊总统都获得过他的帮助或听取过他的建议（Cohan，2011，第150页）。格斯·利维在1967年成为纽约证券交易所的主席；怀特海德于1984年退休后，于1985年至1989年间出任里根政府的副国务卿；鲁宾于1992年退休后出任克林顿政府的经济顾问，后来又出任财政部部长；保尔森于2006年退休后出任小布什政府的财政部部长。

另一个可能的原因是作为高盛领导人的工作强度对个人体力、毅力、健康和家庭生活具有极大的挑战性。1976年，格斯·利维死于过度的劳累。1984年，怀特海德在高盛工作的第37个年头，也开始萌生退意：“我热爱我的工作，但是这份工作艰难而让人紧张，它几乎夺取了我全身拥有的能量，我开始筋疲力尽了。我发现自己比以前更经常说不，我感觉到我做决定时太过谨慎，太过保守，我不想给公司拖后腿。”（Cohan，2011，第230页）怀特海德在回忆录中也谈到他在高盛的成功是以牺牲家庭生活为代价的。由于与妻子聚少离多，他在高盛工作期间经历了两次婚姻失败（Whitehead，2005，第133页）。1994年，时任最高领导人斯蒂夫·弗里德曼也因身心疲惫而退休。

第三个因素来自雄心勃勃的年轻合伙人的压力。这些年轻合伙人与上一代合伙人相比更关注新的外部环境变化，更倾向于创新和改变。西德尼·温伯格、约翰·温伯格最终选择退休的背后都有年轻一代合伙人“推”的因素。1999年出任高盛CEO的亨利·保尔森曾表示，对于CEO而言，任期太长并不健康，当权10年以上的话，工作方式容易变得僵化，管理团队则越来越难以挑战老板的决策，或改变长期奉行的政策或惯例（Ward，2010，第215页）。

从1850年到2008年，在雷曼作为独立公司的148年历史中（不计入在美国运通旗下的10年），共有9位领导人，每人平均在位时间为16.4年，长于高盛的12.7年。如果不计入刘易斯·格鲁克斯曼的短暂任期，则这个数字为18.5年。在这148年间只有伊曼纽尔·雷曼和菲利普·雷曼两人提前退居二线，但都把权力交给了自己的儿子。没有人主动辞职，也没有人在主动离开公司后投入公共服务。

表4-3　雷曼领导人任职情况一览

领导人	任期	时间	放权情况
亨利·雷曼	1850—1855	5年	病逝
梅耶·雷曼	1850—1897	47年	病逝
伊曼纽尔·雷曼	1850—1901	51年	主动交权给儿子
菲利普·雷曼	1901—1925	24年	主动交权给儿子
鲍比·雷曼	1925—1969	44年	病逝
弗里德里克·厄尔曼	1969—1973	4年	被政变赶下台
彼得·彼得森	1973—1984	11年	被政变赶下台
刘易斯·格鲁克斯曼	1984—1984	1年	被迫出售公司而下台
美国运通相关人士	1984—1994	10年	雷曼重新独立
理查德·福尔德	1994—2008	14年	公司破产

从1923年到2008年，在贝尔斯登公司85年历史中，共有7位领导人，每人平均在位时间越12年，长于高盛的10年，短于雷曼的16.4年。如果不计入三位创始人共同管理的前5年，则这个数字为20年。比高盛公司和雷曼公司的数据都要高。1928年，西奥多·娄（V. Theodore

Low）成为贝尔斯登的管理合伙人，但生性低调、温文尔雅的娄在公司里的影响力也一直有限（Ehrlich，Rehfeld，1989，第150页），真正影响了贝尔斯登组织文化的是在位29年的赛·刘易斯和分别在位15年的艾伦·格林伯格和吉米·凯恩（Cohan，2009，第153页）。贝尔斯登没有强制退休年龄。赛·刘易斯基本上干到去世为止，格林伯格曾表示他的退休年龄应该是92岁，但在凯恩的不断逼宫下，才在1993年65岁时专任董事长，让出了CEO的位置。但在随后几年还有些“垂帘听政”的倾向。凯恩和格林伯格一样，到了63岁也没有制定任何退休计划，直到金融危机袭来，才在2007年被迫辞任CEO。

表4-4　贝尔斯登领导人任职情况一览

领导人	任期	时间	放权情况
约瑟夫·贝尔	1923—1928	5年	创始股东
罗伯特·斯特恩斯	1923—1928	5年	创始股东
哈罗德·迈耶	1923—1928	5年	创始股东
西奥多·娄	1928—1949	21年	主动交权给刘易斯
赛·刘易斯	1949—1978	29年	病退
艾伦·格林伯格	1978—1993	15年	勉强退休
吉米·凯恩	1993—2007	15年	被赶下台

跨亚文化权力分享：跨部门权力分享

在高盛历史上四次出现了两位最高领导人共同掌管最高权力的情况，分别是亨利·戈德曼和塞缪尔·萨克斯（1905年）、约翰·怀特海德和约翰·温伯格（1976年）、罗伯特·鲁宾和斯蒂夫·弗里德曼（1990年）、约翰·考赞和亨利·保尔森（1998）。这在华尔街上是很少见的事，但在高盛却一度成为传统。

表4-5　高盛公司最高领导人的宗教和专业亚文化背景

领导人	任期	宗教文化背景	专业背景
马库斯·戈德曼	1869—1904	犹太教	投资银行
亨利·戈德曼	1904—1917	犹太教	投资银行
塞缪尔·萨克斯	1904—1918	犹太教	投资银行
沃迪尔·卡钦斯	1918—1930	基督教	投资银行
西德尼·温伯格	1930—1969	犹太教	投资银行
格斯·利维	1969—1976	犹太教	销售和交易
约翰·温伯格	1976—1984	犹太教	投资银行
约翰·怀特海德	1976—1990	新教圣公会	投资银行
罗伯特·鲁宾	1990—1992	犹太教	销售和交易
斯蒂夫·弗里德曼	1990—1994	犹太教	投资银行
约翰·考赞	1994—1999	基督教	销售和交易
亨利·保尔森	1999—2006	基督教科学派	投资银行
劳埃德·布兰克费恩	2006—2018	犹太教	销售和交易

自1869年创立后直到20世纪90年代，高盛的主导亚文化一直是投行文化。但高盛的文化展现了很强的包容性。自1933年高盛开始交易业务后，高盛历史上就再没有出现过任何亚文化群体垄断最高权力的情况。1969年，投资银行家出身的西德尼·温伯格选择了交易员出身的格斯·利维接班，显得不同凡响。在当时，包括摩根士丹利、雷曼等华尔街大投行的老板都是投资银行家。格斯·利维的领导使得高盛在20世纪80年代交易业务井喷时，已经在组织文化上做足了准备（Ellis，2009，第63页）。

西德尼·温伯格虽然提拔了格斯·利维为管理合伙人，但也注重维持好交易亚文化和投资银行亚文化之间的平衡。他找了几位投资银行家组成管理委员会制衡格斯·利维，以防止他把高盛从一家以投行业务为主的公司变为一家交易型投资银行。利维在管理委员会中拥有

49%的投票权，这意味着要做出重大决定，他至少需要赢得另一位委员的支持（Ellis，2009，第80页）。

格斯·利维去世后，两位投资银行家约翰·温伯格和约翰·怀特海德接替了最高职务。1984年怀特海德退休后，温伯格开始筹备他的继任方案，他做的第一件事就是把投资银行家出身的弗里德曼调去和交易员出身的鲁宾共管固定收益部门。1990年，高盛的最高权力正式由弗里德曼及鲁宾分享。随后，高盛的投资银行家和交易员们似乎进入了轮流执政的模式，高盛一如既往地注意维护投资银行家和交易员之间的权力平衡。例如，在1994年9月弗里德曼选定债券交易员出身的约翰·考赞出任管理合伙人时，特别提议要挑选一位投资银行家与约翰·考赞一起工作，亨利·保尔森成了这位投资银行家。在保尔森2006年离职前，没有选择投资银行出身的约翰·桑顿和约翰·塞恩，而是提拔了交易业务背景的布兰克费恩[①]。

高盛跨部门亚文化权力分享的另一个特点是在风险控制和运营等“后台”部门配备强势合伙人，通过与前台人员平等的薪酬和内部地位，显示管理高盛的工作与在一线赚钱的工作同样重要。这在华尔街上是非常少见，甚至可以说是独一无二的（Blankfein，2010b）。高盛公司跨文化的权力分享使得公司避免了出现在其他案例公司的内部亚文化战争，有效促进了多元、跨地域的业务发展和业务部门之间的协同作战，也构筑了强有力的内控体系和风险控制能力。

雷曼兄弟公司在跨部门亚文化权力分享方面做得并不理想。在1850年到1980年这130年间，雷曼的主导文化是投行文化。历任领导人的专业背景都与投资银行相关。而在交易员出身的格鲁克斯曼在

① 2018年底，布兰克费恩退休，投资银行家出身的戴维·所罗门（David Solomon）成为新一任首席执行官。

1983年赶走了被视为投资银行家代言人的彼得·彼得森后，雷曼公司的最高权力又成为交易员的专属。自1969年鲍比·雷曼去世后，投资银行家群体和交易员群体的争斗一直非常激烈，直到两败俱伤。交易员团体的“胜利”导致投资银行家大规模出走，积累了130年的投资银行亚文化遭受重创。最终，雷曼被美国运通收购，在10年内失去了独立性。在雷曼历史上，从未出现过在公司高层形成共同领导格局的时候。被视为投资银行家代言人的彼得森曾一度想模仿高盛与交易员出身的格鲁克斯曼分享权力，但很快被后者赶下了台。此外，雷曼的中、后台部门对前台人员的制衡能力远远低于高盛。

表4-6　雷曼兄弟公司最高领导人的宗教和专业亚文化背景

领导人	任期	宗教文化背景	专业背景
亨利·雷曼	1850—1855	犹太教	投资银行
梅耶·雷曼	1850—1897	犹太教	投资银行
伊曼纽尔·雷曼	1850—1901	犹太教	投资银行
菲利普·雷曼	1901—1925	犹太教	投资银行
鲍比·雷曼	1925—1969	犹太教	投资银行
弗里德里克·厄尔曼	1969—1973	犹太教	投资银行
彼得·彼得森	1973—1984	未知	投资银行
刘易斯·格鲁克斯曼	1984—1984	犹太教	销售和交易
美国运通相关人士	1984—1994	——	——
理查德·福尔德	1994—2008	犹太教	销售和交易

贝尔斯登的跨部门亚文化权力分享非常薄弱，在1923年到2008年期间，几乎所有领导人都出自零售经纪或销售交易背景。领导人的更迭大致上通过在位者与继任者之间的钩心斗角中艰难完成。前者尽可能抓住权力，后者则尽可能攫取权力。权力过度集中在一把手和周围的少数几个人手中。这些人思维方式近似，难以开放地接受新鲜事物。

一把手有感觉的事情就做得很好，一把手缺乏理解的事情就很难开展。例如，贝尔斯登直到20世纪70年代末期才开始重视研究，因为格林伯格直到那时才意识到研究的重要性（Cohan，2009，第229页）。作为一把手，刘易斯推动了交易业务，格林伯格推动了零售经纪和清算等业务。由于刘易斯、格林伯格和凯恩都不太熟悉投资银行业务和资产管理业务，这两项业务就一直发展缓慢。2008年1月，吉米·凯恩被迫辞职，施瓦茨成为继任者。贝尔斯登在历史上第一次任命了一位投资银行家出任第一把手。但仅仅两个月后，贝尔斯登就崩溃了。2008年金融危机期间贝尔斯登的表现也印证了风险控制等中、后台部门相对于交易部门而言非常弱势。

表4–7　贝尔斯登公司最高领导人的宗教和专业亚文化背景

领导人	任期	宗教文化背景	专业背景
约瑟夫·贝尔	1923—1928	犹太教	创始股东
罗伯特·斯特恩斯	1923—1928	犹太教	创始股东
哈罗德·迈耶	1923—1928	犹太教	创始股东
西奥多·娄	1928—1949	犹太教	零售经纪
赛·刘易斯	1949—1978	犹太教	销售交易
艾伦·格林伯格	1978—1993	犹太教	销售交易
吉米·凯恩	1993—2007	犹太教	零售经纪

权力距离

比起雷曼和贝尔斯登，高盛的权力距离相对较低。一个例证是在历史上，由其最高领导人提出的上市计划曾数次被合伙人们否决。20世纪60年代后期，西德尼·温伯格曾经考虑过IPO这一方式，并派其副手格斯·利维去游说合伙人，这个动议最终被合伙人们否决（Endlich，1999，第5页）。在鲁宾和弗里德曼时期（1990—1994）和考赞时期（1994—1999），最高领导人强力推进的上市计划都因合伙人的保留态度而折戟。相比之下，高盛的主要竞争对手美林、雷曼、贝尔斯登和摩根士丹利在决定上市时均未曾遇到类似情况。

有人认为高盛的低权力距离与其合伙人文化密切相关。比起华尔街其他投资银行，高盛最晚转型为上市公司，是坚持合伙人制度最久的公司。作为比较，高盛1999年上市，比美林（1971年上市）晚了28年，比贝尔斯登（1985年上市）晚了14年，比摩根士丹利（1986年上市）晚了13年，比雷曼（1994年上市）晚了5年。在很多合伙制公司里，权威的形成更加依赖于合伙人的参与和认可。Endlich（2000，第8页）曾如此描绘高盛合伙人之间的关系：

> 大部分合伙人之间相互非常了解，合伙人群体是一个关系密切的小团体，可以用“兄弟般”来加以形容，在这个团体内，没有人可以拒绝接受他人的批评，一些比较高级的合伙人经常向他们的领导人提出责难……合伙人毫不掩饰自己的情感和想法，可以大声叫喊甚至面露痛苦……

但合伙制本身并不一定能够降低权力距离。雷曼和贝尔斯登在早年也实行合伙制，但支配性合伙人的存在使得组织权力距离非常陡峭。因此，在探讨高盛相对较低的权力距离时，除了合伙人文化，也不能忽视其他一些重要因素的作用。

Mandis（2013，第45页）把高盛的低权力距离归因为其所拥有的被广泛分享的业务原则，“由于人们同意并依靠这些原则，这使得高盛比起竞争者来说没那么等级森严。”面对公司内部被长期和广泛分享的价值观体系，即便是公司最高领导人也不敢造次。2003年1月，时任CEO保尔森在投资银行所罗门美邦（Salomon Smith Barney）主办的投资者研讨会上暗示：大约80%~85%的员工和公司的成功没有任何关系。这种论调与高盛深入骨髓的反个人主义，反明星文化相悖。保尔森的言论在公司流传，并激起反感。保尔森很快意识到必须赶快灭火，他给该公司两万人的员工的语音邮件中承认，自己的言论是“不敏感的”和“胡扯的”，80/20法则不适用于高盛做事的方式。他表示将在一系列公司内部会议上道歉。在这些会议上，他重申团队合作的重要性大于个人的辉煌（Cohan，2011，第430页）。

另一个因素是高盛强劲的组织至上文化，这样的文化时刻提醒其领导人把公司的利益置于个人私利和个人意志之上，时刻提醒自己为了组织的最高利益而使用权力，提醒自己出任公司的领导人是为了服务公司，而非满足自身的权力欲。

在雷曼兄弟公司的历史上有两位强势领导人，对公司的组织文化影响巨大，并使得雷曼组织文化中的权力距离显得陡峭。第一位是鲍比・雷曼，在1925到1969间掌管公司44年，具有至高无上的权威。第二位是福尔德，他在1994—2008间，在公司里也具备类似的地位。

在雷曼兄弟公司的家族统治时期，管理权逐步集中。公司最初是亨利、伊曼纽尔和梅耶三兄弟共同创建并管理的，亨利去世后，伊曼纽尔和梅耶分享权力；梅耶死后，伊曼纽尔逐步把权力传给了自己的儿子菲利普，而当菲利普1925年把权力交给儿子鲍比时，雷曼兄弟公司只是在名义上还是“兄弟合伙”公司了。相比之下，作为鲍比的叔叔，阿瑟・雷曼（Arthur Lehman）更有经验，而且经过更充分的银行业务训练，从辈分和能力上都更有资格成为公司的掌门人。但面对后来居上的侄子，他只能委曲求全。这次权力交接表面上看很平和顺利，但在实质上更像是一场政变（Chapman，2010，第86页）。

在鲍比接班的早期，菲利普・雷曼还会不时对公司的事务给予指导，阿瑟夹在这对父子之间，在重大问题上的发言权很有限。1936年，阿瑟63岁时突然去世了，鲍比成了公司绝对的统治者。合伙协议规定有两种类型的合伙人，第一类合伙人握有所有的投票权，鲍比是唯一的第一类合伙人；所有其他合伙人都属于第二类，几乎没有任何法律上的权力可言（Peterson，2009，第214页）。鲍比待人谦和，说话轻柔文雅，极具绅士风度，经常为低级别的员工和客户拿衣服。但他不怒自威，在雷曼兄弟的办公室中，谁听到“鲍比找你”这句话都会心生畏惧（Birmingham，1967，第380页）。

地位超然的鲍比·雷曼乐见合伙人之间的钩心斗角，相互钳制，以此彰显和稳固自己的权力。合伙人刘易斯·格鲁克斯曼评论说：“鲍比表面上是这些人中最温和的，但他就像一个黑帮大佬那样，可以彬彬有礼，因为他会派别人出去干脏活。鲍比的专长就是让每一个人咬住对方的喉咙。”（Auletta，1986，第31页）

鲍比·雷曼每年都会有两段时间在国外，或去欧洲，或去加勒比海晒太阳。也许由于没人知道在鲍比外出时由谁来负责公司的运营，鲍比把排名前7至8位的合伙人组成一个没有持久权力的执行委员会，委员会主席每月轮换。这些临时负责人们最关心的事却是在各自的任期内努力讨好鲍比·雷曼（Aulette，1986，第31页）。

60年代的雷曼兄弟在形式上是一家架构扁平的合伙制公司。17位合伙人借助每周一中午一点的合伙人午餐，分享股票和债券发行及兼并收购相关的想法和信息。不过这个场合完全由鲍比支配着。1962年初，鲍比允许一位《时代—生活》杂志记者拍了张合伙人例行午餐的照片。照片中，鲍比坐在桌子的顶端，他的左边是保罗·马泽尔（Paul Mazur）；他们的身后悬挂着一张鲍比收藏的印象派油画。围坐在桌子两边的则是一群五十开外、身着黑色礼服、头顶或秃或灰、或留着考究发型的人们（Chapman，2012，第170页）。

鲍比·雷曼的去世（1969年）意味着雷曼家族时代的终结。经过一番争斗，弗里德里克·厄尔曼（Frederick Ehrman）成为雷曼的负责人。厄尔曼是个富有才干和专业素养的银行家，但个性高傲、粗暴、冷漠。在很多人参加的会议场合，他会突然打断同事的发言，宣称："这是我听到过的最愚蠢的想法。"他还缺乏礼貌，在电梯里人们和他打招呼时会装聋作哑。由于缺乏内部认同，且业绩不佳，厄尔曼干到1973年就被赶下了台，接替他的是彼得·彼得森。在雷曼的合伙人心目中，彼得森总是一副高高在上，自以为是，盛气凌人的做派（Tibman，2009，第21页）。他对合伙人缺乏尊重，喜欢无休无止地说自己、自己的想法和自己关心的事，但对别人的想法和感受则不太在意。公司里的人虽然尊重他，但很少有人和他走得很近。他会不经意中得罪很多人，比如他会在合伙人事先毫无准备的情况下叫他们来自己的办公室，却又自己抱着电话让别人尴尬地在门外长时间等待。他的副手刘易斯·格鲁克斯曼抱怨说：虽然他和彼得森有10年的工作往来，但两人之间竟然没有过一次私人谈话（Auletta，1986，第16页）。1983年中，彼得森被格鲁克斯曼赶出了公司。但仅在一年后，雷曼兄弟公司就崩溃了，低价卖给了美国运通集团，直到1994年才重获独立。

重获独立的雷曼兄弟公司一直由理查尔·福尔德掌舵，直到2008年破产为止。在这14年间，雷曼兄弟公司的权力距离再度走出了越来越陡峭的轨迹。特别是在1996年解雇了二号人物克里斯·佩蒂特（Chris Pettit）之后，福尔德更是成为至高无上的领导人。有观察家认为福尔德当年亲眼看到格鲁克斯曼如何毫不留情地把彼得森踢出局，他不希望类似的事情在自己身上发生，这也许是他不喜欢强势副手的原因（McDonald，2009，第97页）。雷曼内部的有心人也在刻意迎合福尔德的老大心理。除了原来的三把手约翰·塞西尔（John Cecil）还愿意发表些不同意见外，众多高管都着力于讨福尔德的欢心，以求获得更大的权力。时任证券业务主管的乔·格雷戈里（Joe Gregory）小心翼翼地展现对福尔德的崇拜和忠心。一位高级职员透露，有时在会议上，当福尔德讲话时，格雷戈里几乎是跪着仰视福尔德。如果福尔德给纽约的董事总经理们发表演讲，你会发现格雷戈里坐在前排聚精会神地倾听，以至于整个人都快从椅子上滑下去了。“乔（格雷戈里）奉承迪克（福尔德）到如此程度，既滑稽，又让人震惊。”一位前高级主管回忆说（Ward，2010，第120页）。在此后8年时间，福尔德都拒绝任命被视为二把手的总裁或首席运营官。直到2002年，福尔德才任命布拉德利·杰克（Bradley H. Jack）和乔·格雷戈里为联合首席运营官，但依旧拒绝任命总裁。到了2004年，乔·格雷戈里被任命为唯一的总裁，但他对福尔德唯命是从。一位雷曼的交易员认为，“约瑟夫·格雷戈里是一个庸庸碌碌的普通人，一个全心全意忠诚于主子福尔德的谄媚者。他在治理公司方面既无天赋也无手段，对老板言听计从，从而不会对福尔德的王国构成一丝一毫的威胁。”（McDonald，2009，第213页）雷曼人观察说，在福尔德身边逐渐形成了一个小圈子，离自己的员工越来越远。一位2004年加入雷曼的交易员说：“他在严密守护的宫殿里工作，与底层完全隔离，只经过精挑细选的副手同下面人交流。时光流逝，福尔德将他的圈子收得更紧，把越来越多楼下的关键人物排除在外。”这位交易员在回忆录中描述道：“当雷曼公司首席执行官的豪华专车在上午抵达办公楼背面的贵宾专用入口时，他的司机已经先行通知大厅前台，大老板就快到了。前台服务员马上按下键钮遥控银行后面电梯中的一部直达31楼，一个保安员把住这部电梯直到福尔德驾临。这是福尔德升入高空的专有交通线，以保持他宛如上帝的地位。他无声地进入考究的太空舱——就是他红木镶嵌的阴暗办公室，远离纷乱的人群。他离开大楼也以同样的方式。”（McDonald，2009，第90页）福尔德完全依照皇权规则，以绝对独裁的权势管理着这家公司，他的权威至高无上，永远不能被挑战，听不进任何建议，也从不向他人屈服。所有事务都一丝不苟地遵循着他的规则。只有小部分臣子被允许讲话，但他们都明白，自己只能怀着崇敬和谨慎歌功颂德，否则就会被一脚踢出雷曼朝廷（McDonald，2009，第225页）。

对贝尔斯登的组织文化影响最大的3位领导人都非常强势，使得贝尔斯登的权力距离一直比较陡峭。

赛·刘易斯的管理风格是个人独裁式的，对公司有独一无二的影响力，并对公司事务有一言堂式的发言权。他不愿意坐在屋角办公室里，而是坐在U型交易区域的中心，别人则众星捧月式地围着他。刘易斯的长子桑迪·刘易斯（Sandy Lewis）回忆说："当赛走进办公室时，每个人都会把背部挺得更直些。”（Cohan，2009，第160页）

刘易斯像是一个自封的君主，任何人都不能与他持不同的意见，否则将自找麻烦。刘易斯的自我膨胀有如他庞大的身躯，如果他对了，他永远不会忘记你的错，而如果他错了，他会怀恨在心（Ehrlich，Rehfeld，1989，第145页）。他对员工常常粗鲁相待、恶言以对、缺乏尊重。他不喜欢委员会制度，60年代初为了多少构筑一些制约机制，他的副手格林伯格建议成立了一个风险委员会，成员包括刘易斯，格林伯格和另外两个合伙人，但刘易斯根本无视这个委员会的存在，委员会很快解散了（Greenberg，Singer，2010，第39页）。

格林伯格对刘易斯的管理风格进行了不少修正。在很多人眼中刘易斯是个“暴君”，格林伯格则是个“仁君”。刘易斯有着极坏的脾气，身上时时燃起烈火，格林伯格则更加冷静，按刘易斯的话说，是个"静脉里流着冰水"的人（Greenberg，Singer，2010，第107页）。如果刘易斯奉行的是"硬"权威主义，格林伯格实施的则是"软"权威主义。与刘易斯的独断专行不同，格林伯格治下的贝尔斯登成立了执行委员会、风险管理委员会和薪酬委员会，但格林伯格在有些时候是可以凌驾于这些委员会机制之上的。根据格林伯格自己的回忆，1990年在对员工持股计划的决策过程中，执行委员会对议案的投票结果是8—1，格林伯格是唯一的反对者。但格林伯格却成功阻止了议案的通过（Greenberg，Singer，2010，第99页）。阅读过他的《董事长备忘录》（Greenberg，1996）的人都会觉得格林伯格的管理风格虽然比刘易斯礼貌很多，但总体上是居高临下、家长式和布道式的。

从1993年到2007年，吉米·凯恩是贝尔斯登最有权势的人。一位独立观察家认为，在贝尔斯登的历史上，没有一个领导人能像凯恩那样，对公司的命运影响深远。这位观察家还陈述了凯恩与雷曼的福尔德的相似之处：

> 在通向权力顶峰的路上，两位首席执行官都将阻碍和清除潜在竞争对手的技艺修炼得炉火纯青。对于凯恩或者福尔德来说，那些对于他们而言过于能干的公司高层似乎都消失了。福尔德和凯恩两人都坚持控制所有的权力，尽管在权力巨大，收入丰厚的银行业领域中，将内部竞争者踢出局的事情并不罕见，但这些举措严重影响了公司之后涉及风险业务决策的质量。（Williams，2010，第139页）

许多人的确在凯恩通往首席执行官的几年中或在凯恩成为首席执行官后离开了贝尔斯登。其中包括固定收益部的多位负责人，包括科尔曼（Denis Coleman Jr.）、迈克尔查克（Bill Michaelcheck）和赛茨

（John Sites）。这些人都掌管过贝尔斯登的盈利引擎固定收益部门，在业务上比凯恩更加胜任，所以被视为潜在威胁。一位固定收益部门前高管称："多年来他（凯恩）强迫许多非常聪明的人离开，因为他们给他造成了威胁，而这些人本可以为公司创造强大的领导力。不管谁是固定收益部门的主管，他总是瞄准部门的二号领导人，然后扶持他们的势力，用来把老大挤走。然后，二号会成为一号，他会培养其他人挤走前一个。"（Cohan，2009，第223页）

据格林伯格的描述，吉米·凯恩是个极端自负的人："他绝对是一个自以为是的强硬派，他的倾听能力似乎总是同公司股价以及他的持股比例呈反比，股价涨得越高，他持有的贝尔斯登的股份比例越大，他的倾听能力似乎就越低。从本质上来说，从成为贝尔斯登董事长的那天起，吉米对我本人以及我的想法或意见，便不再隐藏自己的蔑视。"（Greenberg，Singer，2010，第129页）

凯恩掌权时期，高管对决策的参与范围缩小了。公司最高决策机构执行委员会的成员由9—10人缩小到了5个人。在危机爆发前，贝尔斯登的权力掌握在有5人组成的执行委员会手中。成员包括首席执行官凯恩，联席总裁施瓦兹和斯佩克特，格林伯格和萨姆·穆里纳若（Sam Molinaro）。吉米·凯恩还设立了有80多位高管参加的总裁顾问委员会，但象征意义大于实质意义。

信息共享文化

高盛公司有强大的信息共享传统。在"两个约翰"时期的高盛（1976—1990），合伙人们和员工尽可能地强化彼此的交流和沟通。随着科技的进步，高盛的专业人士们开始喜欢通过语音信箱来跟踪交易的最新资讯和分享功劳。再后来，对语音信箱的沉迷又被电子邮件所代替。高盛的合伙人机制有效促进了信息共享文化。无论是哪位合伙人在什么时候需要了解其他伙伴的经营情况时，合伙人之间可以自由地相互电话联络。一位当时的合伙人回忆说：“当你成为一名合伙人时，突然之间你会有80多个电话要回，合伙人无法像一般员工那样尊重你的隐私。”（Endlich，2000，第4页）

在罗伯特·鲁宾和史蒂芬·弗里德曼时期（1990—1994），高盛延续着重视内部沟通的传统，一位高级银行家回忆说：在这里，信息流动的程度是惊人的。人们以前所未见的方式分享信息（Cohan，2011，第287页）。根据一位高管的回忆：

我一入职高盛，就拿到了一本200页的绿皮通信薄。每个员工和合伙人的家庭住址、办公室电话、住宅电话（那时候手机还没普及，电子邮件也是好多年后才被高盛采用），以及暑假或者周末的联系方式，全部列在上面。当然，有这么完备的联系方式在手，效率肯定提升；不过另外一方面来讲，也就意味着无论你是谁，都应该能够在任何时候联系上。这本通信薄就好像俱乐部的会员册，它进一步增强了身处一个大家庭的感觉，使得整个组织结构更加扁平（Mandis，2013，第60页）。

1994年出任高级合伙人的约翰·考赞也深信信息分享的重要性，他说：“作为一个交易员，我讨厌会议，但是，如果你不让一大群人看到和了解你的价值体系是如何运作的，你如何能反映观点的一致性。”（Endlich，2000，第237页）他说：“你必须扩大拥有领导权的人数，同时你必须确保他们的领导权不被削弱。现在我们有的不再是管理委员会12个人之间的争论而是这些委员会的意见，从而我们有希望让更多的人了解公司的文化和任务。这种文化和任务在争论和执行的过程中得到加强。我们希望在什么可行什么不可行的问题上存在着一种双

向交流。”（Endlich，2000，第228页）

1999年成为CEO的亨利·保尔森是一个“无情的”语音邮箱用户，会一天内花几个小时留消息、转发消息、复制消息给同事。高盛的每个人每天晚上都会有数百个语音邮件要处理，要花好几个小时（Cohan，2011，第421页）。此外，合伙人还要参加形形色色的会议，这些会议都是在周末召开，假期和睡眠经常性地被会议通知打断，会议的参加者是来自全球各地的（Endlich，2000，第4页）。

公司内部的权力距离高低影响到信息的分享方式。在鲍比·雷曼时期（1925—1969），雷曼兄弟公司的内部沟通是以大老板为中心的。有人描述说：鲍比·雷曼每天早早起床处理一天的工作，很少晚于早上6点起床。但这并不意味着他会在黎明前踏进威廉一街的办公室，他的第一件事是和驯马师沟通。到了上午7点半到9点，他开始与各位合伙人电话沟通。在那个时间段里，他的合伙人必须在电话那边等着，随时处理鲍比提出的要求。“如果一早的电话没有找到你，那你就出局了。”（Chapman，2010，第164页）雷曼的合伙人们每周一的一点钟都会在公司的合伙人餐厅聚餐，谈论各自手上的股票和债券项目。在这里，鲍比·雷曼依旧是核心。

组织内部团队协作文化的强弱同样影响信息的分享方式。比起高盛的信息共享文化，雷曼兄弟公司则存在着某种信息隐匿文化。1973年加入雷曼的彼得·彼得森发现，投资银行家们之间的钩心斗角十分严重。一方面，当时在公司处于弱势的交易员们尽可能向投资银行家们隐匿交易信息，以最大限度地保持自身的独立性（Ward，2010，第20页），另一方面，银行家合伙人之间也不团结。据一个流传甚广的段子说，雷曼兄弟大部分高级合伙人的办公桌都在一个办公室里，不是因为他们团结融洽，而是因为他们彼此离开了对方的视线就会心生怀疑。公司里晋升和奖励的游戏规则都是秘而不宣的。决定合伙人份额和薪酬的决定也都在暗中做出。合伙人们形成小圈子，相互算计、隐匿信息，各自为战。另一个段子说公司里一派合伙人密谋进行一场敌意收购，而收购的对象正是另一派合伙人所苦心经营的客户公司；还有一个段子提到某个合伙人试图说服另一个合伙人卖给他一家矿业公司的股票，因为他知道了那家公司行将开发新的富矿带，而被劝说卖出股票的合伙人还一无所知（Peterson，2009，第216页）。在很长一段时间，公司没有集中存档的安排；合伙人们视客户资源为私有财产，各自隐藏着自己的客户信息，言必称“我的客户”；公司董事会的各项决议大都秘而不宣，在公司作为合伙制公司存在的最后一年竟然没有任何董事会纪要。1982年，当彼得森和格鲁克斯曼想要取消执行委员会时，他们没有任何公开讨论，甚至连个通知都懒得发，只是不再邀请委员会成员开会了（Aulette，1986，第47页）。

1984年雷曼被美国运通·希尔森收购后，雷曼的交易员们依旧保留着隐匿信息的习惯。一位前董事总经理回忆说：“我们每天都向希尔森汇报当天的盈亏情况。我们知道，如果楼上的管理层看到盈亏幅度波动过大——一天我们大赚，接下来的一天又大亏，他们一定会猜到我们投了很多钱，冒了巨大的风险。但是，假如我们的盈亏看起来类似于一个稳定的心电图，那么一切都会安然无事。所以，每逢赚钱的一天，迪克（福尔德）汇报时就将盈利的数额减少，每逢赔钱的一天，则将亏损的数字减少，让当天的盈亏情况看起来没那么糟糕。我们把那笔瞒报的款项称为迪克的储备金。”（Ward，2010，第50页）

在贝尔斯登，早期的合伙人们各行其是，彼此间缺乏沟通。1975年，纽约州政府面临财政危机，而贝尔斯登的高级合伙人们突然发现公司手中持有大量纽约城市发展公司（UDC）的债券，潜在损失约在

1000万美元，这足以给资本金仅在2500万美元上下的贝尔斯登以致命一击。大难临头，贝尔斯登的领导人们才发现这笔头寸的存在和来龙去脉：这是去年贝尔斯登对UDC债券所进行的一次艰难承销后所形成的剩余头寸。但负责市政债券的合伙人们或是忽略了这些头寸的存在，或是未能有效与其他合伙人沟通。这次濒临死亡的经历使得贝尔斯登改变了做法：从此之后，每周一早晨，每位合伙人都须获知公司所持债券和股票的所有头寸（Greenberg，Singer，2010，第81—84页）。

在格林伯格成为CEO的第一年，他在一份给所有合伙人及有限合伙人的备忘录中写道：

> 贝尔斯登正以越来越快的速度发展，每个人都在做出贡献。在任何时候都能与我们的合伙人交流是至关重要的。我们每个人都有权利外出应酬，打高尔夫球或休假。但你必须给你的秘书或属下留言以便我们可以随时找到你。我们要做出很多决定，而你的意见非常重要。（Greenberg，1996，第12页）

贝尔斯登的内部沟通方式在很大程度上也是以领导人为中心展开的。格林伯格时期（1978—1993）的沟通方式有两个：一是鼓励员工面对面与他本人沟通，二是频繁发出的公司内部备忘录。在战略层面，他比较自以为是，但仍旧会频频发出备忘录向员工灌输自己的理念。日常经营层面，他成立了执行委员会和风险管理委员会，这比刘易斯时期一言堂式的管理有所改进。

到了凯恩时期（1993—2007），他的沟通方式既不是发布备忘录，也不是在办公室四处巡视，而是愿意在自己的办公室里约见自己看好的合伙人们，并试图解决这些人的问题并赢得他们的忠心（Cohan，2009，第226页）。

然而，贝尔斯登的高级董事总经理（相当于高盛的合伙人董事总经理）彼此之间并未形成密切沟通的文化。在某种意义上，贝尔斯登的内部沟通文化受到其主流亚文化的影响。在一家以零售经纪和交易为主的公司中，人们更倾向于照顾好自己的客户和交易，而无须大量的内部交流。

组织文化观察之二：整合维度

我们以核心价值观分享、组织至上和团队协作这三个维度为例展开组织文化观察、描述和比较，结果发现，在三家投资银行中，高盛文化的整合性是最强的，雷曼文化和贝尔斯登文化的整合性相对较差。雷曼在1994年重新独立后弘扬“一个公司”的文化，但较高的权力距离使得这种文化变质为以领导为中心的“效忠文化”。

核心价值观共享

在华尔街投资银行中，高盛以重视核心价值观的分享而闻名。早期的高盛没有被广泛分享的核心价值观，但亨利·戈德曼的名言“金钱永不过时”影响至深（Fisher，2010，第237页）。西德尼·温伯格时期，高盛也还没有对核心价值观的表述。高盛合伙人鲍勃·门舍尔（Bob Menschel）回忆说，西德尼·温伯格“一直以摩根银行为标准，他对高盛合伙人的要求就是摩根银行一贯的作风——以一流的方式开展一流的业务。”温伯格也试图模仿摩根银行对客户的挑剔，他对于与二流企业开展业务有着相当通俗的比喻：“如果你和狗躺在一起，那

注定招来一身跳蚤。”（Ellis，2009，第 41页）

1976年出任高盛联席高级合伙人的约翰·怀特海德对于高盛成为一家强力组织文化公司起到了重要作用。怀特海德认为随着公司规模的扩大，有必要对高盛的核心价值观进行系统的表述。他把这些原则与管理委员会的成员分享，并获得通过，分发给了所有员工。时至今日，高盛的业务原则已扩展为14条，但主要内容还是怀特海德所起草的文字。高盛公司业务标准委员会在2011年1月发布的报告中提及：高盛的14条业务原则形成于30年前，即1981年。直到今天，打开高盛公司的网站（www.gs.com），这些基本原则依旧在明显的位置展示：

第1条：客户利益永远至上，我们的经验表明，只要对客户尽心服务，成功就会随之而来。

第2条：我们最重要的三大财富是员工、资本和声誉。如果三者之中任何一项遭到损害，最难重建的是声誉。我们不仅致力于从字面上，更从实质上完全遵循约束我们的法律、规章和职业道德准则，持续的成功有赖于我们坚定地遵守这一原则。

第3条：我们为自己的专业素质感到自豪。对于所从事的一切工作，我们都凭着最坚定的决心去追求卓越。尽管我们的业务活动量大而且覆盖面广，但如果我们必须在质与量之间取舍的话，我们宁愿选择做最优秀的公司，而非最庞大的公司。

第4条：我们的一切工作都强调创意和想象力。虽然我们承认传统的办法仍然是最恰当的选择，但我们总是锲而不舍地为客户策划更有效的方案。许多由我们首创的做法和技术后来成为业界的标准，我们为此感到自豪。

第5条：我们不遗余力地为每个工作岗位物色和招聘最优秀的人才。

虽然我们的业务额以10亿美元为单位。但我们对人才的选拔却是以个人为单位，精心地逐一挑选。我们明白在服务行业里，缺乏最顶尖的人才就难以成为最顶尖的公司。

第6条：我们为员工提供的职业发展进程比大多数其他公司都要快。晋升的条件取决于能力和业绩，而我们最优秀的员工潜力无限，能担当的职责也没有定式。为了获得成功，我们的员工必须能够反映我们所经营的地区内社会及文化的多元性。这意味着多元化不是一种选择，而是一条必行之路。

第7条：我们一贯强调团队精神。在不断鼓励个人创意的同时，我们认为团队合作往往能带来最理想的效果。我们不会容忍那些置个人利益于公司和客户利益之上的人。

第8条：我们的员工对公司的奉献及对工作付出的努力和热忱超越了大多数其他机构。我们认为这是我们成功的一个重要因素。

第9条：利润是我们成功的关键、它能让我们做到优化回报、充实资本、延揽和保留最优秀人才。我们的做法是慷慨地与那些创造利润的人分享它。盈利性对我们的未来至关重要。

第10条：我们视公司的规模为一种资产，并对其加以维护。我们希望公司的规模大到足以经办客户想得到的最大项目，同时又能小到足以保持服务热情、关系紧密与团队精神，这些都是我们极为珍视，又对公司成功至关重要的因素。

第11条：我们尽力不断预测快速变化的客户需求、并致力于开发新的服务去满足这些需求。我们深知金融业环境的瞬息万变，也谙熟满招损、谦受益的道理。

第12条：我们经常接触机密信息，这是我们正常客户关系的一部分，违反保密原则，不正当或轻率地使用机密信息都是不可原谅的。

第13条：我们的行业竞争激烈，因此我们积极进取地寻求扩展与客户的关系。但我们坚决秉承公平竞争的原则，绝不会诋毁竞争对手。

第14条：正直及诚信是我们经营的根本。我们期望我们的员工无论在工作上还是在私人生活上都要保持高度的道德水准。

高盛20世纪80年代的合伙人认为，高盛的业务原则的的确确根植于企业文化，与其相协调，并且反映了企业文化的本质，且有力地把高盛和行业内其他对手区别开来。每隔一段时间，高盛公司就会将这一期间运行状况与经营原则做一番对照和反省，温伯格和怀特海德要求各部门的主管以及他们手下的专业人员必须集中讨论，话题主要包括违反公司经营原则的事件以及他们在日常生活中是如何具体遵守和运用这些原则的。各部门主管在讨论会结束后要把会议记录上交给管理委员会。这样，高层管理者就可以直接从员工那里了解到公司运营的情况。据怀特海德回忆，高盛有很多革新或者改进都出自这一程序（Endlich，2000，第89页）。

1983年11月，怀特海德发给高盛的75位合伙人每人一本管理畅销书《追求卓越》（Peters，Waterman，1982），并指出："在很多方面，这本书描述了我们在高盛希望做的事。有些因素使得高盛作为一家机构具有独特性：它的团队精神，对工作的自豪感，高水准的专业精神，服务导向。谦虚地讲它是一个管理有素的组织。这些就是高盛文化的精髓，是高盛文化使得我们成为现在的我们。我要说文化是我们成功的关键所在。"（Cohan，2011，第230页）

高盛始终重视对核心价值观的分享。1992年，高盛在松树街建立了领导力学院，负责对高盛骨干力量的培训，而高盛文化成为培训的重点之一。这样系统化的文化灌输行为在华尔街投资银行中十分少见（Cohan，2011，第441页）。

雷曼兄弟公司形成系统的、被清晰表述的核心价值观比高盛公司晚了21年。在1994年雷曼重获独立后的8年后，也就是2002年，雷曼组织员工对公司使命和核心价值观展开讨论，形成了雷曼的使命宣言和业务原则，从公司、股东、客户和员工的角度系统陈述了雷曼文化。雷曼的每个雇员都收到了一个刻有这些内容的立体纪念牌，这些纪念牌被雷曼兄弟的员工们放置于自己的办公桌上，有些后来离开了雷曼的员工至今仍把纪念牌珍藏于家中。

使命宣言

我们是一个公司，对客户、股东和彼此无可匹敌的承诺定义了这家公司的特质。我们的使命就是以我们的知识、创造力和奉献与客户结成强有力的伙伴关系并为他们创造价值，并以此为股东带来卓越的回报。

业务原则

我们的公司

基于150年的成功历史，我们是一家快速成长的为机构服务的全球性投资银行。我们的目标是利用丰富的业务机会，非正式的、企业家式的风格，以及团队文化，让员工获取非凡成就并享受他们的工作。

我们的氛围充满企业家式的能量，作为在成长市场中的成长公司，我们的员工从丰富的机会中受益。

在雷曼兄弟公司没有天花板、围墙和看门人。规模、专注和扁平的架构能够让我们保持宽松开放的氛围。员工和客户彼此以最直接的方式连接在一起——让员工在公司得以成就得更多，成就得更快。

公司的文化是“我们”的文化而非“我”的文化。我们无保留地追求作为一个团队去赢得和成就更多。我们通过每个人都分享共同创造的价值观来支持我们的做法。

我们成功的标志是我们作为一个能够创造非凡机会和主动性的公司所享有的声誉。

我们的股东

员工都是公司的股东，将竭尽全力打造公司的价值。我们的目标是要为所有股东创造卓越回报。为此，我们将，

对那些能够带来非凡回报的机会确保资源的投入。

在个人生产率、成本控制和盈利性上保持最高标准。

有效管理风险并自始至终地保持财务实力。

维护我们的声誉。

成功的标志将是创造出为股东创造长期价值的最佳纪录。

我们的客户

“一个公司”的文化使我们能够组成团队，组合公司最佳资源满足客户最重要的需求。我们的目标是通过为客户提供创新性和量身定制的解决方案，为客户创造价值。为此我们会，

主动接触客户。

细心倾听他们的需求。

奉献所有的创造性能量为客户找到制胜解决方案。

举全公司之力确保第一流的执行。

成功的标志是客户把我们作为首选的投资银行，为他们提供顾问、融资和投资服务。

我们的员工

我们的成功取决于员工的实力和雷曼兄弟公司借以将最优秀的员工吸引进公司的出色品质。我们的目标是录用并发展具有才能的员工，让他们分享追求个人最高成就的热情和对团队合作的承诺。为此，我们将，

通过全力以赴的招聘为公司里的每一个岗位吸引最佳人选。

培训员工，使他们在事业早期就担当重任。

开发每个人的最大潜力，为每个人获得最大成功创造机会。

培养绝不当第二的心态，要求自己和公司中每个人都拿出最佳表现。

在正直、同事式的、相互尊重和信任的工作环境中作为一个公司的成员共同努力。我们成功的标志是人才济济的声誉以及成为一家被广泛认可的，能够让卓越人才大展宏图的独特公司。

比起高盛的组织文化陈述，雷曼的组织文化陈述更有维度感。不仅从公司、股东、客户、员工这四个主要利益相关者的角度出发，还提出了行动要求和效能指标。遗憾的是，历史给雷曼的时间太少了。仅仅6年之后，雷曼就面临生死大考。2008年前后发生在雷曼兄弟公司的很多事件表明，雷曼的高层并未能够对上述文化信条做到知行合一。雷曼组织文化中的很多核心内容被严重忽视了，这也说明被纸面认可的组织文化体系真正沁入组织肌体并反映在组织行为之上是需要时间和领导者无私垂范的。

在贝尔斯登的历史上，没有出现对核心价值观的系统化描述。在

刘易斯时期，赚钱是贝尔斯登至高无上的价值观。合伙人们对致富的渴望绝不回避，鼓励对金钱赤裸裸的追求，这让人想起了戈德曼家族的二代传人亨利·戈德曼的那句名言："金钱永不过时"。刘易斯的接班人格林伯格虽然意识到：企业若想兴旺发达，必须培养自己的企业文化，但他没有仿效高盛的怀特海德去做出系统化的文化陈述。在回忆录中，他强调："以宏伟蓝图或是豪言壮语来规划贝尔斯登的未来是毫无意义的。我对长期规划的反感是尽人皆知的，我同样不赞成依赖外部顾问或是所谓官方言论。"（Greenberg，Singer，2010，第45页）但格林伯格在给员工的备忘录中也曾反复提及贝尔斯登应该遵循的业务"格言"，在1990年7月10日的一份备忘录中，这些格言被总结为以下10条（Greenberg，1996，第86页）：

1.我们的工作就是要鼓励前台或秘书在见到客户或和客户对话时能够面带灿烂的笑容。贝尔斯登的高层要以身作则，及时回复客户电话。

2.避免羊群心理。

3.控制成本——特别是在生意兴隆之时。

4.每个部门都要用上最好最聪明的人，因为我无法告诉你们6个月后我们的哪块业务会"热"起来。

5.减少开支。

6.我们要坚持干那些我们有些专长的事，我岁数太大了，没法开始去卖汽车、服装珠宝或人寿保险了。

7.自负和自满是危险的，特别是我们这行。如果我感觉到贝尔斯登的人开始把自己的狐臭当作体香而我又无法说服他们别那样的话——我会卖光我的（贝尔斯登）股票。

8.我喜欢那些"干干净净"做生意的人。如果你不明白我的意思，打我电话。

9.裁减开支。

10.我们在和新的客户开展业务时一定要小心谨慎，我们一定要看好家，同时也盯住那些新客户。对内贼最好的防范措施是管理层要和公司的上上下下建立起融洽关系，这些人会在内部审计发现前4年就看到旁边人的反常之处。

格林伯格的10条"格言"很难称得上是对贝尔斯登核心价值观系统化的萃取和表述。格林伯格惯常使用调侃的方式传达他关于贝尔斯登的理念。他的语气就像是高高在上的说教者，但表达的更多是他自己所信奉的常识而非更加知识化、智慧化和机构化的、被组织广泛认可并分享的核心价值观。

团队协作和组织至上

高盛在历史上一贯强调团队协作和组织至上的精神。高盛的创始人马库斯·戈德曼试图通过血缘纽带保持公司的稳定与和谐。在高盛创立后的50多年中，几乎所有的合伙人都是互相联姻的大家庭中的成员。这些人所有的资产，或者说绝大部分资产都与公司紧密联系在一起（Endlich，2000，第34页）。马库斯在遗嘱中，阐释了他对家族联姻体制的期望："我死后最大的愿望，就是我的子孙后代能像我在世时一样和谐相处，希望他们能时刻准备着相互安抚，相互征询意见，相互帮助，如果需要的话，提供必要的物质帮助。"（Fisher，2010，第38页）

1929年的股灾及紧随其后的大萧条，给高盛的合伙人带来了巨大损失。1931年，以萨克斯家族成员为主的资深合伙人出钱弥补初级合伙人所蒙受的损失，填平了他们资本账户中的赤字。平均每个初级合伙人所接受的财务援助在20万~30万美元之间，这在当时是一笔很大的款项（Endlich，2000，第52页）。高盛在艰难中跨越了大萧条时期和二战时期，业务几乎停滞。根据怀特海德的计算，1929年到1946年间高盛的利润为零（Whitehead，2005，第81页）；温伯格的长子吉姆·温伯格（Jim Weinberg）回忆说："1927年—1947年的20年间，高盛收入了700万美元——同时损失了1400万美元。"（Ellis，2009，第31页）在这期间，萨克斯家族对公司的发展做出了重要贡献，他们继续弥补其他合伙人的亏损，坚守高盛的品牌，坚持发展业务，强化了高盛合伙人文化中风雨同舟的精神。与此同时，高盛开始从家族制合伙人文化走向更加开放的精英制合伙人文化。在温伯格成为高级合伙人之后，高盛拥有了越来越多的来自家族之外的合伙人，这些人扩大了高盛家族文化的内涵和外延：高盛依旧像是马库斯理想中的一个大家庭，只不过合伙人成为这个家庭的成员。他们互相支持和协作，在困难的时候则互相扶助。在西德尼·温伯格时期，高盛的合伙人每年领取相对比较低的基本薪酬，而分红在除税后强制留在公司的资本账户上，既起到充实公司资本金的作用，也使得合伙人的经济利益紧密地联结在一起（Cohan，2011，第120页）。高盛的老人回忆道，温伯格非常善于把背景多元的人拢在一起，让他们相互沟通并精诚合作（Ellis，2009，第50页）。

在利维时期（1969—1976），高盛继续展现出强大的凝聚力和团队精神。1970年，高盛的客户宾州中央铁路公司破产，导致公司面临投资者的诉讼，潜在赔偿金额高达8700万美元。当时合伙人们的资金加在一起也不过5300万美元。面临如此危局，高盛的合伙人们"团结一致，在公司生死存亡的紧要关头携手合作。没有人掀起内讧，也没有人故意找碴儿。"（Ellis，2009，第114页）1973年，由于市场环境恶劣，高盛在前9个月发生亏损。新加入的合伙人面临资本账户赤字。利维建议老合伙人用自己的钱弥补新合伙人的亏空时，获得一致拥护。在1929年大崩盘后，以萨克斯家族为代表的高盛的老合伙人们做过同样的事（Endlich，2000，第69页）。这些行为再次彰显了高盛合伙人之间同舟共济的家庭式的文化。同样在1973年，高盛的竞争对手雷曼兄弟公司也发生了亏损，结果迅速导致了一场内斗，领导人弗里德里克·厄尔曼被一场政变赶出了公司。

在约翰·温伯格和约翰·怀特海德领导时期（1976—1990），高盛展现出更为强大的团队协作精神。一位合伙人说，"如果一位不明智的年轻人走进来说他自己在各种交易中的表现如何好，我会狠狠地瞥他一眼，然后斩钉截铁地告诉他，他认为的个人成绩是每一位与公司紧密相连的员工常年共同努力的结果。"（Cohan，2011，第231页）怀特海德通过组织文化建设强化了高盛员工的认同和凝聚力，高盛业务原则的第7条规定：我们一贯强调团队精神，在不断鼓励个人创意的同时，我们认为团队合作往往能带来最理想的效果。我们不会容忍那些置个人利益于公司和客户利益之上的人。而在另一方面，温伯格则凭借其在公司的资历与威信，成功使高盛远离权术斗争。在他的领导下，高盛公司保留着家族式企业的色彩，那种曾经摧残甚至击毁了一些竞争对手的极端自我和私欲膨胀现象在高盛内部没有容身之地（Endlich，2000，第7页）。

罗伯特·鲁宾（Bob Rubin）和史蒂芬·弗里德曼（Stephen Friedman）执掌高盛时期（1990—1994），两位领导人都是团队精神的绝对倡导者。弗里德曼早在任职兼并收购业务主管时，就十分重视团队精神的培养。他回忆说：

在高盛，与传说中的不同，不是每个人都团结一致，有很多竖着的烟囱。说到领导一个充满竞争的组织，有哪类竞争比战争激烈？我的观点是，军事史中有涉及管理的所有方面。军事领导人手下有的是各自为战的部队，如果你不能让他们协同作战，不幸将接踵而至……我们得出结论：如果我们能够改进跨烟囱（部门）沟通，我们会比任何对手都更难以对付。这不会从天而降，而是要努力争取。（团队合作）不只是大家有同样的名牌那样简单。我们下了大功夫试图说服大家，他们的事业成功真的取决于彼此间的合作。（Cole，2008，第93—95页）

一位高盛并购部门的员工回忆说，在那个时期，弗里德曼分管的并购部成为第一个实行每年两次360度考评的部门，从分析员到合伙人会交互评价。团队精神在薪酬确定和合伙人提升的过程中被反复强调，过度政治化或自吹自擂的人会被差评，贬低他人的人会受到处罚，如果与高盛文化格格不入的行为持续的话，薪酬会被削减，甚至遭到解雇（Cole，2008，第98—99页）。合伙人罗伯特·姆努钦（Robert Mnuchin）[①]说：在高盛“如果你说‘我’，就会被视为粗暴。”（Cohan，2011，第284页）在那时的高盛，正确的词汇永远是“我们”而非“我”。

1994年，由于交易业务的巨亏，高盛的盈利大幅缩水，高盛的组织凝聚力也遭受了前所未有的挑战。弗里德曼因心力交瘁而辞职，40位合伙人离开了高盛。继任者考赞（CEO）和保尔森（COO）忙于做合伙人的工作，希望他们能够留在高盛。与此同时，高盛提名了58位新合伙人，以弥补合伙人流失带来的真空。尽管面临挫折，高盛继续弘扬团队协作文化。毕业于哈佛学院、哈佛商学院和哈佛肯尼迪政府学院的合伙人马克·施瓦茨（Mark Schwartz）被视为高盛的“文化载

① 罗伯特·姆努钦的儿子斯蒂芬·姆努钦（Steven Mnuchin）后来也成为高盛的合伙人，并在2017年出任特朗普政府的财政部长。

体”之一。他在向58位新合伙人发表讲话时反复强调沟通的重要性，指出有时把时间花在和同事们在一起比在外面找客户要生意更重要：“我们是合伙人，在情感上、心理上和财务上都要是。我们之间没有隔阂，没有秘密，从今天开始，请大家彼此用心相处。别做一个埋没在大多数人中的默默无闻的合伙人，要充满激情，懂得参与，直言不讳，运用领导力。”（Cohan，2011，第365页）到了1995年，高盛的情况已大为改观。有5个在1994年底离开公司的合伙人想重新入股。他们中除了一位成为有限合伙人并继续在公司工作（为公司带来了巨额收入）外，其余的人都被拒绝了。公司认清了一出现困难就逃跑的人。在留下的人眼里，这些人已经自证为靠不住的合伙人（Endlich，2000，第228页）。

尽管经历波折，但高盛的团队协作文化依旧在华尔街上独树一帜。一位1998年离开高盛加入摩根士丹利的高级银行家对两家投行的文化提供了有趣的观察。根据乔纳森·尼（Knee，2006，第117页）的描述：

高盛的团队文化在业内是无与伦比的，而在摩根士丹利，各个行业小组之间的沟通以及公司资源的调动都是极大的挑战……在高盛，任何银行家（不管他的级别有多高）在执行项目时想要得到相关信息，就会毫不犹豫地向其他银行家（不管他的级别有多高）留言提出要求。很快，他就会得到简洁明了的回复。我很快发现，在各自为政的摩根士丹利，只有当银行家们确信存在互惠关系时才会和小组以外的人分享信息和资源。因此，想要得到别人的回复，我必须先要主动和他们打交道，和不同小组的人建立联系，以证明我多多少少对他们有用。

到了保尔森时期（1999—2006），高盛继续保持着强大的团队协作和组织至上文化。曾任高盛全球研究主管的斯蒂夫·埃因霍温

（Steve Einhorn）指出："对协作文化的培训从招聘就开始了。高盛大都专注于招聘认同其文化的分析员而非明星分析员。我们总是希望招到具有团队精神的分析员，充分利用公司和部门的资源，写出好的研究。高盛的招聘过程也充满协作精神，面试分析员的人员不仅来自研究部门，还来自交易、销售、固定收益、商品、投资银行部门。"（Groysberg，2010，第103页）

一位前高盛员工观察道："高盛之所以如此卓越，原因之一便是它像一枚巨大的智慧蜂箱，拥有所有这些聪明的人，而且他们相互交流碰撞，所有人都能很快专注到同一个问题，并取得大家能够想到的最好结果，然后他们继续解决下一个问题，依此类推。因此这里有一大群聪明人专注于同一件事的优势而不会出现相互推诿的弊端。为了能在这里表现良好，你必须特别注意告知大家你在做什么并得到同事们的确认。这真的是一种很不同的工作风格。这里非常不一样，也非常紧张。"（Cohan，2011，第466页）

创始于1850年的雷曼兄弟公司在一开始是三位兄弟共同组建的公司，1855年大哥亨利·雷曼去世后，三兄弟公司变成了两兄弟公司。29岁的伊曼纽尔和26岁的梅耶开始平等和谐地共享权力。随着1868年两兄弟在纽约的汇合，两人开启了长达30年日复一日地紧密协作，直到1897年梅耶去世为止（Lehman Brothers，1950，第15页）。尽管伊曼纽尔寡言少语，梅耶阳光自信，但性格迥异的两兄弟却相处得非常融洽且彼此非常信任。他们共同拥有65%的公司股票，共同使用一个银行账户，不必互相告知对方都可以支取现金。直到1925年，雷曼都是个典型的家族公司，靠血缘关系确保公司的凝聚力。

自1925年开始，鲍比·雷曼一人独大的权力格局压抑了组织至上和团队协作文化的发育。尽管雷曼的官方历史声称，1950年雷曼的17

名合伙人虽然不再来自一个家庭，这些背景各异、利益多元的合伙人们和当年的雷曼三兄弟一样团结（Lehman Brothers，1950，第40页），但很多人却认为鲍比的权威使其他合伙人眼睛只盯着“老大”，缺乏团队精神，也渐渐丧失了彼此合作的能力。后来成为雷曼CEO的理查德·福尔德的说法是：“鲍比能使每个人都卖命工作，但他抽走了凝聚合伙人们的胶水。”（Tibman，2009，第20页）1971年离开公司的雷曼前雇员迈克尔·托马斯（Michael Thomas）认为：“雷曼的文化是一种艺术收藏文化，雷曼兄弟公司就像是纽约交响乐团，每个音乐家都很出色，但没人能指挥这些人。”（Auletta，1986，第47页）雷曼合伙人沃伦·海尔曼（Warren Hellman）回忆说：“合伙人之间展开着殊死搏斗，他们中的很多人彼此厌恶。但串联起这些人的唯一纽带是对鲍比·雷曼的敬畏与爱戴，以及赚钱的欲望。”（Aulette，1986，第31页）

鲍比·雷曼1969年去世，但没有指定接班人，这给雷曼兄弟留下了权力真空状态。他死后，合伙人们钩心斗角，但没有人能够获得真正的权威，公司进入了一个相对无序和混乱的时期，原本靠一人权威维系的公司开始了解体的进程。有些合伙人担心公司的未来，开始撤出他们的资本。在两年之内，10位合伙人离开了。这个数字超过当时雷曼兄弟合伙人数量的五分之一，由于退出的合伙人可以马上拿走他们的资本，这对公司的资本基础造成了即时的和严重的削弱（Aulette，1986，第33页）。

1973年，由于公司的业务滑坡，弗里德里克·厄尔曼在雷曼兄弟董事长位置上做了不到4年就被赶下了台，虽然业绩的滑坡是由不利的市场环境和交易损失带来的，与厄尔曼的领导力并无直接关系，但雷曼兄弟的文化过于短期和好斗，一旦遇到困难，合伙人们就会相互指责和寻找替罪羊，以及开展新一轮权力斗争。

接替厄尔曼的彼得·彼得森很快就意识到，雷曼内部派系林立，关系错综复杂（Peterson，2009，第214页）。在雷曼内部，交易员为一派，投资银行家为另一派，彼此间以纯粹怀疑的眼光紧紧盯着对方。以格鲁克斯曼为首的交易员们，包括商业票据的推销员们认为投资银行家们虽然以“白鞋精英”自居，不过是一帮被惯坏了的、对公司收益没什么贡献的派克大街上的顽童而已，是一群华而不实之辈。投资银行家们则认为交易员们粗俗而无教养，玷污了有钱人的形象（Peterson，2009，第215页）。彼得森努力融合交易员和银行家之间的文化鸿沟，但并不成功。1980年。在格鲁克斯曼的主张下，也出于彼得森的坚持，雷曼兄弟公司的银行家们终于搬到了沃尔特街55号。整个公司至少在表面上整合到了一个屋檐下。彼得森说这是他最难做出的决定之一：投资银行家们憎恨这个计划，根本不想和交易员在一起，认为这些人属于低等种群，是“动物”，“残忍的”和“鼠目寸光的”（Aulette，1986，第54页）。

据一位前雷曼银行家回忆，公司里管理最好且比较具备团队精神的反而是刘易斯·格鲁克斯曼的交易团队（Aulette，1986，第47页）。格鲁克斯曼早年在海军的经历使他崇尚团队精神、纪律性和上下级之间彼此的忠诚。在加入雷曼兄弟之初，尽管他的商业票据团队在公司里被人看不起，但他却使得这支队伍充满团队精神。格鲁克斯曼喜欢招聘有运动员或军队背景的员工，认为这些人更能理解他的团队文化（Aulette，1986，第18页）。但格鲁克斯曼的团队文化具有两面性，面对公司的投资银行部门和投资银行家主导的管理层时，格鲁克斯曼怀有一个“我们—对抗—他们”的情节，通过向投资银行家们所控制的雷曼总部瞒报交易信息，他尽可能保持交易部门的独立性（Ward，2010，第20页）。

彼得森一度希望效法高盛的做法与格鲁克斯曼分享权力，并进而让雷曼的银行家和交易员们和平共处，但两人之间根本缺乏信任，彼得森很快被格鲁克斯曼踢出了局。虽然赶走了彼得森，格鲁克斯曼始终难以获得银行家合伙人们的认可和尊重。彼得森的离去也并未给雷曼带来好运，交易业绩很快下滑，一批投资银行家因不信任格鲁克斯曼选择出走。在投资银行家们的积极推动下，雷曼很快被低价卖给了美国运通旗下的希尔森公司，雷曼作为一家百年老店丧失了独立地位。

面对他完全没有想到的结果，格鲁克斯曼陷入了自责和沮丧之中。他坦承：“我们在优化雷曼文化方面做得很糟糕，我们要的是人们能够同舟共济的文化。上帝，我们这里有像所罗门和施瓦茨曼这样的人到处在外面兜售公司。我们从来没能建立起一种大家真心为公司着想而不是只为自己考虑的文化。我们这里贪婪和自私的程度是令人不齿的。”（Aulette，1986，第176页）

高盛的怀特海德评论说：“我认为雷曼的沉沦部分还是因为那里的文化不利于团队合作。自从鲍比·雷曼去世后，有这么一帮聪明能干的个人主义者虽然恰巧在一个地方办公，但每个人都感觉只对自己而非公司负责。在过去是鲍比·雷曼凭借自身的卓越把这些人拢在一起。”（Aulette，1986，第235页）怀特海德还批评雷曼兄弟的合伙人过于贪婪。他们应该累积更多的资本，而不是把大量的资金作为奖金和红利分进自己的腰包。在雷曼兄弟出售时，它的资本金才1.45亿美元，而且还在继续减少，而此时高盛的资本金有7亿美元，这不能不归功于高盛坚持了很多年的合伙人强制资本积累措施。

1984年，雷曼虽然成了希尔森旗下的附属公司，但雷曼商业票据公司的员工继续保持团结。在公司高管佩里·蒙克利夫（Peregrine Moncreiffe）和克里斯·佩蒂特（Chris Pettit）的领导下，雷曼商业票据公司的员工坚持共进共退。蒙克利夫回忆说："我和克里斯商量好，除非我们能够保住雷曼商业票据公司的每一个员工——包括秘书和后台人员在内，否则我们将拒绝签署协议。我们必须站在一起，我们必须被当作一个整体来支付酬金。额外给钱让我俩签署竞业禁止协议是不可能的。"（Ward，2010，第40页）最终，雷曼商业公司和其所有454名员工被整体保留下来了，没有人失去工作，展示出雷曼作为一个整体从未表现出来的"一个公司"的精神。

1994年雷曼重获独立后，从加入雷曼第一天起就供职雷曼商业票据公司的福尔德成为公司的CEO，他的副手佩蒂特成为总裁兼COO，"一个公司"的精神成为雷曼重要的组织文化要素之一。福尔德对老雷曼合伙人之间的内斗给公司带来的灭顶之灾记忆犹新，决心改变雷曼的文化，避免惨剧重现。2004年，福尔德对记者宣称：在新雷曼独立前，人们以个人的成就衡量成功，今天，大家关心的是团队的整体表现（McDonald，2016，第5页）。

时任公司第三把手约翰·塞西尔提出应该把"一个公司"的说法付诸行动。他建议采用"受限股票单位"作为支付报酬的一种方式，职位越高，红利部分用公司股票支付的比例就越高。顶级高管红利部分的50%均为公司股票，这些股票受限期为5年，5年内都处于投资状态。每个员工获得的股票数额按其薪金水平划分等级，即便是公司的门卫也包含在这项薪酬计划中。通过这样的安排，希望员工除了关心自己的奖金之外也会关心公司的整体利益（Ward，2010，第72页）。全员持股增加了员工的凝聚力，很多员工一直持有雷曼的股票而不肯出售，以表达对公司的忠诚，而雷曼的股价也的确表现出色。在雷曼历史上不是没有过危机，在墨西哥危机和LTCM对冲基金倒闭所引发的危机期间，市场上都流传着雷曼行将倒闭的谣言，但那些在危机中敢于低价购买或保留雷曼股票的员工一次又一次获得了极高的回报（Tibman，2009，第10页）。据统计，在1994到2007年间，雷曼的市值从20亿美金增长到450亿美金，股价从5美元涨到86美元，股东的年回报率高达24.6%。

到了20世纪初，福尔德的副手格雷戈里感到雷曼固定收益部的高管彼此间走得太近，太过团结，于是就提醒这些人要把工作和个人生活分开。由于担心这些人固定收益部成为一个独立性太强的堡垒，远离“一个公司”的精神，他说服福尔德将固定收益部领导人麦克迪德（Bart McDade）调去了他完全不熟悉的证券业务部门（Ward，2010，第160页）。而在另一方面，很多雷曼员工早已意识到，只要谁违背格雷戈里的指令，就不再是“一个公司”的一部分（Ward，2010，第95页）。虽然塞西尔举双手赞同“一个公司”的文化理念，但是其中一个问题始终困扰着他，并且这个问题一直无法解决。他看到了坚守“抱成一团”宗旨的黑暗面：鼓励大家重视忠诚胜过重视专业能力。雷曼兄弟公司任人唯亲的文化将使其在2008年金融危机中付出致命的代价。

对公司的忠诚是贝尔斯登公司核心价值观之一。格林伯格认为贝尔斯登文化中最大的特点是员工之间、员工与企业之间的相互忠诚（Greenberg，Singer，2010，第199页）。他曾经表示说，“我的战略思维可以归结为一切提升员工士气和同事间友谊的做法都有利于利润的增长……我一直学习父亲如何对待自己的雇员，很多雇员在他的公司里工作了一辈子，以对企业的爱和忠诚回报企业主给予他们的尊重。而在贝尔斯登，我亲身经历过很多高层管理人士对下层员工的傲慢。”（Greenberg，Singer，2010，第45—46页）格林伯格注重表现对员工的关爱。在1992年3月20日的备忘录中，他提到了纽约办公室员工视力检查的结果，并要全体员工都关注自己的健康（Greenberg，1996，第118页）。1993年初，贝尔斯登员工丹尼斯·荷姆（Dennis Hom）因车祸过世，留下了妻子和两个未成年的女儿，以及逾18万美金的按揭欠款。在4月17日给所有中、高层员工的备忘录中，格林伯格报告了这一不幸的消息，并宣布公司将帮助丹尼斯家庭偿付15万美元的按揭，而剩余的3万多美元按揭将由丹尼斯在贝尔斯登的同事负责筹集。5月12日，贝尔斯登公司向全体员工转发了丹尼斯·荷姆的遗孀给他们的一封信函。这封信表达了对格林伯格、公司执行委员会和全体员工的谢意，同时也感叹丹尼斯能够有幸和如此善良及体贴的人们一起共事（Greenberg，1996，第126—129页）。

1984年4月10日，格林伯格注意到"一家比贝尔斯登更聪明，更富有，规模更大的竞争对手因内部的长期不和而走向衰落。"这引起了他的高度警觉。从时间上看，他所说的竞争对手正是雷曼。他给所有合伙人发出的备忘录中写道：

只要你拥有超过80个合伙人的合伙制企业，总会有一两个人和你不尽合得来。多年以来，本公司的合伙人们相处得非常好，目前彼此间的合作关系也无可挑剔。有一件事我在将来会非常在乎，也会下手很重，那就是当我看到或听到合伙人之间不和不睦之时。诚实的人们之间可以有分歧，但当分歧成为恶吵的话，就会出问题。我不能允许个人间的冲突影响到我们这只下蛋金鹅的收益。（Greenberg，1996，第28页）

在格林伯格的接班人吉米·凯恩看来，对公司忠诚的合伙人表现为绝不会出售股票，绝不考虑别家公司的高薪工作机会（Cohan，2009，第226页）。

强调对公司的忠诚和强调团队精神是两回事。在家长制氛围的笼罩下，贝尔斯登的团队协作精神始终没有形成。有观察者指出，贝尔斯登是一个任何人找到一个盈利业务领域就可以占山为王，发财致富的地方，吃自己打回来的猎物是这里的文化（Kelly，2009，第88页）。贝尔斯登内部各部门各行其是，壁垒森严。据格林伯格的说法，贝尔斯登是一个高度分散化的组织。例如，斯佩克特所领导的固定收益部门非常成功，没有人敢于挑战他，他坚持对他所管辖的部门保持100%的控制（Greenberg，Singer，2010，第157页）。他下面的债券交易员傲慢粗鲁，对任何反对意见都毫无兴趣（Kelly，2009，第25页）。证券业务的联席负责人史蒂夫·梅耶（Steve Meyer）同样对自己的领地看得紧紧的，在内部讨论时会大发脾气并威胁性地站立着争吵。但由于债券和证券部门常年盈利，这些人在内部受人尊敬并令人惧怕（Kelly，2009，第26页）。有观察家指出，凯恩留给贝尔斯登的一项破坏性极大的文化遗产就是允许个人在缺乏公司监管的状态下构建自己的封地（Bartirimo，2011，第47页）。这里面就包括乔菲（Ralph Cioffi）掌管的两个投资于次贷产品的内部对冲基金。2007年，这些对冲基金将成为导致贝尔斯登走向衰亡的导火索。

组织文化观察之三：应变维度

在三家投资银行中，高盛公司有最强劲的客户导向文化，这使得高盛能够充分认识到客户的需求是多变且多方面的，宽容并鼓励内部多元亚文化的发育，并结合客户需求不断改变自己的战略部署。雷曼客户导向文化的不足导致公司内部的投资银行家与交易员缺乏合作，最终爆发的亚文化内战极大损害了其文化的多元性，甚至一度使雷曼

丧失了独立地位。相比之下，贝尔斯登有封闭和特立独行的传统，对客户需求趋于多元复杂的趋势缺乏敏感，组织内部多元亚文化发展得最差。

客户导向

在亨利·戈德曼1907年开始将高盛转型为以IPO业务为主的投资银行后，高盛的客户导向文化就是以投资银行亚文化为背景发育起来的。二战后，西德尼·温伯格将公司的重心放在为客户提供高质量的服务上，并带来了三个文化传统：

一是长期服务传统。他通过在二战期间与福特家族成员结下的友谊，终于在1953年10月1日获得委任，为福特汽车公司的IPO充当顾问。在苦干了3年后，高盛在1956年牵头完成了福特汽车公司的IPO。这是当时规模空前的一笔交易，为高盛从二流投行升级为一流投行奠定了基础。

二是参与客户事务的传统。为了与客户达成更为紧密的关系，温伯格参加了数十家公司的董事会，每年平均参加250个董事会会议。他在这些会议前认真准备，在会议上能问出关键性和尖锐性的问题，发挥出实质性和建设性的作用。尽管很多公司在一开始并不能给高盛公司带来生意，但大部分公司日后都成了高盛的重要客户。

三是对客户表达忠诚的传统。温伯格坚持使用客户公司的产品，以示对客户的忠诚。他只吃卡夫（Kraft）公司生产的奶酪，喝麦克斯维尔公司的咖啡，使用通用电气生产的电灯泡，通过希尔斯（Sears）购买厨房产品。在成为一家纸业公司的董事后，他就要求高盛公司的所有办公用纸都要从该公司购买；他一加入福特汽车公司的董事会，就卖掉了自己的凯迪拉克汽车，转而购入福特公司的林肯轿车。

到了约翰·怀特海德和约翰·温伯格掌舵时期（1976—1990），高盛通过更为官方和系统的方式，确认了公司所奉行的客户导向文化。在著名的高盛14条业务原则中，有7条都与客户相关。

高盛业务原则的起草人怀特海德在后来的采访中一再强调，他并非这些业务原则的缔造者——这些业务原则早已存在于企业文化之中，而他所做的不过是将其落笔成文而已。高盛的业务原则旨在为员工指明成功的康庄大道，同时更让员工明白，高盛之所以经久不衰，利润滚滚，都是来自客户的恩惠（Mandis，2013，第16页）。但有证据表明，在怀特海德和温伯格执政之前，高盛并未如其所说真正奉行“客户利益至上”的信条，但确实有很强的客户意识和客户导向。

1970年6月21日，宾州中央铁路运输公司（Penn Central Transportation Company，简称宾州中铁）根据《联邦破产法案》第77章的规定申请破产重组。成为当时美国历史上最大的破产案。宾州中铁是高级合伙人格斯·利维带来的客户，高盛从1968年开始成为其商业票据发行的经销商。

就在不久前的4月22日，宾州中铁公布了第一季度亏损6270万美元的数据。事实上，在这之前，高盛已经获知该公司的财务状况在急剧恶化之中，在听说其第一季度报亏的当天，也就是2月5日，高盛就从该公司赎回了1000万美元的本票。为了规避作为宾州中铁经销商持有过多本票的风险，高盛将原本发行方式调整为“美国国债式”发行，只有在买方明确向高盛提出购买需求之后，高盛才会通知宾州中铁直接向客户出售本票，这样就无须存有2000万美元的票据用于转卖，并承担任何市场风险。而在另一方面，高盛并未将这些自保措施向外界、特别是买方客户披露，而是继续向他们出售宾州中铁的商业票据，直到5月15日才停下来。事后人们发现，高盛内部对商业票据的研究报告一直是分两种，蓝色版本仅供内部使用，由绿色复写纸誊写的绿色版本才会发放到客户手中。曾帮助投资者向高盛索赔的律师丹尼尔·波拉克（Daniel A. Pollack）指出："此事（宾州中铁案）是对基本诚信原则的考验，对待客户就要像对待自己一样。"（Ellis，2009，第111页）高盛显然没能经得住这次考验，这次事件使高盛一度面临严峻的生存危机，在声誉上也受到严重损失。

尽管约翰·温伯格在宾州中铁破产时就是负责公司商业票据业务的合伙人，但不容置疑的是，在约翰·怀特海德和约翰·温伯格联合领导期间，两个人都希望高盛能够吸取教训，赋予"客户利益至上"这个口号以更为实质性的意义，这和两个人都是资深投资银行家不无关系。在"两个约翰"的倡导下，高盛追求向投资银行客户提供客观、专业、无私和以客户利益为导向的顾问意见。

80年代初期，当敌意收购在美国大行其道时，高盛的领导人公开宣布不为敌意收购方提供顾问服务。在高盛看来，敌意收购破坏与客户公司管理层的长期信任关系，不符合"长期贪婪"的精神。但也有人认为，这与当时高盛的企业客户以中、小型公司为主有关，而这些公司更有可能成为被收购的对象。

1987年高盛在承销英国石油公司32%股权的业务当中，遭受了高达1亿美元的损失，合伙人的资本金也因此受到极大威胁。那一年10月的全球股市崩盘促使参与这桩业务的其他各家投行纷纷试图从法律的角度找到理由取消业务，但尽管支出巨大、法律也没有强制要求，高盛还是履行了自己的承诺。

1989年，高盛两位合伙人说服管理委员会拿出1亿美金成立水街基金，投资于不良高收益债券。水街基金很快向外部投资人募集了7亿美金，并取得了不俗的回报。尽管如此，出于对与客户产生利益冲突的忌惮，约翰·温伯格说服管理委员会终止了这项业务。

在80年代，客户利益至上所隐含的意思，是要以高于法律规定的标准（即以高度的道德标准）来尽到对客户的义务。（Mandis，2013，第11页），但随着高盛在1999年上市，高盛追求短期利益的压力变大了。高盛在上市前后在业务原则中增加了重要一条：“我们的目标是为股东带来优越的回报。”有高盛内部人认为，这条原则本身就具有一定的模糊性，而且在公开市场股东（基于法律要求的）利益最大化与客户利益至上这条（高盛主动用以自律的）原则之间制造出了天然的冲突，同时在长期利益和为公开市场投资人寻求短期回报之间也造成了潜在冲突（Mandis，2013，第18页）。

另一方面，随着高盛的交易业务超越投资银行业务成为主要收入来源，以投资银行亚文化为背景的客户利益至上理念在交易业务的情境中面临尴尬局面。高盛的政策咨询顾问、SEC前主席阿瑟·利维特（Arthur Levitt）就曾质疑过“客户利益至上”这条原则。他认为，在交易业务中，双方是对手，与投行业务中的客户——顾问关系不同。在销售和交易业务当中没有“客户”这个概念——只有买方和卖方（Mandis，2013，第35页）。为了适应这样的转变，在高盛，包括高级合伙人在内的人们越来越多地需要合理化自身的行为方式。高盛逐渐倾向于将“客户”看作“大男孩”，即成熟的投资者，有足够的能力理解和辨识与高盛所合作的业务当中蕴含的潜在风险与利益冲突（Mandis，2013，第12页）。

有人认为2006—2018年间出任CEO的布兰克费恩所代表的是以交易业务而非客户业务为导向的文化（Mandis，2013，第10页），但在被问及以投行业务起家的高盛何以成功发展了华尔街上最强大的交易业务能力时，布兰克费恩表示，高盛正是跟随客户的需要才大力发展交易业务的（Blankfein，2010b）。布兰克费恩认为高盛在金融危机中的出色表现恰恰证明了高盛拥有雄厚的客户基础，他指出：客户是否能在危难之际伸出援手是他自己职业生命和高盛能够长寿的终极考验，至少到现在为止一切都好（Cohan，2011，第610页）。

雷曼的客户导向文化也是以投资银行亚文化为背景发育起来的。在1906到1925年间，雷曼兄弟公司和高盛公司在投资银行业务领域，主要是股票承销领域结成联盟，共同向华尔街固有的投资银行格局展开挑战。

然而，从雷曼与高盛的分工来看，雷曼在客户导向文化的力度上有一定差距。尽管两家平均分配任何交易所得，但高盛负责了所有客户端的工作，包括账目审查、估值和销售大部分的股票，而雷曼公司则财大气粗，负责提供资金。到了雷曼和高盛的松散联盟解体的时候，在60多家客户公司中，高盛分得了40多家，而雷曼只获得了20多家。

和高盛分道扬镳后，雷曼不再能依靠高盛发展客户关系，只能比过去更加亲力亲为。众多雷曼的合伙人通过参与客户的董事会加深和客户的联系。到了鲍比·雷曼时期，雷曼的合伙人在100多家公司的董事会任职。与高盛不同的是，雷曼资金雄厚，更多的是在扮演商人银行的角色，使用大量自有资金参与客户的项目。

在鲍比·雷曼1969年去世后，经过5年的过渡期，雷曼进入了彼得森管理的时期（1973—1984）。彼得森深刻意识到靠传统的投资银行业务赚钱越来越难，在经年累月与客户建立关系的基础上，还要在特定项目上与竞争对手拼个你死我活之后，才可能有收入进账。在他看来，雷曼的业务应该“去客户化”，主张以商人银行模式替代投资银行业务模式，更多地以自有资金参与投资，从而博取高额收益。而在另一方面，雷曼通过交易业务获取的收入开始大幅超越投资银行业务，雷曼的交易员合伙人则越来越轻视曾经高高在上的投资银行家们，也不理解为什么这些人要以奢华的方式无休止地讨好各自的客户。

在1994年新雷曼独立后，雷曼的客户导向得到了强化。福尔德决心超越自身交易亚文化限制，倡导客户导向文化。他指出，“我们的目标是成为客户心目中数一数二的银行。”福尔德不再怒骂那些“狗娘养的银行家”，他似乎认识到商业不仅仅是交易，而是客户和客户关系的确立。雷曼的高管层开始把这种新的理念符号化。2002年，雷曼在公司的使命宣言中提出：

“一个公司”的文化使我们能够组成团队，组合公司最佳资源满足客户最重要的需求。我们的目标是通过为客户提供创新性和量身定制的解决方案，为客户创造价值。为此，我们会主动接触我们的客户，细心倾听他们的需求，奉献我们所有的创造性能量为客户找到制胜解决方案，举全公司之力确保第一流的执行，我们成功的标志是客户把我们作为首选的投资银行，为他们提供顾问、融资和投资服务。

雷曼制定了新的“客户流动模型”（McDonald，2016，第8页），旨在以多元化的产品和服务，全方位参与客户的重要交易，尽可能深入全面满足客户的需求。这个模型的重点在于：①紧盯客户需求，为客户提供交易顾问和交易结构设计服务；②为客户在全球市场充当造市商/交易中介，包括提供证券和其他金融工具，协助客户通过其资产组合的持续再平衡，跨越不同的市场周期分散风险；③提供资产管理服务，包括为高净值客户提供量身定制的服务；④为客户提供证券承销服务。同样在2002年，时任雷曼首席运营官的布拉德利（Bradley H. Jack）把投资银行家按行业重新组织，这些银行家需要熟悉客户所在的行业及相应的服务需求，并统合各自对证券、债券、可转股债券等金融工具的专业知识，为客户提供更具创新性的解决方案。

福尔德开始身体力行，亲自参与对客户的服务工作。彭博旗下的商业周刊在2004年1月18日的一篇报道中做出了如下描述：

已经是12月下旬，但雷曼兄弟公司董事长兼首席执行官福尔德的心中并没有放假的念头。他的办公桌上放着大杯的星巴克摩卡咖啡，手边则是几百个投资银行客户的名单。他要在新年到来之前给每一个客户打电话，最终他和几乎每个客户都通了话。

在三家投资银行中，贝尔斯登的投资银行亚文化是最薄弱的，其客户文化主要以零售经纪亚文化为背景而生成。在贝尔斯登的客户文化中，没有长期关系，没有战略，没有客户的多元性、冲突性和复杂性，有的只是对客户的热情、尊敬和及时回应。格林伯格在他1996年出版的《董事长备忘录》中，有十多篇涉及对客户的服务问题，反复强调要在第一时间热情友善地接起客户的电话，不让客户等待，或者尽快给客户回电话，并为客户的交易保密。在1993年7月1日的备忘录中（Greenberg，1996，第131页），格林伯格指出："所有员工都要全力让这个地方动起来，我们的客户不在乎我们过去所取得的胜利（这是在过去20年中90%的竞争者都消失了的原因）。客户要的是服务、好的点子以及温柔体贴的关怀。"由于贝尔斯登在相当长时间内都是以零售经纪业务和交易业务为主，合伙人们各显神通，为自己而非公司争取客户。刘易斯曾经为了获取一个大客户精心策划，在高尔夫球场上制造巧遇；格林伯格则借助自己的球友网络；凯恩最大的秘密武器是他大师级的桥牌技艺和来自牌友的支持。此外，这些人还要通过大量的陌生电访（cold call）与潜在客户建立联系。

开放多元

高盛是一家文化兼容能力很强的公司。创始人马库斯·戈德曼开创了商业票据业务，这项业务背后的文化更接近于商业银行的文化。马库斯的女婿塞缪尔·萨克斯是这一文化的主要继承者，通过在美国国内设立分支机构和在欧洲与克莱沃特·本森（Kleinwort Benson）商人银行的联盟，极大地拓展了这项业务。马库斯的儿子亨利·戈德曼虽然在正式场合愿意称自己为商业银行家，但他更希望高盛能够成为像摩根财团那样的投资银行。几经努力，他和雷曼兄弟公司的菲利普·雷曼一起合作开展了证券承销业务。大规模介入证券承销业务培育了高盛的投资银行亚文化。虽然塞缪尔·萨克斯想让高盛成为跨国银行巨头，而亨利·戈德曼想让高盛成为立足美国本土的投资银行，但两个人在不同方向上的努力非但没有发生冲突，反而产生了强大的协同效应。当零售业巨头西尔斯·罗巴克公司（Sears Roebuck & Co.）1906年找到高盛时，原本是讨论发行商业票据的。在亨利·戈德曼的建议下，西尔斯决定通过发行股票筹资，而大量的股票又通过克莱沃特·本森银行在欧洲配售成功。

高盛第一位来自家族外的掌门人沃迪尔·卡钦斯是个乐观主义者，也是个扩张主义者，除了继续开展传统的商业票据业务和承销业务，卡钦斯在高盛的12年中开拓了新的疆域。他对交易深感兴趣，设置了几个交易账户并且亲力亲为。在他的领导下，高盛的国际交易业务更加活跃，尤其是在外币套利业务上。在20世纪20年代，高盛是华尔街上受认可的交易型公司之一（Ellis，2009，第32页）。人们往往把高盛交易亚文化的发育归功于格斯·利维，但卡钦斯的贡献也不可忽视。法律专业背景的卡钦斯还带领高盛进入兼并收购领域。在他的领导下，高盛完成了一系列令人瞩目的兼并收购交易，打造了一批在全球都家喻户晓的公司，包括卡夫食品公司（Kraft Foods）和通用食品公司（General Foods Corporation）等，这些公司在很长一个时期内都是高盛公司忠实的客户。在卡钦斯离开高盛前，他是18家公司的董事会成员。在那个时代，成为客户公司的董事会成员是每个投资银行家的梦想。卡钦斯还带领高盛进入了投资信托业务。投资信托公司从投资者那里募资并投资股市，很像今天的共同基金。由于高盛在基金中只持有10%，但却控制整个信托，且信托的股票又公开上市交易，很像现代上市交易的对冲基金公司—如城堡投资管理集团（Fortress Investment Group）所做的业务（Cohan，2011，第45页）。遗憾的是，高盛进入这项业务的时点非常不幸，恰恰赶在1929年大股灾的前夕，而且使用的结构性杠杆偏高，结果是灾难性的。卡钦斯依然可以称得上是高盛资产管理业务的创始人，到了20世纪80年代，高盛将重归这一领域。

接替卡钦斯的西德尼·温伯格在商业票据、交易业务和投资银行业务三个方向都有进一步的贡献。1932年，公司收购了在商业票据方面最大的竞争对手，把这项业务扩张到美国中西部。两年后，公司又兼并了波士顿另一个竞争对手，使马库斯所创立的业务变得更加强大。在这个时期，商业票据业务依旧是高盛的核心业务（Whitehead，2005，第86页）。在交易方面，西德尼·温伯格建立了高盛的场外交易业务（Ellis，2009，第32页）。1933年，高盛招聘了格斯·利维来加强公司的交易业务。在温伯格的领导下，高盛的确在投资银行业务领域取得了质的飞跃。1956年1月，完全凭借温伯格与小亨利·福特在战时生产委员会建立起的私人关系，经过长达两年的精心准备，温伯格领导了当时历史上最大的公开上市发行，一举将高盛推上了华尔街一流承销行的位置。“高盛自此之后成为一家受人尊敬并且要与之搞好

关系的公司。”（Ellis，2009，第61页）

西德尼·温伯格的接班人格斯·利维竭尽所能地发展高盛各方面的业务。约翰·怀特海德对利维的评价是：“他这个人只有一个念头：我要更多！格斯可以把任何人当作他的客户。”（Ellis，2009，第80页）在这种思想的指导下，高盛的专业亚文化继续得到丰富。利维创造性地开拓了大宗交易市场，进入了债券承销和交易领域，并在合伙人罗伯特·鲁宾的建议下开始了证券衍生品的交易业务。尽管自己的本行是交易员，但利维对投资银行业务也很重视。他的很多交易业务客户也成了高盛的投资银行客户。他还继承了卡钦斯和温伯格的传统，成为大量公司的董事会成员，以图利用董事身份为高盛带来交易和投资银行业务。

由于约翰·温伯格和约翰·怀特海德都不是交易员出身，也都没有交易经验，格斯·利维的意外早逝和两个投资银行家对权力的接管一度使得高盛的交易员们有些惴惴不安（Cohan，2011，第194页）。但交易员们的担心并不必要，在“两个约翰”时期，高盛不仅继续强化了交易业务，也提拔了更多交易和销售背景的人成为公司的合伙人（Endlich，2000，第4页）。1981年11月16日，高盛收购了它从前的客户J. Aron公司。这宗收购虽然在财务和收购后整合的角度并不成功，但彰显了两位投资银行家出身的领导人进一步强化交易业务的决心。最终在合伙人罗伯特·鲁宾和马克·温克尔曼（Mark Winkelman）的领导下，J. Aron成功转型成为一家盈利能力超强的外汇、商品和衍生品交易商，为高盛的盈利能力做出巨大贡献。

在鲁宾和弗里德曼的领导下（1990—1994），高盛的服务和产品更趋多元化。为了赶超所罗门兄弟公司在固定收益业务上的领先地位，高盛从所罗门兄弟公司挖了三位高级交易员，直接聘为合伙人，以求在按揭支持证券和高收益债券方面后来居上（Cohan，2011，第285页）。这在强调内部提拔的高盛是一项非同寻常的做法，反映出两位领导人希望高盛的组织文化更具开放性。罗伯特·鲁宾希望在高盛培养起拥抱风险的文化，从来不严责在交易过程中出现的过失（Endlich，2000，第220页）。一位当时任职高盛的交易员认为那时高盛的交易环境宽松，没有风险限额，也没有在险价值（VaR）这类概念，交易员们被鼓励冒险，并从错误中学习。尽管这种交易环境很棒，但也孕育着潜在风险。1994年，高盛的交易业务蒙受了巨大损失，使得公司经历了不小的震荡。在这一时期，高盛不仅扩大了自营交易，成立了一系列私募股权基金、地产基金，还开始介入并购过桥贷款业务，并迅速把资产管理业务的规模扩大到300亿美元的水平（Cohan，2011，第297页）。

鲁宾作为交易员出身的领导，能够站在公司全局的角度看待投资银行业务的价值。在回忆录中，他提到20世纪70年代当他刚刚成为合伙人时，时任首席财务官海曼·温伯格（Hyman Weinberg）做了一个分部门的损益表，结果发现在那个时期投资银行业务实际上是不赚钱的，还招致了当时分管投行业务的合伙人约翰·怀特海德的反驳。对这一事件，鲁宾在回忆录中的评论是："奇怪得很，海曼和约翰可能都是对的。投资银行是人力密集型的，而银行家的薪酬是很高的，很大的盈利回报的确很难取得。不过以高盛的情况，在业务环境理想的情况下，就长期而言，投行业务也可以很有赚头。即便说在海曼所分析的那个时期投行业务的确是不赚钱的，约翰还可能是对的，因为投行业务可以提升高盛的声望和行业地位，为其他业务线吸引客户，很可能对公司（整体）盈利做出了难以量化的贡献。"（Rubin，Weisberg，2003，第344页）

在考赞时期（1994—1999），高盛的交易业务所蒙受的挫折使高盛的合伙人们普遍意识到弗里德曼和鲁宾时期（1990—1994）形成的不受约束的冒险文化是一把双刃剑：没有风险管理委员会，片面强调对交易员的信任，有一些交易员因为赚了大钱变得没人敢于冒犯（Cohan，2011，第359页）。但与鲁宾一样，考赞认为在交易过程中发生损失是难免的。他对那些展示自己能力的人给予了充分的信任，并能够接受新的思想和新的业务（Endlich，2000，第220页）。尽管1994年蒙受了巨大交易损失，但高盛并没有放弃自营交易业务。这项业务给高盛带来了多元化的现金流，尤其是在传统的承销业务和交易业务不景气时，可以贡献大量利润。考赞回忆说：1994年的大挫败不仅没有影响高盛接受自营交易所隐含的拥抱风险的文化，而且教会了高盛如何更好地管理风险（Endlich，2000，第220页）。

为了使管理风险的文化与拥抱风险的文化同样强劲，考赞和副手保尔森着手强化了高盛的风险管理亚文化。1995年，公司成立了由来自世界各地合伙人组成的跨专业风险委员会，纽约时间每周三上午7:30分，讨论公司所有重大风险项目。每一位想拿公司资本承担风险的交易员都必须在委员会面前解释交易的合理性，无人可以例外。公司第一次有了相对客观的评价风险的标准。风险和回报的平衡将不再在局部的框架内讨论。风险委员会大大强化了风险在定量和定性方面的控制，确保公司每一个部门都采用同样的标准，每个交易员都明了自己的损失极限值，还有各类自主开发的风险计算模型帮助这些人进行判断（Endlich，2000，第225页）。考赞和保尔森的另外一项重要决定是让风控、审计、法律和会计岗位和前台岗位一样受到尊重（Cohan，2011，第359页）。这是一种跨亚文化分权行为，使得负责控制风险的部门在话语权上能够与前台那些靠公司资本日进斗金的交易员们平起平坐。这是很多其他华尔街投资银行从来没能做到的。高盛对风险管理亚文化的加强有效平衡了鲁宾和弗里德曼时期拥抱风险的文化。高盛从鼓励交易员无所顾忌地进行交易并从错误中不断学习的公司转型为规定严格，风险被严密和整体性地监控的交易机器。拥抱风险的交易文化依旧强劲，但风险管理的文化变得更加强大。这种转型也反映出高盛避免非黑即白的辩证思维方式。

高盛的历史上从未出现主要业务亚文化之间的明显冲突，或一类业务亚文化对另一类业务亚文化的压抑。所罗门兄弟公司极富传奇色彩的领导人约翰·哥特福瑞德（John Gutfreund）宣称，华尔街上只有高盛公司在交易业务和银行业务之间取得了最佳平衡（Endlich，2000，第63页）。实际上，高盛在拥抱风险的文化与管理风险的文化之间也取得了最佳平衡。这恰恰是雷曼和贝尔斯登都没有能够做到的。高盛的团队协作、组织至上文化在这方面也起了作用，所有高盛的领导人，不管自己的专业亚文化背景是什么，都能够去理解和拥抱公司所有的业务，并寻求这些业务之间的协调共赢，为公司实现最大利益。

雷曼兄弟公司原本上是一家高度开放多元的公司。1944年，亨利·雷曼从德国巴伐利亚来到美国纽约，然后乘船南下到亚拉巴马州，在那里当起了流动商贩。在两个弟弟伊曼纽尔·雷曼和梅耶·雷曼来到美国后，三兄弟在1850年成立了雷曼兄弟公司。公司最初的主导文化是商品经纪和交易文化。由于所在地蒙哥马利市是美国南方的棉花之都，公司进入了棉花经纪业务。1858年，雷曼兄弟公司在纽约开办办公室，扩大商品交易业务。1870年，公司在纽约棉花交易所的开办中起到关键性作用。1880年，公司参与了咖啡交易所和石油交易所的创立。在伊曼纽尔·雷曼和梅耶·雷曼时期，雷曼还开始了用自有资金直接投资的业务。投资领域涉及银行、矿业、钢铁、棉纺、铁路和公用事业公司。

1890年伊曼纽尔·雷曼的儿子菲利普·雷曼开始执掌雷曼，带领公司建立起投资银行亚文化。菲利普·雷曼与他的好友——高盛的亨利·戈德曼一样，都希望成为与J.P. 摩根比肩的华尔街顶尖投资银行。雷曼不仅进入了兼并收购顾问领域，还开始与高盛合作，开展证券承销业务。除了承销业务之外，雷曼兄弟公司继续以自有资本直接投资于有商业前景和升职潜力的项目和公司，这使公司更接近于承销+顾问+直投的商人银行模式。1922年，公司成立了专门的债券承销部门，意味着债券融资已成为重要的融资服务之一。

1925年开始，菲利普·雷曼的儿子鲍比·雷曼继续深化在公司融资和股票融资方面的专长，雷曼成为一大批美国顶级公司的首选投资银行。公司还继续投资满足美国人基础需求的一大批产业，包括种植、零售、纺织、消费、航空、娱乐，培养出一大批在美国乃至世界上都家喻户晓的品牌。1958年，雷曼兄弟进入了共同基金产业，发行了威廉街1号基金。基金的发行获得极大成功。雷曼兄弟原本希望募集4000万美元，结果获得了2亿美金的认购（Chapman，2010，第165页）。1960年2月，雷曼还在法国巴黎开设了第一家海外办公室。1969年鲍比·雷曼去世时，雷曼正处在如日中天的状态。20世纪70年代和80年代初，活跃在公司的很多并购银行家声名远扬，他们都是该行业中的偶像级人物，其中包括埃里克·格里奇（Eric Gleacher）、斯蒂芬·施瓦茨曼（Stephen Schwartzman）、彼得·所罗门（Peter Solomon）、汤姆·希尔（Tom Hill）、罗伯特·鲁宾（Robert Rubin）、罗杰·奥特曼（Roger Altman）及史蒂夫·拉特纳（Steve Rattner）。这时的雷曼投资银行亚文化达到了辉煌的顶峰。

不幸的是，投资银行亚文化和交易员亚文化之间的恶性碰撞以惨烈的方式破坏了雷曼兄弟公司亚文化的均衡发育。自1850年公司成立直到鲍比·雷曼时期，雷曼兄弟的文化都是以投资银行文化和商人银行文化为主导的。这两种文化的区别只是在于是否动用公司的自有资金参与投资，很少有冲突的地方。在时间取向上，雷曼兄弟的银行家文化是渐进主义式的，强调持久的关系和长期投资带来的成长，对通过交易赚快钱不屑一顾。进入20世纪70年代，高盛在交易领域的成功对鲍比·雷曼而言形成一种诱惑（Chapman，2010，第175页）。鲍比·雷曼羡慕高盛公司的商业票据业务已久，急于在自己的公司复制出这样一个部门。1963年8月，雷曼兄弟公司从A. G. 贝克公司挖来了刘易斯·格鲁克斯曼和他带领的一支交易团队。格鲁克斯曼没有让他失望，很快就在雷曼建起了行业排名第三的商业票据业务（Ehrlich，Rehfeld，1989，第110页）。

格鲁克斯曼的到来为这家百年老店带来风格和形象的重大改变，他吸劣质雪茄，穿不合身的西装，打着花哨的领带，里面是皱巴巴的衬衣，像个三十年代的工会领导人（Ehrlich，Rehfeld，1989，第110页）。以银行家为主导的雷曼合伙人们大都看不惯他，不明白鲍比·雷曼为什么会聘用这样一个人。鲍比·雷曼聘用格鲁克斯曼也并非出于对交易员的任何好感，而是为了和高盛一争高下。合伙人沃伦·海尔曼（Warren Hellman）回忆说：鲍比·雷曼对于交易员非常蔑视。雷曼在很长时期内都没有交易员合伙人。交易和销售部门在雷曼办公楼的第二层，鲍比一年里也难得去一次（Weiner，2005，第248页）。格鲁克斯曼团队到来后，鲍比完全懒得去调和两类文化。他把交易部门安排到了位于雷曼总部几个街区之外的沃特街，以迎合银行家合伙人对交易员眼不见心不烦的心理。隔离是完全彻底的，同为雷曼兄弟公司工作，雷曼的银行家和交易员们的工作环境大相径庭。银行家们坐拥威廉街一号的雷曼总部。这幢建筑原本是法式风格，为了雷曼改装为意大利式的豪华宫殿，富丽堂皇。在这里工作就像进入了一家上流社会的专属俱乐部。这里有豪华的办公室、壁炉、水晶灯、选项丰富的名贵红酒、哈瓦那雪茄。每天早上，身着制服的侍者们会送上由名厨打理的合伙人餐厅自制的咖啡、香茶和精美点心（Ehrlich，Rehfeld，1989，第111页）。相比之下，刘易斯·克鲁克斯曼和他的交易团队在沃特街一个很不上档次的办公楼里办公，这里是嘈杂的开放式交易场所，格鲁克斯曼每天早上六点半就准时来到上班，大都要工作到天黑。他喜欢用一个棕色食品袋装自己的午餐，对银行家们无休无止的午宴、晚宴和名目繁多的社交活动则没什么兴趣。即便如此，交易员们还是为公司赚了大把的钱（Ehrlich，Rehfeld，1989，第112页）。鲍比·雷曼在世时，他的无上权威完全能够避免银行家与交易员之间的冲突。而在他去世后，雷曼兄弟公司行将爆发一场致命的文化内战。

鲍比·雷曼1969年去世后，经历了4年混乱的过渡期，曾任尼克松内阁商务部长的彼得·彼得森开始执掌雷曼。彼得森一度试图弥合银行家和交易员之间的文化缝隙。1980年，他把整个公司搬到沃尔特街55号，让银行家与交易员同住一楼，但此举并未能有效拉近两派人马的关系。彼得·彼得森装腔作势、深沉、干练和权威化的个人风格很自然地被银行家们视为自己人而被交易员们所讨厌（Tibman，2009，第22页），在交易员们的眼中，彼得森更像是银行家的代言人而非银行家和交易员分歧的弥合者。彼得森进一步拓展了雷曼的兼并收购业务，并着力发展商人银行和PE业务。他个人一直对持有客户公司股权并帮助它们发展壮大抱有兴趣。他很欣赏雷曼兄弟历史上的商人银行业务，通过以自有资金直接投资标的公司获取长线但高额回报。他认为基于同样的道理，雷曼兄弟应该进入风险投资、杠杆收购和房地产领域，获取更多风险收益（Aulette，1986，第146页）。此外，雷曼的基金管理业务也有长足进步。

交易员们的精神领袖刘易斯·格鲁克斯曼是来自东欧的犹太人后裔，他认为德裔犹太人与清教徒绅士们同样势利，致力于把来自东欧的犹太人后裔排挤在华尔街精英圈层之外，在这些人统治下的雷曼，交易员们难以有出头之日。随着交易员产生的收入和利润占据雷曼总体收入和利润的比例越来越高，交易员和银行家的矛盾更加激化了。交易员们开始转守为攻，他们抱怨银行家们抢走了大部分功劳、合伙人位置及分红，而交易员们则是牺牲品。银行家合伙人和交易员合伙人彼此间的不信任再次起了坏作用。银行家们怀疑格鲁克斯曼的副手理查德·福尔德在交易时会赌上更多的公司资本，一旦赢了，就可以巩固格鲁克斯曼的权力。而交易员们怀疑更多的银行家合伙人会弃船而去（Aulette，1986，第160页）。

格鲁克斯曼借助交易业务的强势赶走了彼得森，加之他后来对银行家合伙人的“清算”，给雷曼兄弟带来了巨大的损害。在短短的数月之内，算上彼得·彼得森，6位银行家合伙人离开了公司，其中包括埃里克·格里彻（Eric Gleacher）。格里彻是雷曼的顶尖并购业务高手，在整个华尔街上都倍受认可。他于1985年1月成为摩根士丹利兼并收购部主管。这些人的出走合计带走了3000多万美元的资本和大量大型公司客户，同时也给留下的团队带来巨大的心理影响。雷曼的投资银行亚文化遭到根本性的削弱。更不幸的是，此时恰逢雷曼兄弟的交易业务行将进入另一个低潮期。交易业务受宏观因素的影响较大，历来是波动性比较大的业务。格鲁克斯曼在交易业务蒸蒸日上的时候不把银行家放在眼里，而当交易业务经受波动时，雷曼兄弟的业务也就少了投行业务可以带来的缓冲。在这样的危局之中，美国运通旗下的希尔森公司乘虚而入，低价收购了雷曼兄弟公司。

雷曼与希尔森合并后完全无法实现文化上的融合。希尔森是一家拥有8000名销售人员的大型经纪公司，完全依靠提取佣金赚钱。它既不在意也不了解投资银行和交易业务（Ward，2010，第48页）。在雷曼置身于美国希尔森羽翼下的岁月里，理查德·福尔德、克里斯·佩蒂特和公司的其他高管们一方面全力争取自己的部门利益，另一方面全力以赴地捍卫雷曼的品牌，以便有朝一日或许能够独立出来（Ward，2010，第57页）。他们的手下接听电话时会说"这是雷曼"，只字不提冠名在前的"希尔森"（Ward，2010，第49页）。随着更多的高级银行家在并购发生之始或结束不久都纷纷离开了雷曼，雷曼投资银行业务的实力被大大削弱。大量资深银行家的出走意味着高盛拥有顶级客户，而雷曼则只剩下二流的中间客户了（Ward，2010，第58页）。公司的业务范围变得越来越窄，1987年股市崩盘后，公司结束了股票交易业务；雷曼逐渐变成了一个单纯的"债券行"。

1994年雷曼重新独立后，福尔德面临的挑战是如何适应新的角色变化。"他非常务实"，时任首席行政官约翰·塞西尔评价说："他真可谓是活到老学到老的一个人，在这一点上他比我认识的任何人都厉害。多数人在事业上功成名就之后，通常不思进取，然而迪克（福尔德）非同一般，他在临近晚年时经历了一场蜕变，从单纯打理交易业务到全面管理一家上市公司，屈指五年，实现了翻天覆地的巨变。此外，他从一个浑身沾染着交易场所各种由来已久的恶劣习性的交易员蜕变成了一位企业领袖，竭力做正确的事情，竭力保持企业的团结，认可企业所有不同部门的价值，倡导优秀文化的重要性。"（Ward，2010，第74页）。

福尔德开始花费越来越多的时间去亲近客户，不仅交易业务的客户，还包括投资银行的客户（Ward，2010，第74页）。1996年初，与固定收益业务相比，雷曼兄弟的股权业务和投资银行业务表现依旧不佳，福尔德想聘请著名并购银行家乔·佩雷拉（Joeseph Perella）掌管投资银行业务，但他周围的高管团队都是雷曼商业票据公司的交易员出身，包容力不足。时任雷曼二把手的佩蒂特向其他高管放话："看着吧，佩雷拉绝对是上午10点钟才来上班，下午3点钟就走人。"（Ward，2010，第89页）这番话反映出一个交易员对投资银行家工作习惯的极度无知。佩雷拉最终加入了摩根士丹利。2005年，佩雷拉再次敲响了雷曼兄弟的大门。此时他已经离开摩根士丹利，开办了自己的精品投资银行。福尔德想和佩雷拉签订一项独家服务协议，这样佩雷拉作为外部人，可以坦率地为福尔德提供他的下属所不敢提供的意见和观点。但这个计划到了他的副手格雷戈里那里就中断了（Ward，2010，第160页）。

福尔德希望打造一个具有多元业务收入的雷曼。雷曼仿效高盛开展了直接投资业务，仿效前雷曼高管彼得森和施瓦茨曼创办的黑石大举投资商业房地产。福尔德和格雷戈里都想利用公司的资产负债表来进行利润丰厚的资产交易。出于赶超高盛的雄心壮志，2003年7月22日，雷曼以26.25亿美元的价格收购了资产管理公司纽伯格伯曼（Newberger Berman）。完成这笔收购后，雷曼旗下管理的资产金额高达1160亿美元。这个数字虽然与摩根士丹利和美林还有很大差距，但已大幅超越了贝尔斯登资产管理业务的规模。福尔德的多元化策略在投资银行业务上也结出了硕果，2003年，雷曼经手了990亿美元的兼并收购项目，将市场份额从6.2%提升到19%，超越美林、瑞士信贷第一波士顿排名华尔街第四名。这一年，雷曼在证券承销业务的排名高居行业第二名。尽管如此，在2005年7月接受《欧洲货币》采访时，福尔德无奈承认雷曼在收入上依旧高度依赖固定收益业务。固定收益业务占雷曼总收入的60%，而贝尔斯登和美林的数字分别为50%和25%。

在大力扩张多元化业务的同时，雷曼还加强了风险管理文化的建设。1996年，福尔德招聘了米斯克维奇（Maureen Miskovic）出任雷曼的首席风险官。从一开始，米斯克维奇就淡化对单个交易风险的管控，而是更加关注与所有头寸组合在一起的整个公司层面的风险。在雷曼兄弟公司1999年的年报中，米斯克维奇总结了公司的风险管理理念：“在雷曼兄弟公司，我们相信风险管理与危机管理是截然不同的。我们有明确的过程和步骤支持风险管理部门作为公司监护人的角色。我们定义的监护人角色包括识别、计量、监控以及汇报风险。为了支持这一角色，公司已经在技术和人力上做出了非常大的投入，并且将继续投入。然而，风险管理只有在成为管理工作的一个重要部分时才能获得成功，这正是雷曼兄弟公司所作的事情。”（Williams，2010，第110页）但从2008年前后发生在雷曼兄弟的种种忽视风险管理的事件来看，雷曼风险管理亚文化并未获得足够的发育。

进入21世纪，福尔德的副手约瑟夫·格雷戈里（Jsoseph Gregory）开始热衷于为雷曼打造一种强调多样性和包容性的文化，但他对多样性和包容性的理解是肤浅的。2002年以来的内部备忘录显示执行委员会的成员中没有女性或少数族裔。格雷戈里行动起来，亲自负责管理公司的一个包括男同性恋、女同性恋、双性恋和变性者的网络组织。另外还有亚洲联盟、女性领导雷曼组织及其他一些组织。格雷戈里聘请了30名管理人员，负责此类包容性和多样性方案的推进（Ward，2010，第148页）。而在另一方面，身为二把手的乔·格雷戈里抱怨投行部员工的工作时间过长（Ward，2010，第158页），这反映了他对文化多样性和包容性的无知。相对交易部门，长时间的工作恰恰是投资银行亚文化的重要组成部分之一，因为这项业务需要为客户提供优质的顾问意见，而这是极为耗时的。另一个极具讽刺性的观察点是，多样性部门负责人的年薪高达200万美元，整个部门的预算和人员竟然比风险管理部门还高（McDonald，2009，第214页），而雷曼的风险管理亚文化却遭到长期压抑。

在赛·刘易斯加入贝尔斯登之前，贝尔斯登的主流文化是零售经纪人文化。零售经纪人作为中间人，为客户执行交易，很少以自有资本冒险。早年的贝尔斯登最大的业务之一就是打理三位创始合伙人在公司里投入的50万美元资本金。

刘易斯把贝尔斯登打造成高效率的证券交易商，也使得交易员文化在贝尔斯登大行其道。但作为贝尔斯登的领导人，刘易斯从未能够超越他自身的亚文化背景，他对非交易业务的漠视限制了贝尔斯登多元亚文化的发育，他的强势和自我中心主义更加剧了问题的严重性。在他领导的大部分时间内，贝尔斯登都仅仅是个以交易业务为主，经纪业务为辅的投行，文化相对内向。直到20世纪60年代中叶，除了纽约总部，贝尔斯登都没有什么业务网络可言，只在芝加哥有个小小的分支，还是在很早以前无心插柳的结果：当时恰好有一家位于芝加哥的证券经纪公司破产了，而贝尔斯登恰好是这家公司的清算服务商。贝尔斯登顺手收购了这家公司，作为其纽约业务的补充并为在芝加哥商品交易所的交易员提供支持。直到60年代中叶当格林伯格获得了更多的权力后，才开始对贝尔斯登的业务加以有限扩张。

在来自销售和交易部门持续垄断公司最高权力的情况下，贝尔斯登的银行家文化始终没能获得充分的发育。最典型的例子是三位创建了KKR（Kohlberg Roberts Kravis）的银行家的出走。

KKR现在已成为全球金融界人尽皆知的杠杆收购巨擘，曾经令很多公司闻风丧胆的“门口的野蛮人”。但KKR的诞生其实是贝尔斯登“亚文化压抑”的结果，三个创始人原本都是打算在贝尔斯登实现自己的雄心壮志的。

杰若米·科尔伯格（Jerome Kohlberg）毕业于哥伦比亚大学法学院，于1955年加入了贝尔斯登实力脆弱的投资银行部门。尽管那时的贝尔斯登只能和一些中小型客户打交道，帮它们发行股票和债券和安排兼并收购事宜，但科尔伯格还是能够给公司带来一些互补性的文化要素。和交易业务不同，投资银行业务基于更多的知识和社会资本。如果说交易员需要在混乱无序的竞争环境承受压力，做出明智和快速反应，投资银行家更需要绅士风范和通过建立长期关系赢得客户的信任。为了争取到更多的客户，投资银行家也比交易员更趋于外向。

科尔伯格曾是公司投资银行部的联席主管，在所有合伙人中位居第六。他与共同主管投资银行业务的西格·瓦尔萨格（Sig Wahrsager）的关系紧张。后者是刘易斯的亲信，更专注于传统的投资银行业务如证券承销，希望这些服务能带来更加有利可图的兼并收购业务。投资银行部的大部分人都愿意跟着瓦尔萨格干，因为科尔伯格的杠杆收购业务在那时还算是相对新兴的业务。

尽管具备优秀投资银行家的所有素质，但科尔伯格在交易员文化主导下的贝尔斯登一直显得格格不入。他拥有良好的教育，显得有些清高和自负。他的理智与刘易斯交易员式的冲动暴躁及球员更衣室中常见的戏谑风格难以调和。此外，他从事投资银行业务的方法对于刘易斯而言过于新颖且难以理解。作为一个交易员，刘易斯成天坐在自己的楼里就可以为公司赚大钱，而科尔伯格和他的团队则要东奔西跑寻找和服务客户，刘易斯不理解为什么这些人不留在办公室为公司多赚些钱（Greenberg，Singer，2010，第57—59页）。

在这家以交易为主业的公司，大多数合伙人觉得科尔伯格的杠杆收购业务复杂、耗时、缺乏确定性，远不如交易利润来得短、平、快。刘易斯和格林伯格都是交易员出身，对于他们而言隔夜交易已经够长线了。他们的态度是：只要还能挣钱，就让科尔伯格的小团队自生自灭（Weiner，2005，第206页）。科尔伯格不仅要承受来自交易员合伙人的冷嘲热讽，而且要时时受到公司政治的困扰。他曾向贝尔斯登高层提出单独设立杠杆收购业务部门，但显然未获公司高层的支持（Geisst，2004，第186页），最终他选择了离开公司自立门户。

1976年，科尔伯格和他的两位主要助手亨利·克拉维斯（Henry Kravis）和乔治·罗伯茨（George Roberts）离开了公司。对于科尔伯格的出走，刘易斯并未尽力挽留，反而再度表现出一贯的傲慢和对非交易业务的不屑。克拉维斯回忆说，他们三人曾经和贝尔斯登讨论在公司框架内开展新的业务，但未获积极回应（Weiner，2005，第208页）。KKR于1976年5月1日正式开业，在后面的11年中，KKR在逐渐形成的杠杆收购热潮中呼风唤雨，成为华尔街投资银行的大客户，但却始终不愿和贝尔斯登有任何业务往来。根据科尔伯格的回忆，1978年，KKR对一家纽交所的上市公司展开杠杆收购。对方的财务顾问正是高盛公司。“他们反应很快，看到这里有钱赚，我就知道他们会开始考虑介入这项业务，不久后他们就成立了专业的部门。”（Weiner，2005，第 210页）

除了投资银行亚文化发育欠佳外，贝尔斯登的风险管理亚文化也有很大缺陷。在赛·刘易斯时期（1949—1978），刘易斯对风险管理毫不重视，也顽固拒绝对风险的委员会制的集体管理。直到他快退休时，才对副手格林伯格做出了一些让步，允许他卖出那些亏损的股票，而刘易斯的习惯则是一旦亏损，就选择鸵鸟政策，把股票埋在公司的资产负债表内。在格林伯格时期（1978—1993），贝尔斯登的风险管理围绕着格林伯格个人的理念进行。每周星期一下午，格林伯格会主持召开风险管理委员会例会，交易员们会被仔细拷问，比如他们的头寸有多大，为什么至今仍把这些留在公司的账目上。格林伯格收到的报表上会显示公司90天未售出的库存证券，这是格林伯格本人所坚决不允许的。格林伯格还鼓励员工越级向他举报任何风险隐患，且支持公司的风险管理部门对交易员进行监控和突审。但格林伯格却忽视了对公司风险管理体系进行系统化和专业化的建设。到了吉米·凯恩时期（1993—2007），固定收益部门由于是公司利润的主要来源，成为最为强势的部门。在公司五人执行委员会中，只有分管固定收益部的沃伦·斯佩克特对于固定收益类的奇异产品是行家里手，会计出身的首席财务官萨姆·莫利纳罗（Salim Molinaro）、销售员出身的凯恩和投资银行家出身的施瓦茨都对固定收益业务了解甚少。格林伯格已近80，但早已跟不上层出不穷的创新产品和服务，把大部分精力都花在为自己和自己的老客户投资之上，尽管如此，他仍然占据了几个重要位置，包括董事会、执行委员会和风险管理委员会中的位置。公司的首席风险官博比·斯坦伯格（Robert Steinberg）甚至难以从斯佩克特那里得到有关业务现状的任何消息（Cohan，2009，第291页）。

格林伯格和凯恩都强烈抗拒与同行的联合，也极不情愿进行收购。2000年美国金融业出现了并购潮，花旗、JP·摩根、瑞士信贷第一波士顿等投行都卷入并购活动。2000年3月，时任第一银行（Bank One）首席执行官的杰米·戴蒙曾经和凯恩讨论过收购贝尔斯登的事宜，但没有结果（Cohan，2009，第273页）。同年，摩根士丹利总裁约翰·麦克（John Mack）把摩根士丹利负责金融机构业务的银行家加里·帕尔（Gary Parr）介绍给凯恩，向他介绍了可能对贝尔斯登有收购意愿的三个卖家，包括德国的德累斯顿银行、美国国际集团（AIG）和巴菲特，但都没能得到凯恩的积极回应（Cohan，2009，第263页）。2001年，联席总裁斯佩克特将收购资产管理公司纽伯格伯曼的机会带入凯恩的视野，这是一家上市公司，管理着560亿美元的资产，且仅用10亿美元就可能买下。凯恩拒绝了这个可以大幅提升贝尔斯登资产管理能力的良机，而2003年7月，雷曼兄弟公司却耗资26亿美元买下了这家公司。凯恩在战略性收购方面显得比较业余。他后来说，“收购不是我们的强项，他们有47个经纪人，仅此而已，雷曼竟花了近30亿美元买47个经纪人。谁会昏了头去做这个？我可不会为47个经纪人花一分钱。”（Cohan，2009，第277页）

贝尔斯登有一种与世隔绝的合伙人文化，通过内部竞争为自己提供动力（Kelly，2009，第27页）。这种我行我素的文化在1998年对长期资本管理公司（LTCM）的救助过程中表现得最为充分。由于LTCM发生问题，华尔街上所有投资银行都考虑出手相助，以避免引发系统性危机，伤及所有机构。9月22日，16家银行的代表齐聚纽约联邦储备银行讨论该救助方案。最终，贝尔斯登成为这些银行中唯一拒绝参加救助的银行。另一个“异类”是雷曼兄弟公司，该公司仅愿意出1亿美元，而非其他银行都同意的2.5亿美元。贝尔斯登此举在华尔街同行间引发愤怒，“华尔街孤狼”的坏名声从此一直伴随着这家机构。

贝尔斯登缺乏开放多元的文化使其在投资银行、资产管理、海外业务的发展都大大落后于其他竞争对手。进入到新的千年（2000年），贝尔斯登的投资银行业务依旧薄弱，尽管联席总裁施瓦茨让贝尔斯登在涉及媒体和医疗保健行业的投资银行业务上获得了一些声誉，但贝尔斯登在投资银行业务上只能算是二、三流的。贝尔斯登和高盛的资产管理业务都从1984年起步，但到了2003年，高盛的资产管理已达到4000亿美元的规模，而贝尔斯登还不到200亿美元的规模。2007年，贝尔斯登资产管理公司仅管理了600亿美元的资产，而雷曼兄弟公司则管理了2630亿美元的资产（Kelly，2009，第89页）。由于过度依赖固定收益业务，特别是按揭相关业务，它在2008年金融危机中终遭灭顶之灾。

变革创新

高盛是一家非常能够适应环境变化的公司，并愿意为此而进行自我革新。高盛的创始人马库斯·戈德曼移民美国本身就体现了他灵敏的嗅觉：他意识到德国的社会氛围正在改变，年轻的犹太人在这里是没有前途的。刚到美国的时候，马库斯先到了费城，最初以向家庭主妇兜售小商品为生，逐步开起了裁缝店。但随着美国内战接近尾声，费城开始失去经济中心的地位，纽约则崛起成为制造、投资和交易中心。1869年，马库斯出售了自己在生意中的所有权益，迁到纽约并开始涉足金融。他的后人评论说：“此举再一次显示了他那种不断重塑自我的惊人能力，以及适应新环境的天赋，这些特征就是他不断取得成功的秘诀。”（Fisher，2010，第23页）

在家族时期，马库斯的儿子亨利·戈德曼是高盛创新的主要驱动力量。1907年加入高盛的西德尼·温伯格认为亨利是个有创造力的天才，革命性地促成了高盛向投资银行的转型（Endlich，2000，第37页）。高盛初涉股票承销的第一笔业务是联合雪茄公司（United Cigar Company）的上市。不同于摩根财团所钟爱的钢铁和铁路公司，联合雪茄公司以零售和制造为主，并没有很多有形资产，如何为这类公司估值和定价缺乏市场先例。面对挑战，亨利的创新性思维起了决定性作用。在他看来，零售业公司发行的股票定价应基于其盈利能力，也就是清空库存的速率和产生现金的能力，而不是像传统的钢铁产业和铁路产业那样，以有形资产为定价基础。这是对企业进行估值和定价的一种全新方式，对于那些具备充足商誉但没有太多实体资产的初创公司尤其适用，也是把这些公司推销给外行投资者的唯一工具。亨利所使用的方法就是日后广为人知的市盈率估值法，计算方式是以收盘后每股价格除以每股盈利（Fisher，2010，第57页）。基于这种方法，亨利在公司上市过程中通过发行优先股以反映公司固定资产价值，同时发行普通股以反映公司与盈利能力相关的价值（Ellis，2009，第11页）。这种做法最终获得了市场的普遍认可。在这一时期，高盛另外一项创新性做法是招揽了弗勒德上校（Colonel Ned Arden Flood）作为专门开发新业务的掮客（Ellis，2009，第14页）。在那时，华尔街公司大都喜欢有尊严地“守株待兔”，等客户找上门。

高盛在投资银行领域的一项重要创新来自约翰·怀特海德。1956年，怀特海德成为高盛的合伙人，这时西德尼·温伯格已经70岁，掌握着高盛几乎所有的重要投资银行客户。怀特海德担心高盛过度依赖温伯格的私人客户关系，计划建立一个由10个人或以上的银行家组成的新业务团队，出去主动招揽客户，以扩大高盛的客户基础。这种做法在当时是很没面子的。温伯格这样的投行大佬会坐在办公室里等生意上门，而业内的其他大佬如拉扎德银行（Lazard）的安德烈·梅耶（Andre Meyer）和菲利克斯·罗哈廷（Felix Rohatyn）、雷曼兄弟公司的鲍比·雷曼也都是这么做的。但怀特海德还是把这个想法制作成为一本“蓝皮书”，与其他15位合伙人分享，并征询温伯格的意见。他没有得到热烈的反应，但也没有被反对。于是，这项被认为是“颠覆了整个投资银行的思维模式”的改革在一位初级合伙人的领导下在高盛落地了。怀特海德借鉴宝洁公司把销售和制造部门分开的模式，让一批银行家专职开拓客户关系，而另一批银行家则专门提供产品服务。这是一项极具侵略性的新业务策略尝试，此前在华尔街从未出现过。

这项直接削弱对最高领导人的业务依赖，甚至削弱其权力基础的改革能够落地，为高盛的投资银行业务注入了巨大的竞争优势。没有温伯格的默许和宽容，怀特海德改变了高盛的想法就可能胎死腹中。下列数据证实了怀特海德的忧虑：在1957年建立新业务团队时，尽管西德尼·温伯格声名显赫，但靠一己之力仅能撑起个人的江湖地位，而难以使高盛成为业界翘楚。高盛在1950年和1955年的承销排名甚至连前20名都进不去，而怀特海德的新业务团队建立后，高盛的投资银行排名稳步上升，到了70年代中期已成功进入了前5名的行列。

表4-8　华尔街投资银行承销量排名：1950—1980（数量单位：百万美元）

	1950		1960		1970		1980	
	排名	数量	排名	数量	排名	数量	排名	数量
美林	4	339	5	609	2	6398	1	21298
所罗门兄弟	11	145	18	144	4	4589	2	17213
第一波士顿	3	556	1	1340	1	7023	3	12701
摩根士丹利	2	645	3	970	5	4094	4	11668
高盛	——	——	16	180	8	2905	5	11058
雷曼兄弟	7	233	4	610	3	5101	6	10246
拉扎德	——	——	19	143	14	1327	11	4659
贝尔斯登	——	——	17	159	——	——	18	2413

来源：Investment Dealer’s Digest，引自Hayes，Ⅲ，et. al.，（1983，第118—119页）

相比怀特海德和约翰·温伯格，鲁宾和弗里德曼更加强调盈利导向、高速增长、战略活力和走在行业最前沿。按弗里德曼的话说：“如果你不能时时进行建设性的战略改变，你就会成为一个注定要退化的组织的管家，竞争对手会超越你，客户也会发现你越来越无关紧要。如果这是你的方式，为什么你要来当领导。”（Endlich，2000，第122页）弗里德曼和鲁宾都愿意去承担更多风险。在他们看来，过度保守和安于现状才是最大的风险。他们对创新更加重视。“如果你思考作为先行者的优势，看看那些在行业中创新了产品的人们，你会发现好处是非常大的。创造力的回报是非常可观的。”（Endlich，2000，第126页）鲁宾在他的回忆录中也引述了哈佛商学院教授迈克尔·波特

（Michael Porter）的观点：伟大的企业往往因成功而自满从而拒绝变化，世界会弃它们而去（Rubin，Weisberg，2003，第89页）。

考赞时期（1994—1999），高盛一方面继续拥抱风险，另一方面开始在风险管理方面改革创新。在技术层面，1985年加入高盛的合伙人、前麻省理工学院教授罗伯特·利特曼（Robert Litterman）开发了一套“在险价值”（value-at-risk）模型，可以对高盛在任何一天可能产生的交易损失加以计量。1994年，从麻省理工学院和哥伦比亚大学毕业的艾梵尼仙斯（Armen Avanessians）成为合伙人，他和另一位同事一起开发了一套内部电脑系统，使得高盛的交易员们不论在全球哪个办公室，都能够从整体的角度衡量风险和收益。这个系统给高盛带来了不可估量的优势（Cohan，2011，第372页）。合伙人马克·施瓦茨对1994年底成为合伙人的58位业务骨干的人士讲话时，总结了高盛在追求多元性、创新、冒险和求真务实等方面的文化精髓和不足。在追求多元性方面，他指出：“要雇佣强于自己的人，不要仅仅挑选和自己相像的人。我们已经在这方面错了这么多年，由于过于保守，我们回避了招聘可能带来的丰富的多样性。年复一年我们都是去同一所学校选用同一类人。”就创新问题，施瓦茨强调要具有判断“什么时候该创新”“什么时候该照搬”的能力：“有时候做个真正的创新者是非常棒的，但是更经常发生的是‘我们只要做到照搬别人点子就好了’的情况。我们在吸取别人经验，减少研究费用，占领大部分市场上一直做得都起步较晚，但是我们看别人犯了错就能抓住机会迅速赶上来。”施瓦茨还敦促新合伙人们“要直言，独立，不要太顾惜面子。挑战固有思维与行动模式，不过要准备好面对大量的反对声音。人们喜欢现状，更喜欢渐变”。（Cohan，2011，第364页）施瓦茨的观点也反映出考赞的想法。考赞曾说：“我在骨子里是一个扩张主义者，于我的胃口来说，我认为我们的扩张步伐太慢了，过去是这样，也许还会是这样，因为我认为世界改变的步伐快于我们愿意接受的水平。高盛的最大风险在于：由于我们的组织结构和我们雇佣人的类型，我们的文化变动太慢了。我们是天生的保守者。”（Endlich，2000，第239页）

到了保尔森时期（1999—2006），高盛已经成为全球首屈一指的投资银行。但保尔森依旧强调在维护为高盛带来成功的核心价值观的同时做到与时俱进。他指出：“当开始新的世纪时，我们知道，成功与否将取决于如何应对变化以及如何管理好公司的高速增长。一切都将变化——除了我们身体力行和信守的价值观：团队精神、客户利益至上、诚信、企业家精神和卓越。这些价值使公司走上可持续发展的道路并使我们在20世纪脱颖而出。这些原则的存在是不容置疑的，但其他许多方面是需要与时俱进的。要是没有敏捷、高度专注和以技术为中心这些理念，我们将无法开展21世纪的业务，更不能保住世界上首屈一指的投资银行和证券公司的地位。”（Cohan，2011，第420—421页）

家族时期的雷曼兄弟公司充满着变革创新的精神。1870年，雷曼兄弟公司在纽约棉花交易所的设立过程中起到领导作用。这是世界上第一家商品期货交易所。

菲利普·雷曼对于美国工业和技术的最新发展趋势非常敏感，敏锐地意识到美国经济的主旋律正从资源的发现和大型制造向消费和分销转移，对百货公司、连锁店和邮购公司的投资正当其时，而以重工业和铁路为主的美国股市尚未反映出这一最新发展趋势（Lehman Brothers，1950，第28页）。雷曼兄弟公司在电动汽车、轮胎、烟草、银行、城市公用事业、印刷、船运等领域进行了广泛的投资，在菲利普的推动下，雷曼伙同高盛一同进入了证券承销领域，自1906年开始的20多年间，雷曼兄弟公司与高盛成立的承销合资公司共进行了100

多次新股发行。上市融资的很多公司都涉及当时的新兴产业，包括分销和消费品制造行业。雷曼公司的一位传记作者评价说："菲利普·雷曼和亨利·雷曼的首创精神开始把美国从生产型经济转向消费型经济。他们的共同努力对美国人的消费方式产生了深远影响，最终全球范围内的许多人都开始效仿。不论好坏，菲利普·雷曼和亨利·戈德曼都是我们现代消费社会的主要缔造者之一。"

在鲍比·雷曼时期（1925—1969），雷曼富有创新和开拓精神。公司继续活跃在几乎所有美国的工业领域，在娱乐、汽车、自然资源、能源、纺织、消费品制造、银行、烟草、航空等众多行业大放异彩。公司在当时新兴行业中的领导作用尤为突出，1950年美国20家最大的零售企业中，超过一半都是雷曼的客户。雷曼还培育了美国最大的几家百货公司（Lehman Brothers，1950，第46页）。

在20世纪30年代，雷曼兄弟开创了"私人配售"业务（Tibman，2009，第15页）。1929年的大股灾和紧随而来的大萧条令人们对资本市场心存戒惧。雷曼兄弟开始绕开公开市场，把发行股票的客户与拥有大量资金的保险公司和退休基金直接拉到一起，撮合交易。这在当时是一项革命性的创新（Lehman Brothers，1950，第52页）。鲍比在1956年1月20日为争取承销美洲银行股票发出的信函中，强调雷曼兄弟是华尔街上和保险公司及养老基金关系最好的投资银行（Chapman，2010，第165页）。开创这项业务的赫尔曼·卡恩（Herman Kahn）刚加入公司时只是一名信差，逐步成为一名银行家，并于1950年成为合伙人。

另一项影响深远的创新是成立了"产业部"（Industrial Department）。在这里工作的合伙人专注于一到两个产业，成为该领域的专家。雷曼兄弟可以据此为客户提出更加内行的意见（Lehman

Brothers，1950，第41页）。这种做法直到现在仍旧被国际投资银行所普遍采用。这些投行中主要的产业部门包括金融部门（FIG）、电信、媒体和互联网部门（TMT）以及覆盖电力、制造、消费、能源等产业的通用产业部门（GIG）。在这些部门工作的银行家被称为"行业专家"。

在当时的雷曼兄弟，和行业部门相得益彰的创新是"经济服务组"，这个组的任务是对美国经济展开持续和系统化的研究和数据收集，为雷曼兄弟成为有思考力和判断力的投资银行奠定了基础。这种做法在今天依旧流行。所有大型投行都有专业的经济研究部门；一批知名的"首席经济学家"们的声音被市场认真倾听，他们也经常是希望听到真知灼见的政府高官的座上宾。

在鲍比·雷曼1969年去世后，雷曼的交易员群体和投资银行家群体争斗不休，最终导致了雷曼兄弟公司在1984年被收购，直到1994年才重新获得独立。从1969年到1994年可以被称为雷曼失去的25年，也是变革创新停滞的25年。在新雷曼诞生后，公司在很多领域从创新者变为追赶者。

刘易斯1933年加入前，贝尔斯登不过是一个靠收取佣金勉强维持的小公司。生存战略基于可以忽略不计的风险容忍度，对动用80万美元的自有资本更是极为谨慎。出身贫寒的刘易斯认为：要想赚大钱，就要以钱生钱，更准确地说是用别人的钱生钱。

刘易斯说服公司的创始人和管理者提高风险容忍度。贝尔斯登介入了更多的事件驱动型交易，而其中很多是基于并购事件的风险套利交易。刘易斯开创和主导的风险套利交易业务在很长一段时间内都是公司利润的主要来源。第二次世界大战后，如何用公司的自有资本赚钱成了刘易斯思考的重中之重，他的勇气和创造性继续得以显现。最值得一提的是在1952年他和他的好友，高盛的格斯·利维开创了基于二级市场的大宗交易业务（Kelly，2009，第27页）。

刘易斯的努力使贝尔斯登在华尔街上逐步成为颇有名气的交易商。据格林伯格回忆：在20世纪60年代和70年代，贝尔斯登在债券市场上另辟蹊径，避开那些交易机会贫乏的AAA级债券，积极交易那些评级较低（但非垃圾债券）而且在市场上被低估的公司债券，既赚了钱，也能有效控制了风险（Greenberg，Singer，2010，第80页）。格林伯格说，从1923年到1978年，是刘易斯让贝尔斯登成为华尔街上一支令人关注的力量。“华尔街上的人都这么看：没有他，贝尔斯登可能已经像夜间的流浪者那样消失了。”（Greenberg，1996，第10页）

1978年成为贝尔斯登领导人的格林伯格生性保守，但贝尔斯登依旧在华尔街上最先开展了服务于对冲基金的主经纪商（prime brokerage）业务。格林伯格还扩大了清算业务和零售经纪业务。但格林伯格对学习新的知识则比较排斥。在1993年9月24日的备忘录中，他提到当时开始流行的若干管理新概念，包括“全面质量管理”“持续改进”“业务流程再造”等。他声称找了相关专家组成了委员会进行了研究，发现在贝尔斯登业已消亡的竞争对手中，35%采用过全面质量管理，25%采用过持续改进，20%采用过业务流程再造。委员会的建议是贝尔斯登忽视这些新鲜东西，而坚守“常识”。格林伯格说：“如果你们不同意，你们来错了地方。”（Greenberg，1996，第133页）1993年12月15日，格林伯格在备忘录中再次说明他对一些新的管理概念的看法，包括“再造”“全面质量管理”和“经济附加值”：“由于事情变化太快，我们决定推迟对这些新技巧的研究，往后站站，静观其变。也许那些商学院的大师们会得出结论：只有常识才是最好的商业管理工具。到那时我们再看看节省了多少时间。”格林伯格再次总结了他的“常识”：①关注费用；②为客户服务；③脚踏实地，保持头脑清醒（Greenberg，1996，第136页）。1994年10月25日，格林伯格在备忘录中对另一个新概念——价值迁徙——冷嘲热讽一番："我刚刚收到一本关于价值迁徙及如何从中获利的小册子。看第一眼时我以为这篇文章是关于鸟类观察的，但我知道没有叫价值的鸟，我的好奇心油然而生。我不想深入解析那些观点有多蠢，但我想让你们知道这个管理新技巧，这样当有人在你面前卖弄时你可以点头说你当然听到过这个最新的创意。"（Greenberg，1996，第146页）3天后，格林伯格发出了另外一个备忘录："我在94年10月25日发出关于价值迁徙的备忘录的时机近乎完美！我刚收到波士顿企业决策公司的邀请，参加将于11月29日举办的高级管理人员论坛。论坛的主题是：价值迁徙，在90年代成功的战略框架。如果公司里有哪些高级董事总经理想去参加，请让我知道。我不会批准他们去，但很想和他们讨论一下他们为什么想参加，他们的管理哲学是什么，以及为什么他们还在贝尔斯登工作。"（Greenberg，1996，第147页）在同一篇备忘录中，他感叹为什么从来没听到关于如何在证券业运用常识的研讨会，如果有的话，"我们不会错过"。

到了凯恩时期（1993—2007），贝尔斯登比格林伯格时代开放了许多，不再排斥新的管理理念和外部管理顾问。但公司总体上依旧保守。值得一提的创新是召集行业研究会议。1987年股市崩盘不久，负责投资银行业务的阿兰·施瓦茨组织了第一届媒体行业会议，该会议后来又举办了20年，把大中型媒体集团的首席执行官召集起来，就行业现状展开对话。这种做法领先于华尔街主办投资者行业研究会议的大趋势，让贝尔斯登所有客户、银行家和投资者从中受益。贝尔斯登也借此在这个特定行业中获得了大量投行业务委托。

组织文化观察之四：进取维度

我们选取使命与愿景、追求卓越、顶级人才和勤奋进取维度比较三家投资银行的进取文化。在三家投资银行中，高盛在不同历史时期都会提出组织共享愿景，也有强烈的使命感；雷曼的愿景和使命宣言姗姗来迟，贝尔斯登则从不相信长期愿景的力量。高盛最重视人才的招聘、培养和培训。雷曼兄弟公司也关注对优秀人才的招聘，但内斗造成了严重的人才流失。相比高盛和雷曼，贝尔斯登有独特的人才观。如果单从领导人总体的学历背景看，高盛遥遥领先，雷曼居中，贝尔斯登最差。就勤奋进取的文化而言，高盛明显是最勤奋的公司，而贝尔斯登则相对懈怠。

使命、愿景、追求卓越

高盛一直是一个有前瞻性的公司。作为第一代犹太移民，马库斯·戈德曼最大的愿望是能够成为纽约证券交易所的一员。1896年，他实现了这个愿望，终于成为交易所1100位会员中的一位。

马库斯的两个继承人对高盛的未来都雄心勃勃，但并不完全一致。女婿塞缪尔·萨克斯认为未来的高盛应该成为全球性银行业巨头，生性谨慎的他希望延续公司既有的成功路径，将公司的货币交易发展到海外，而且执着地迷恋着欧洲人做银行的方式，坚信高盛只有扩张到海外，才能更好地服务美国客户。为此，他于1897年与英国老牌商人银行克莱沃特·本森（Klenwort Benson）结盟。和塞缪尔·萨克斯不同，亨利·戈德曼更希望高盛能够仿效华尔街最有影响力的投资银行成为领先的本地证券承销商。在他和好友菲利浦·雷曼的努力下，高盛和雷曼兄弟公司成立合资公司进入了证券承销领域。

1918年入主高盛的卡钦斯充满了进取、扩张和冒险精神，急于使高盛在华尔街上具备一流的影响力，但股灾的来袭让他的梦想破灭。他的努力不仅令高盛巨亏，而且在投资者群体中声誉扫地。在经历了1929年及其后高盛的“濒死”经历后，接替卡钦斯的西德尼·温伯格现实很多，但依旧希望高盛能够成为摩根那样的美国一流投资银行。为此，他竭尽全力为高盛建立与美国一流大公司的关系，希望把高盛带入投行业务的第一阵营。

温伯格的接班人格斯·利维没什么长期愿景，和他的朋友、贝尔斯登的赛·刘易斯一样，对战略规划毫无兴趣。后来接替他的约翰·怀特海德曾经调侃说：“对于格斯·利维来说，所谓短期就是今天早上发生的事，所谓长期就是下午将要发生的事。”（Endlich，2000，第64页）一位高盛合伙人评论说：“格斯·利维是一位领导者，但绝对不是一位管理者。格斯从不做计划。所有的事情都是当天处理，甚至是在更短的时间内了结，有时候就是一桩一件地处理业务。他只会在发生危机时才出手解救。”（Ellis，2009，第85页）对于格斯·利维来说，最好的战略就是通过勤奋工作抓住一切机会赚钱。格斯·利维对组织文化的理解也很朴素，他只需要叫两三个合伙人进他的办公室并训导一番：“这就是文化，出去照着做就是。”（Endlich，1999，第228页）

怀特海德希望高盛成为全球性投资银行。1981年10月，高盛收购了以跨国商品交易见长的J.Aron公司，怀特海德希望此举能够大大加强高盛商品交易的能力，而且能够在全球范围内以任何币种为客户进行股票和债券的交易（Cohan，2011，第218页）。温伯格和怀特海德的目标不仅限于赢得客户、主导和做成交易，他们还要增加高盛的市场份额、提高客户财富管理的比例，通过不断进取以期取得更大的胜利。这种强烈的进取心使得一些竞争者把高盛看作猎食者。一位竞争对手的银行家说："这就是高盛综合症——我的是我的，你的也有一半是我的。"在这个时期，怀特海德把追求卓越明确为公司核心业务原则之一。高盛业务原则第3条规定：我们为自己的专业素质感到自豪。对于所从事的一切工作，我们都凭着最坚定的决心去追求卓越。尽管我们的业务活动量大而且覆盖面广，但如果我们必须在质与量之间取舍的话，我们宁愿选择做最优秀的公司，而非最庞大的公司。

鲁宾从怀特海德那里学到了战略思维和未来导向（Rubin，Weisberg，2003，第89页）。早在1986年，已被明确为约翰·温伯格的继承人的鲁宾和弗里德曼告诉高盛的合伙人们，高盛将成为一个庞大的全球性企业，一个世界性投资银行业务批发商；公司还将被改造成为能力非凡的证券交易商——能够向该领域领先企业所罗门兄弟公司发出挑战的竞争者（Endlich，1999，第6页）。弗里德曼和鲁宾不想成为像拉扎德那样的精品投资银行，只专精于传统的投资银行服务，为一小批蓝筹公司提供顾问服务，两人以共同高级合伙人的名义抛出了一份野心十足的发展纲要——大力发展自营交易和本金投资，进行国际化扩张，并积极投身新业务领域。1990年，在两个人正式成为高盛的联席主席后，便迅速开启了法兰克福办公室，并把触角伸进拉丁美洲。

1996年1月中旬的合伙人会议上，1994年成为公司领导人的考赞进一步阐明了对公司的愿景：第一，高盛将成为全球领先的广泛金融服务的提供商，这种领先地位将被客户、外部监管者、债权人、内部员工和合伙人所公认；第二，高盛将不断保持其追求卓越的文化，重视相互配合的团队精神，着眼于长远，并维持一个奖励贡献而不是内部人脉关系的激励体系。第三，高盛存在的目的将是为了股东和最优秀的员工创造最大的财富。因此，公司需要追求足够高的利润水平，并要实现高于20%的股本回报率。

作为高盛第一位驾驭上市后企业的CEO，亨利·保尔森提出了新的愿景：让高盛成为高度专注、敏捷和以技术为中心的21世纪的企业，并继续保持在全球投资银行业和证券业的领先地位（Cohan，2011，第421页）。

一位高盛前高管认为，高盛的雇员拥有一种更崇高的社会使命感，社会工作和公共服务的概念深深植于高盛文化之中。员工们认为既然驱动他们奋进的因素不仅仅只有金钱而已，那么他们自然要努力要求自己成为最优秀的一群人。很多高盛人笃信，既然高盛本身致力于更加崇高的使命感，他们更加致力于追求卓越。追求利润被视为美德，辛勤工作则被看作宗教义务（Mandis，2013，第232页）。

上述高管还观察到高盛使命感中的宗教色彩：高盛的业务原则在早期被称为“上帝十戒”，被甄选为合伙人则仿佛迈上天国的天梯，对于职业发展至关重要的内部导师被称为“拉比”[①]，公司管理委员会被比喻为天主教的枢机团（Mandis，2013，第235页）。布兰克费恩在接受伦敦《星期日泰晤士报》采访时则声称：“我们这个行业是有社会目的性的，我们做的是神的工作。”尽管很多人批评布兰克费恩的这番言论自大、傲慢且无礼，但熟悉犹太教义的人们却深知这背后所承载的、具有深厚历史感的语境。

相比高盛公司，雷曼早期同样雄心勃勃，亨利·雷曼希望把雷曼打造成为J.P.摩根那样的投行巨头，雷曼在投资银行领域取得了不俗的成就。亨利·雷曼的儿子鲍比·雷曼执掌雷曼的44年中，他并没有把

① 拉比（rabbi），指犹太教社团中的精神领袖或宗教导师

雷曼作为一家公司来经营，对管理毫无兴趣，所以雷曼也未能形成新的集体性使命和愿景。后来跳槽到摩根士丹利的一位雷曼合伙人评论说，雷曼的人太过于重视以个人为中心的成就和贪婪，始终没有形成任何共同的目标（Auletta，1986，第47页）。

鲍比·雷曼于1969年去世后，群龙无首的雷曼更加缺乏组织目的性和方向感。4年间，雷曼兄弟内部处于一片混乱之中。合伙人们针对未来发生分歧并激烈争吵，不清楚应该退缩回更纯粹的投行业务领域还是继续向提供全方位服务的投资银行迈进（Aulette，1986，第33页）。他们也无力发展新业务，公司在既有的方向上漂移着。直到彼得森在1973年加入后，这位曾经出任过财富500强CEO的前尼克松政府商务部部长才开始系统化地为公司制定规划和战略。他首先界定了10家竞争对手，包括所罗门兄弟公司、第一波士顿、拉扎德、美林、摩根士丹利、高盛。随后，他指示两位合伙人在1973年12月完成了一份101页的绝密报告，分析了公司的八项严重不足：①缺乏深思熟虑的业务战略；②以松散和随意的方式开展业务；③一部分合伙人的能力、训练和工作习惯与市场的竞争需要和公司目前的业务不相匹配；④就所需服务的客户数目及交易数量而言专业团队数量不足；⑤债券分销体系混乱，股票分销市场份额下降；⑥近期各级管理层发生的变化；⑦与收入不匹配的员工数量；⑧相对有限的资本。根据这份报告，由于上述问题的存在，公司的未来是不确定的，而合伙人的素质是公司面临的最紧迫问题（Aulette，1986，第42页）。彼得森试图确定雷曼兄弟公司要成为什么样的投资银行，为公司的长期发展描绘出共同的愿景，制定更积极的战略。彼得森的总体设想是在投资银行业务利润越来越薄的背景下，扩大公司的金融服务范围，并重归雷曼的商人银行传统，更多地以自有资金参与投资。

然而，以格鲁克斯曼为首的交易员合伙人并不认同彼得森的想法。格鲁克斯曼的梦想是能够像高盛的格斯·利维和所罗门兄弟的约翰·戈特弗洛伊德那样，打造一家风格强健的现代交易型投资银行（Aulette，1986，第16页）。1984年，格鲁克斯曼赶走了彼得森，但他发现自己也难以整合公司的战略观，因为他周围的很多人没有愿景，只有纠结于短期利益的计较。

持续的内斗和10年间委身美国运通的命运使得雷曼无法保持前瞻性。直到1994年重新独立后，CEO福尔德才提出雷曼要有远大的抱负：“我们的目标是成为客户心目中数一数二的银行。”福尔德的第一任副手佩蒂特也分享福尔德的梦想，就是要打败高盛，成为华尔街上最强大的投资银行。

贝尔斯登是一个不相信长期愿景的公司。在回忆录中，贝尔斯登掌门人格林伯格写道：“以宏伟蓝图或是豪言壮语来规划贝尔斯登的未来是毫无意义的。我对长期规划的反感是尽人皆知的，我同样不赞成依赖外部顾问或是所谓官方言论……我的战略思维可以归结为一切提升员工士气和同事间友谊的做法都有利于利润的增长。”（Greenberg，Singer，2010，第45页）就我们所接触的资料来看，贝尔斯登从未向员工沟通官方版本的使命和愿景宣言。

没有愿景的公司当然也就不相信战略。格林伯格并不认为制定战略是重要的工作内容：“我自己的战略思维大都在洗澡或剃须时进行。”他甚至认为通过招聘贫穷、聪明且致富欲强烈的员工就可以解决一切战略问题，因为这些聪明人自然会提出合理的经营思路，而“组织架构、管理咨询或是商业计划之类的东西根本就不可能做到这一点。”（Greenberg，Singer，2010，第70页）

格林伯格对战略规划的态度和他的交易员背景有关。他在回忆录中解释道：“从我初入贝尔斯登的那个时期，就意识到，作为套利投资者或是交易员，只有能做到随时保持冷静，随机应变，当机立断，才能立于不败之地。”（Greenberg，Singer，2010，第66页）此外，格林伯格有根深蒂固的保守主义情节。尽管在20世纪60年代中期他开始主导贝尔斯登零售经纪网络的扩张，但他显得谨小慎微。在回忆录中，他表示为增长而增长从来不是贝尔斯登的目标，他也对美林和美邦（Smith Barney）致力于建立全国性的庞大零售经纪网络的努力不屑一顾（Greenberg，Singer，2010，第49页）。

如果说贝尔斯登的组织文化中也有某种形式的使命感的话，这种使命感反映在公司强大的慈善文化之中。高盛借助参与公共和政府事务以及大量的慈善活动彰显公司除了挣钱之外，还追求更高尚的目标。相比而言，贝尔斯登的表达方式则基本局限于慈善活动之中。

贝尔斯登的创始股东们就是慈善活动的积极参与者。赛·刘易斯更是这个领域的领导人物之一。他曾出任过犹太慈善联合会主席，并是多个美国著名慈善组织的骨干之一。他在晚年时期把大部分时间都奉献给了慈善事业。

格林伯格所主导的最带有使命感的组织文化活动是他制定的号称“格林伯格荣誉体系”的慈善捐助规定。根据他的回忆，在20世纪70年代，他在贝尔斯登内部颁布了一项政策，要求所有合伙人至少把4%的收入捐助给慈善事业。所有合伙人均同意执行。后来，为了确定各位合伙人是否按规定捐助，公司对每个人的纳税申报单进行了核对。“事实证明，这项政策带来的收获是显而易见的，它发挥了强化企业文化、提高凝聚力和荣誉感的作用。我们是在共同参与一项有价值有意义的事业，它不仅会加强我们的团结和统一，也有助于提高我们作为企业公民所承担的社会责任感，我们有理由为此而感到光荣。如果公司的业绩在随后的一年更上一层楼，捐赠金额将进一步加大，我们也

可以赢得更多的社会尊重。”（Greenberg，Singer，2010，第53页）

接替格林伯格的吉米·凯恩在一次接受《领导者》杂志采访时确认，慈善文化是贝尔斯登组织文化中根深蒂固的一部分。在这方面，贝尔斯登的高层从来都是以身示范，走在最前面。尽管金融市场难免动荡，但贝尔斯登在慈善捐助上从不打折扣。很多大学和商学院毕业生也受到这种独特文化的感召而加入公司。

勤奋进取

就三家投资银行的比较而言，最雄心勃勃的高盛也最勤奋，相对随波逐流的贝尔斯登也就相对慵懒。

高盛具有全力以赴，勤奋工作的文化基因。作为德国移民，创始人马库斯·戈德曼以勤奋努力适应新的世界，有时会工作14小时（Fisher，2010，第18页）。在他之后，女婿塞缪尔·萨克斯被誉为“勤奋的代表”，而亨利·戈德曼的勤奋更体现为早起晚睡，擅长创造性思维，而且是个“不折不扣的工作狂”（Fisher，2010，第50页）。

被称为“现代高盛之父”的西德尼·温伯格全力以赴，试图帮助高盛建立起与美国大公司的关系。他担任过40多家公司的董事会成员，在最高峰时，同时是30多家公司的董事会成员（Endlich，2000，第55页），每年平均要参加250个董事会会议（Whitehead，2005，第84页）。温伯格对于董事会工作十分在意，每次参会前都在高盛的年轻银行家的帮助下认真研究分析公司的情况，开会时坦诚发言，切中公司要害问题，深受企业和董事会同事们的欢迎。

在格斯·利维时期（1969—1976），因为高盛的多数员工并没有什么显赫的身世，他们深知只有通过艰苦努力才能创造属于自己的财富（Ellis，2009，第77页）。一位大宗交易业务的竞争对手说：“70年代大多数公司的上班时间是早上9点，很多公司也可能在8点半上班，只有一小部分会在8点就开始工作。唯独高盛，所有人都会在7点就早早到岗，因为他们是真正想做事的人。这也使得他们有着不同于其他公司的自我认同感，他们认为自己就是与众不同的。”（Ellis，2009，第84页）

领导人格斯·利维在这方面是个符号性人物。他典型的工作日是这样的：早晨5:30起床后慢跑15分钟，然后祈祷，读报和吃早餐。到了7:50，他已经在办公室里了，开始给客户打电话。这时候很多客户还在家里（Cohan，2011，第126页）。他有两个秘书，这样他就不用闲下来等待秘书完成工作。格斯·利维是20家公司的董事，还是12家慈善和文化机构的理事。每天一早，他都会把一天要做的事情都写下来，完成一项勾掉一项。交易所在3:30结束交易，4:00钟他已经出现在通往西奈山医院的地铁上了。他会在那里召集人们开会。在很长一个时期内，他同时管理着高盛和他的慈善服务对象：西奈山医院。离开医院后，他会回到家喝上两杯酒，然后换上礼服外出与客户社交，直到半夜才归。一家大银行的行长开玩笑说：“其实有6个格斯·利维，一到晚上他们就换上燕尾服在城里到处抛头露面。”（Rubin，Weisberg，2003，第76页）利维几乎不会错过任何机会，并且能够同时处理诸多事务，这都是依靠他过人的自律性。1976年10月26日，像往常一样，操劳过度的利维在洛杉矶参加完五月百货公司的董事会后马上乘红眼航班回到纽约，之后又参加了一天的高盛内部会议，随后与纽约港务局的人又开了一个会。在会上，他心脏病突发。利维于11月3日去世，享年66岁。

在怀特海德和温伯格领导时期（1976—1990），员工和合伙人全身心地投入到公司的工作中。“为什么我几乎每天都工作到两点半，然后八点钟再回来吃早餐？”一位合伙人在1984年回忆道，“因为我是这份工作的一部分。我们亲手创建了这份工作，一种无可推卸的责任感促使我推进这份工作。”（Cohan，2011，第231页）高盛的合伙人代表了一个更为忙碌的阶层，Endlich（2000，第4页）描述说：这些被挑中成为合伙人的人清楚地知道，“在交易所、客户办公室或者飞机场度过了每周工作60、70甚至80小时的令人筋疲力尽的几年后，真正的工作才刚刚开始”。合伙人的工作从来都是一项全职性工作，会议都是在周末召开，假期和睡眠经常性地被会议通知打断，这种会议的参加者来自世界各地。

到了鲁宾和弗里德曼时期（1990—1994），高盛继续保持着强大的工作强度，一位高盛并购部经理的典型工作时间是早上8点到第二天凌晨2点，周末也好不到哪里去（Cole，2008，第100页）。那时高盛设有“礼宾部”，可以帮助雇员洗衣服和订饭店。这些服务与其说是福利，不如说是高盛期待员工努力工作的标志。其背后的逻辑是正因为需要废寝忘食，员工才没有时间处理日常生活。一位曾在高盛任职的银行家回忆说：

事实上你一周要工作110个小时，你可以算算每天要工作多久才能做到那样。很长一段时间，我都觉得如果我能一晚上睡4个小时就算休息得很好了。更多时候，当你白天有几个小时的休息时间时，人们就会到楼下的后勤人员办公室，找个床睡两个小时。我和我的妻子是在高盛认识的，我记得她第一天上班就熬了一通宵。高盛的生活基本就是这样了。你需要把你的所有潜力发挥出来工作……按照这种工作强度算的话，我敢打赌高盛分析员的小时工资还不如麦当劳员工的小时工资呢。（Cohan，2011，第288页）

另一位银行家评论说："一周7天，每天24小时，随时待命。每天都有电话会议，包括周六周日，有声邮件不断……很多人周末都待在家里一小时接一小时地工作。高盛很多工作都必须在周末完成。这就是典型的高盛人：所有重大决定都在周末发生，并且总是这样。高盛每一件大事都从周末开始：大的交易、大的资本承诺、这件大事、那件大事……我想要在高盛成功的员工生活应该就是这样的。这些人愿意把所有的一切都贡献给公司。"（Cohan，2011，第288页）

鲁宾和弗里德曼的继任者约翰·考赞也是一个工作狂，为了高盛的成功能全力以赴，毫不松懈，一旦确立了目标就不再为其他事分心（Ellis，2009，第568页）。一位合伙人说："他热爱高盛，有很强的承诺，工作极为努力。"（Cohan，2011，第384页）如往常一样，考赞时刻关注全球市场的变化，他每天早上都要查看主要市场的行情：6点15分打电话给纽约的劳埃德·布兰克费恩，6点30打电话给伦敦的帕特·沃德（Pat Ward），6点45分会往亚洲办公室打电话。如果需要做出重要决策，考赞会在凌晨2点30分、3点30分、4点15分分别打电话给上述地区。这提升了他的运营能力，以及在高盛公司的领导力（Ellis，2009，第579页）。曾与考赞并肩作战，为发展高盛交易业务立下汗马功劳的合伙人马克·温克尔曼（Mark Winkleman）曾说："我们与别的投资银行并没有多大差别，差别就是在'努力工作程度''管理'和'雇佣的人'上面。想想看，我们在同样的办公楼里办公，用同样的电脑，坐同样的飞机出差，住同样的酒店，甚至服务同样的客户。"（Cohan，2011，第362页）

到了保尔森时期（1999—2006），高盛的工作强度依旧是巨大的。保尔森带着高盛工作狂式的基因继续领导公司前行。保尔森在回忆录中记载了他在高盛芝加哥办公室工作的生活状况：

办公室长时间的工作可能导致家庭问题，那段时间，我的婚姻也亮起了红灯。我回到家中的时候已经筋疲力尽，没心思照管年幼的孩子们。由于没钱完成卧室装修，我们只好住在一间开放式阁楼上，孩子们就睡在旁边的屋子里。我有时候会把自己锁在厕所里，静静地看着《体育画报》来放松自己。温迪[①]忍无可忍地向我摊牌：我必须尽到自己的责任，早点儿回家，给孩子们洗澡，讲故事，哄他们上床睡觉。在戈特[②]的支持下，我改变了工作方式：下午4:30分离开办公室，赶4:42分的火车，5:25分到家。吃过晚饭之后，我给孩子们读故事书。在我的“训练”下，孩子们已经习惯了我读一个睡前故事的那种闪电般的速度。有一次温迪走进来抱怨说：“慢一点念，要带有表情。”我只好听她的，但我刚一开口，两个孩子就大叫道：“不，不！按爸爸的方式念，不要按妈妈的方式。”孩子们睡着之后，我会拿起电话开始联系客户，而他们会说：“我的老天，你还在办公室里？”（Paulson，2010，第31页）

随着保尔森在高盛内部管理责任的增加，上面所描述的状态已经显得相对“慵懒”。高盛内部人士的印象是：保尔森作为银行家和作为首席执行官的成功部分归因于他以身作则的能力，没有人比他工作更努力（Cohan，2011，第421页）。

保尔森深知高盛绝不是一个混日子的地方，按他的话：“被高盛雇佣很难，在高盛获得提升很难，在高盛待下去也很难。”（Cohan，2011，第452页）他曾经感叹说：“我们的员工都是我太太所说的金牌队员，他们想争夺金牌，在考试中得A，他们想被告知他们干得漂亮，他们想要得到正面的反馈。”（Groysberg，2010，第103页）

---

① 温迪·贾奇（Wendy Judge）：保尔森的太太，毕业于威尔斯里女子学院（Wellesley College），与希拉里·克林顿是同班同学

② 吉姆·戈特（Jim Gorter）时任高盛芝加哥办公室的管理合伙人

保尔森的接班人劳埃德·布兰克费恩从另一个角度解释了为什么高盛的员工如此拼命工作。在他看来，高盛的员工“表现出有趣的混合状态：（一方面是）自信和对优秀的承诺，（另一方面是）内生性的不安全感，驱使他们不断努力，付出比需要的多得多的努力。”（Groysberg，2010，第104页）

雷曼兄弟公司的第一代创业者留下了勤奋的身影。据雷曼的官方历史记载，刚到亚拉巴马州的亨利·雷曼经常借着烛光或鲸鱼油灯的微光工作到半夜三更（Lehman Brothers，1950，第3页）。亨利认为做生意的真谛是：如果一个人自己不努力，失败非常自然。但到了第二代和第三代雷曼人那里，雷曼兄弟公司开始充满贵族气息，远不如高盛公司具备勤奋特质。

在1906到1925年间，雷曼公司和高盛公司合作开展股票业务承销业务，高盛纽约办公室有20人每天6天都在工作，另外在芝加哥和波士顿还有分公司。雷曼公司只有纽约一个办公室，大约有10名员工。高盛的人负责所有最辛苦的工作，而雷曼兄弟公司则享受作为投资者的贵族待遇，舒舒服服地坐视资金滚滚入账（Chapman，2012，第55页）。

菲利普·雷曼对公司业务并非全力以赴，而是花了大量时间和精力从事艺术收藏。他定期和家人前往意大利、法国和欧洲其他地方寻宝，收购油画、壁毯和家具。藏品运回纽约后大都放在位于西54街7号的家中。而这条街的4号是约翰·D·洛克菲勒的府邸（Chapman，2012，第68页）。

菲利普·雷曼很早就打算把儿子鲍比·雷曼培养成艺术收藏领域的接班人。鲍比在耶鲁大学时就选修了艺术相关课程，毕业后成为菲利普艺术藏品的买手，遍游巴黎、伦敦、佛罗伦萨、罗马等地。在他开始管理雷曼兄弟后，依旧与艺术收藏界各类人士保持密切联系，并着手打造美国最著名的私人艺术品收藏馆，管理公司反倒像是他不得不兼顾的副业了。鲍比在艺术品收藏方面的成就远远超越了父亲菲利普·雷曼，作为一名私人藏家，就藏品的数量和珍稀程度而言在美国无人能出其右（Birmingham，1967，第380页）。1954年1月，他在纽约大都会艺术博物馆展出了90件藏品；1956年，他在巴黎卢浮宫的橘园美术馆（Orangerie）展出了1000幅藏品中的293件，引起轰动。人们在美术馆外排起长队，两周时间观众超过7000多名。

除了艺术品收藏活动外，鲍比·雷曼还通过运动调整自己，喜欢在湍急的溪水中抓三文鱼，在长岛的梅多布鲁克马球俱乐部参加比赛。鲍比还痴迷于赛马，在英国、爱尔兰和美国都拥有马匹。1964年，他在16匹赛马中拥有权益。雷曼兄弟的很多其他合伙人也有各式各样贵族化的爱好，雷曼兄弟在很多地方都很像一个贵族俱乐部。《财富》杂志1957年12月的一篇报道中描述了雷曼的公司总部：顶层11层是健身房，公司聘有按摩师，合伙人在按摩师的“推拿”下进入工作状态。公司餐厅位于8层，有一位法国大厨和9名员工。6层的图书馆是“华尔街最大的图书馆”。在彼得·彼得森1973年初入雷曼时，他感到那里的工作节奏是“悠闲的”（Auletta，1986，第40页）。

相对于雷曼的投资银行家们，较晚加入的雷曼的交易员团队显得更为敬业。据记载，离婚之后，交易团队的负责人格鲁克斯曼几乎没有什么家庭生活，从早到晚在公司工作。他喜欢那些从每天早上6点半工作到晚上10点的员工。福尔德也是其中一员（Ward，2010，第20页）。福尔德每天工作长达12—15小时，其间仅仅会在公司的棒球队活动一会儿，或者通过高强度的壁球运动放松一会儿。其他时间他都坐在计算机前，盯着屏幕完成一个又一个交易决策。

1994年，福尔德成为从美国运通重新独立出来的新雷曼的CEO。他每天长时间地工作，但从来就不是一个到处社交的人，只会端着鸡尾酒在一些场合上露露面，然后就打道回府，和家人团聚去了（Ward，2010，第16页）。福尔德的副手，总裁佩蒂特则不喜欢内向的员工和工作狂型的员工（Ward，2010，第158页）。

在贝尔斯登，赛·刘易斯在个人层面上是个极具奋斗精神的人，精力过人。作为一个天才的交易员，他在追逐交易客户方面充满谋略性和进攻性：为了认识一个沉迷高尔夫的客户，他在探听到他的旅行计划之后，提前两周跑到目标球场，并包下了常常为这位客户陪练的职业球手。这使他能够“偶遇”客户，建立起业务关系。翻阅历史可以发现，刘易斯使用了近乎一样的手段找到了他第一份华尔街的工作。当时，还在鞋店卖鞋的刘易斯既不会开车也不会打高尔夫球，但他却在长岛北岸的犹太乡村俱乐部的停车场制造了和赫伯特·所罗门（Herbert Salomon）的“偶遇”。赫伯特·所罗门是所罗门兄弟公司的总裁。在刘易斯帮他找到停在那里的车后，他给了刘易斯一份在所罗门兄弟公司当信差的工作，为他打开了通往华尔街的大门。

刘易斯的接班人格林伯格有很多爱好：包括高尔夫、魔术表演、驯狗、溜溜球、桥牌、雪茄、钓鱼和狩猎。他的魔术表演具备很高的水准，经常在各种场合上台表演；他钓鱼的功力也非常了得，曾发明“格林伯格式钓法”；他擅长驯狗，爱犬曾勇夺美国养犬俱乐部的两项冠军（Greenberg，Singer，2010，第64页）。格林伯格还是一位雪茄爱好者，《雪茄爱好者》杂志把他列为20世纪百名雪茄爱好者的第71位（Cohan，2009，第224页）。这些爱好占据了他的业余时间，使他在每天下班后不用再为工作而担心（Cohan，2009，第160—161页）。格林伯格在自传中提到，除了2008年3月16日，即贝尔斯登被摩根大通收购的那天他在办公室加班，上一次周末加班就要追溯到20世纪50年代了，因为那时股市在周六是有交易的。他描述了自己典型的工作日。他会在早上8点钟离开家门，在8点15分坐到办公桌边，开始阅读当日的财经报刊。在9:30分开市前，他已经接了十几个电话了（Greenberg，Singer，2010，第1页）。

在80年代，贝尔斯登的合伙人们也不是很用功。在1982年8月20日给全体普通合伙人的备忘录中，格林伯格写道：“每位合伙人都有权利休假，我们对假期到底可以多长从没计较过，也没记录过人们一年里休了多长时间的假。但我确实感到如果一位合伙人不在休假，他应该把周五视作任何其他工作日，在公司上满一天的班。”（Greenberg，1996，第20页）格林伯格的担心不是没有道理，在80年代的高盛，有交易员把周五称为“高盛之日”。一位高盛的交易员回忆说他的老板会反反复复地强调在星期五认真工作的重要性，他的观点是：周五大家都想着出去狂欢，很容易被忽略为可以无所事事的一天。如果你有意周五过来专心致志地做点事，而别人都松懈下来，变得不那么有竞争力，你就可以得到非同寻常的收益。因此每到周五，他就会说：“又到周五了，这可是高盛之日。”（Cohan，2011，第287页）

比起格林伯格，吉米·凯恩的生活和工作方式显得更加任性。他大多数工作日会在5点钟就离开公司去打桥牌（Cohan，2009，第219页）。有记者说，“在华尔街上所有CEO中他是吸雪茄最多的。”（Cohan，2009，第224页）吉米·凯恩养成了在夏天享受超长周末的习惯，每周四他都要乘坐直升机，赶在太阳下山前到达他有会籍的高尔夫球场，就此开始打高尔夫球，陪伴家人和打桥牌。他每年至少要三次离开较长的时间参加桥牌比赛。这些比赛往往从下午一直延续到晚上，吉米·凯恩很难有时间顾及公务。首席财务官穆里那罗（Sam

Molinaro）和两位联席总裁斯佩克特和施瓦茨已经习惯了凯恩甩手掌柜的风格，斯佩克特更是开始模仿起来，也开始在夏季从周四或周五开始就离开办公室，在乡间别墅享受长长的周末（Kelly，2009，第152页）。

顶级人才

追求卓越的精神自然要求获得卓越的人才。在三家投资银行中，高盛对人才的重视远远领先于雷曼和贝尔斯登，也的确聚集了华尔街上最为优秀的业务团队。

马库斯·戈德曼开创了高盛重视学习的传统。马库斯的父亲沃尔夫·戈德曼（Wolf Goldmann）就是个好学之人，他小时候的住所就在当地学校旁边的街角，每天帮助父亲料理完谷仓和菜地里的事情之后，就会悄悄溜进学校的某一间教室，如饥似渴地听取每一堂课的内容（Fisher，2010，第8页）。马库斯在小的时候也喜欢上学，成绩一直不错，最擅长的是数学。马库斯选择了他在德国时就已结识的老朋友、教育家约瑟夫·萨克斯（Joseph Sachs）作为联姻对象，并把他的两个女儿嫁给了约瑟夫·萨克斯的两个儿子。马库斯·戈德曼对学习的重视转化为高盛对哈佛大学的青睐。他的两个儿子朱利奥斯·戈德曼（Julius Goldman）和亨利·戈德曼（Henry Goldman）都进入哈佛大学就读。令他遗憾的是，亨利·戈德曼因眼疾并未完成学业。和戈德曼家族一样，萨克斯家族也非常重视教育。塞缪尔·萨克斯的儿子亚瑟·萨克斯（Arthur Sachs）、保罗·萨克斯（Paul Sachs）以及沃尔特·萨克斯（Walter Sachs）都进入哈佛大学就读。后来，这些人也都进入了高盛公司。高盛对哈佛大学的看重还体现在对领导人的选择上。亨利·戈德曼在1917年离开公司后，塞缪尔·萨克斯请来了保罗·萨克斯在哈佛法学院的同学沃迪尔·卡钦斯执掌高盛的业务。此外，作为一家犹太背景的投行，高盛对于合伙人的招聘已经开始展现其对人才的开放性。早在1912年，亨利·鲍沃斯（Henry S. Bowers）加入了高盛，成为第一个非家族成员、非犹太裔的合伙人（Cohan，2011，第40页）。沃迪尔·卡钦斯则是第二位非家族成员、非犹太裔的合伙人，而且是管理合伙人。

哈佛出身的卡钦斯继续招聘哈佛商学院的毕业生。1925年，后来成为重组后的基德·皮伯帝（Kidder，Peabody）公司高级合伙人的阿尔伯特·哥顿（Albert Gordon）加入了高盛，从事商业票据业务。因为大萧条和战争的原因，高盛在20年左右的时间里基本上没有招聘（Whitehead，2005，第77页）。但恢复招聘后，温伯格再次把眼光投向最好的商学院和最好的人才。温伯格招聘了许多从哈佛毕业的MBA，这些人都成为投资银行业务的初级经理人。约翰·怀特海德就是在这个层面于1947年被招入高盛的（Ellis，2009，第64页）。和萨克斯家族一样，温伯格本人也和哈佛大学关系密切。他和哈佛商学院的院长是好朋友，他的个儿子约翰·温伯格和小西德尼·温伯格都进入哈佛商学院学习。他本人也获得过哈佛大学的荣誉学位。

尽管高盛早已有招聘MBA的传统，交易员出身的格斯·利维有自己独到的做法。他自己没有学位，他会邀请高年级中学生来办公室陪他打桥牌或扑克，借此观察这些人的思维方式和记忆力，并找寻他所认为的顶尖交易员的特质。在他看来，成功的交易靠的是钢铁般的神经、正直诚实以及运气。利维通过这种方式招到了很多学历不高但极具天赋的交易员（Endlich，2000，第66页）。

到了怀特海德和温伯格时期（1976—1990），招聘最优秀的人才被提升到战略高度上。怀特海德很早之前就开始系统规划招聘那些最有潜力成为投资银行家的人。为了确保成功，他亲自进行校园招聘，争取每年招聘到一至两名新员工。他倾向于招聘那些非常渴求成功的人。评选基于三个平等的标准：1/3基于由成绩及SAT分数衡量的智力水平；1/3基于课外活动中所展示出来的领导力；1/3基于成功的野心（Ellis，2009，第558页）。合伙人康韦（Bob Conway）回忆说："高盛不是寻找MBA中排名前1/4或1/10的人。长期看来，前5%和紧随其后的5%肯定存在巨大差异，因此公司只招聘那些最优秀的年轻专家，认真甄选具有领导力、激情及勤奋等工作特性的人。在最突出、最有能力的5% 的候选人中，挑选出最能高效率合作的团队成员——开始是15—30轮面试，然后实习，通过直接观察，选出其中最优秀的1% 或者2% 的人。"（Ellis，2009，第559页）1987年底，高盛有7500员工，其中1/3 拥有MBA学位（Cohan，2011，第278页）。

到了鲁宾和弗里德曼时期（1990—1994），高盛继续招聘最聪明能干的人补充自己的队伍。在回忆录中，鲁宾回忆了他如何开始相信招聘能力强大的年轻人的好处（Rubin，Weisberg，2003，第84页）。作为他事业发展的导师之一，合伙人理查德·门舍尔（Richard Menschel）告诉他：在事业初期，很多人会担心把能力强大的年轻人召入麾下，怕这些人有朝一日会以某种方式夺走他们的光环。但这位前辈给鲁宾的建议是尽可能吸引这样的年轻人进入自己的部门。鲁宾自己的实践也证明，与聪明能干的年轻人共事不仅不会带来威胁，得到的是更出色的业绩。在与年轻人分享功劳的同时，也可以证明自己的管理能力。门舍尔的点拨和鲁宾自己的实践帮助他形成了成熟的管理哲学，其核心就是吸引强者，激励他们发挥到极致，让整个组织在战略上充满活力，做到无坚不摧。

一位当时在任的高级银行家评论说：高盛不同于华尔街其他机构的地方是，"这里的人都很聪明，很有进取心，而且令人难以置信地整齐划一。在很多地方，你有排在前99%的人，但也有排在前82%、74%的人。在高盛，中间值在95%，好的一端在99%，即便是差的一端也在91%。”（Cohan，2011，第287页）

到了考赞和保尔森时期，进入高盛已经很难，面试的程序堪称严酷，常常要耗时数月，并且会有30多场单独面试。一位高盛前雇员指出：“这里无疑是一个竞争异常激烈的地方，”与其他曾经工作过的华尔街公司相比，“这里会让你有一种每个高校的顶级毕业生都汇聚于此的感觉。不管在什么样的位置上，你都能发现那些曾在其他地方被视为明星的人。无论处于高层还是基层，每个人都尽一切努力证明自己可以表现得多么优秀，这里确实有种每个人都在奋斗的忙碌感。”（Cohan，2011，第465页）合伙人马克·施瓦茨对1994年底新提升的58位合伙人强调了招聘的重要性：“管理的关键是通过招聘和面试找到对的人，不要放弃这方面的责任，聘用正确的人是你能做出的最大贡献。”“要充满激情，发挥领导力，要给你自己和你的人马设定高标准，不断提升门槛，把员工的潜能发挥到极致，成为业内最优秀的团队。”（Cohan，2011，第364页）一位董事总经理把在高盛工作比喻成为在纽约扬基队打球：“为什么人们要加入扬基队？你会得到丰厚的报酬，他们想要赢得大满贯，他们想要在后世眼中一直是最伟大的球队。加入了这支球队就意味着获得了通往成功、名誉和卓越的最佳通道。”（Cohan，2011，第365页）

雷曼在相当长一段时间内都是一个典型的家族公司，合伙人基本来自血缘相同的家庭成员。在鲍比·雷曼时期，公司开始提拔非雷曼家族成员成为合伙人（Tibman，2009，第10页）。约翰·汉考克（John Hancock）是公司的第一个非家族成员合伙人，他于1919年加入公司，1924年成为合伙人（Lehman Brothers，1950，第34页）。雷曼兄弟公司的招聘也带有鲍比·雷曼这位收藏家的个人特色。在他统治的时期，他会像收集艺术品一样网罗背景各异，能力多元的人才。对这些人是盎格鲁·撒克逊还是犹太背景他也并不在意。虽然自己是犹太后裔，但他在非犹太权贵的圈子里游刃有余（Chapman，2012，第77页）。

当彼得森1973年来到公司时，他发现雷曼的合伙人是一个兼收并蓄的大杂烩，既有常青藤毕业的天然社会精英，也有干劲十足但没受过良好教育，从华尔街跑腿的位置升上来的人，还有以前的商人和政府官员。此外，合伙人中还有很多资深银行家，这里面既有犹太裔精英，也有非犹太裔名流。在彼得森看来，这种不同文化、背景和宗教的组合是雷曼兄弟公司的优势之一。

从20世纪70年代末到80年代初，鲍比·雷曼的去世使得公司出现了权力真空，也触发了投资银行家与交易员之间的内战。最终，交易员的头领格鲁克斯曼赶走了被视为投资银行家首领的彼得森，造成了雷曼银行家合伙人的大量出走，雷曼兄弟公司在1984年被美国运通旗下的希尔森公司收购后，银行家合伙人几乎走光，导致了人才的大流失。

1994年新雷曼从美国运通重新独立出来时，公司第三号人物、首席行政官约翰·塞西尔下令禁止公司里的裙带关系。家庭成员和亲朋好友一概不能再进公司，除非他们本人有真才实学。新的招聘政策要求只录用最优秀的人才。一位交易背景的高管评论说，“最优秀的”并不意味着“精英”。换言之，哈佛的工商管理硕士在诸如投资银行业等领域可以一展才华，但在债券销售领域，雷曼一直寻找的人才却是属于有进取心、有团队精神的类型（Ward，2010，第72页）。

随着公司的发展，雷曼的高管变得雄心勃勃，希望把最优秀的人才召入雷曼。公司招聘的人才主要来自11所著名的商学院：芝加哥、哥伦比亚、沃顿、塔克、福卡、纽约大学斯特恩商学院、加州大学洛杉矶分校、凯洛格、哈佛、麻省理工和斯坦福大学。2004年加入雷曼的一位交易员说，“我在雷曼碰到的每个人都毕业于哈佛或哈佛商学院、耶鲁、普林斯顿、宾大或沃顿商学院、西北、斯坦福、北卡罗来纳或杜克。”（McDonald，Robinson，2009，第87页）此外，公司还竭力从竞争对手那里网罗人才。在2002年公司的价值观陈述中，雷曼宣称：我们的成功取决于员工的实力和公司借以将最优秀的员工吸引进公司的出色品质。我们的目标是录用并发展具有才能的员工，让他们分享我们追求个人最高成就的热情和对团队合作的承诺。成功的标志是人才济济的声誉以及成为一家被广泛认可的，能够使卓越人才大展宏图的独特公司。

早期的贝尔斯登并没有什么成体系的招聘政策。应聘者能否被创始合伙人和高级合伙人认可是关键。三位创始人都是犹太人且受过良好的教育。公司在早年也招聘了一些受过良好教育的犹太裔雇员，因为当时公司的主要客户群是在公园大道上的一批德裔犹太寡妇。1928年加入公司的西奥多·娄就是一位毕业于普林斯顿的德裔犹太人（Ehrlich，Rehfeld，1989，第143页），同为德裔犹太人的合伙人还有约翰·斯雷德（John Slade），贝尔斯登套利业务部门的负责人。

1933年，为了加强机构证券交易业务，西奥多·娄招聘了赛·刘易斯。刘易斯是来自东欧的犹太人，未读过大学，但这并不影响他成为出色的交易员。随着刘易斯大权在握，贝尔斯登在招聘方面不再强调学历，但依旧倾向招聘犹太人。刘易斯之后的两位掌门人都没什么出色的学历，也都不是犹太人中的富家子弟。

格林伯格在招聘政策上遵循了贝尔斯登早年的草根精英主义，反对基于裙带关系的招聘。但格林伯格对“精英”有独特的定义，即他所谓的"PSD"，P（Poor）代表贫穷，S（Smart）代表聪明，D（Deep desire to get rich）代表强烈的致富欲望，这种欲望在商场上则应表现为在特定领域的竞争精神和进取心（Greenberg，Singer，2010，第69页）。在格林伯格看来，成为精英未必须需要出色的学历。"PSD"一词在相当程度上反映出他对"Ph.D"和"MBA"的不屑。自身学历平平的格林伯格所崇拜的英雄是一批草根出身，靠竞争和进取精神在华尔街上取得了江湖地位的一伙人。他在1981年5月5日的备忘录中说：

> 近来有不少关于华尔街公司招聘MBA的报道。我认为我们应该继续自己的政策，这些政策给我们带来了繁荣，员工从8年前的700人壮大到今天的2600人。我们的首要愿望是从内部选拔人才。如果有人拿着MBA学位来应聘，我们当然不会因此而排斥他们，但我们真正找的人是拥有PSD学位的人。这些人建立了这家公司，他们中很多人还在这里，而我们的一些竞争对手似乎只招聘MBA。如果我们够聪明，我们会找到未来的赛·刘易斯，格斯·利维和邦尼·拉斯科（Bunny Lasker）①。这些人凭借高中学历和PSD学位留下了他们的印记。（Greenberg，1996，第19页）

外部观察者也注意到，贝尔斯登对于外部招聘的标准以能够赚钱为准，对候选人的名声并不太在意，经常会招揽在竞争对手政治斗争的失败者或被监管部门处罚的能人（Kelly，2009，第25页）。

从三家投资银行领导人的学历背景来看，高盛处于突出地位，雷曼居中，贝尔斯登排在最后。高盛在选拔领导人时非常注重学历背景。卓越的学习能力和勤奋的工作态度有效保障了高盛在领导力上的优势，为驾驭高盛这样一列飞速前进的火车提供了坚实的领导力基础。

① Bernard J. Lasker（1910-1992），1969年至1971年任纽约证券交易所主席

表4-9　高盛公司最高领导人的教育背景

领导人	教育背景
马库斯·戈德曼	无
亨利·戈德曼	哈佛大学（肄业）
塞缪尔·萨克斯	哈佛大学，并把自己的三个儿子送进哈佛大学
沃迪尔·卡钦斯	哈佛大学、哈佛法学院
西德尼·温伯格	无，但把自己的两个儿子都送进哈佛大学
格斯·利维	图兰大学（退学）
约翰·温伯格	哈佛商学院
约翰·怀特海德	哈佛大学、哈佛商学院
罗伯特·鲁宾	哈佛大学，从哈佛法学院退学去了伦敦政治经济学院，其后在耶鲁法学院毕业
斯蒂夫·弗里德曼	同时被哈佛、耶鲁、康奈尔录取，最终毕业于康奈尔大学，后从哥伦比亚大学法学院毕业
约翰·考赞	伊利诺伊大学、芝加哥大学商学院
亨利·保尔森	达特茅斯学院、哈佛商学院
劳埃德·布兰克费恩	哈佛商学院、哈佛法学院

表4-10　雷曼兄弟公司最高领导人的教育背景

领导人	教育背景
亨利·雷曼	无
梅耶·雷曼	无
伊曼纽尔·雷曼	无
菲利普·雷曼	暂无信息
鲍比·雷曼	耶鲁大学
弗里德里克·厄尔曼	加州大学伯克利分校
彼得·彼得森	西北大学
刘易斯·格鲁克斯曼	纽约大学商学院
理查德·福尔德	科罗拉多大学、纽约大学商学院

表4-11　贝尔斯登公司最高领导人的教育背景

领导人	教育背景
约瑟夫·贝尔	曾在法国、德国和瑞士接受教育
罗伯特·斯特恩斯	耶鲁大学
哈罗德·迈耶	毕业于某常青藤大学的商学院
西奥多·娄	普林斯顿大学
赛·刘易斯	在波士顿大学读了三个学期后因交不起学费辍学
艾伦·格林伯格	亚利桑那大学
吉米·凯恩	普度大学肄业

组织文化的“后果”

通过对案例故事尽可能详尽、客观的描述和比较，我们观察到，组织文化是长时间积累而形成的，但对组织效能的确会产生决定性的影响。组织文化要素的不断积累和互动对组织效能产生复杂而关键性的影响。

在三家案例公司中，高盛文化在整合维度、应变维度、进取维度和权力分享维度四个维度上都是最为强劲的。这四个维度上的强力文化彼此促进，相互强化和优化，造就了高盛卓越而独特的文化。举例而言，如果没有组织至上和团队协作文化（整合维度），高盛就很难发育出健康的权力分享文化（权力分享维度），在一个人人为自己的环境中，与他人分享权力可能是自杀性的。而在另一方面，跨文化的权力分享（权力分享维度）促进了高盛内部多元亚文化的发育（应变维度），强化了组织的应变能力（应变维度），避免了不同亚文化之间的内斗，又进一步强化了组织的跨亚文化凝聚力（整合维度）。到了2004年，从收入和盈利能力的指标上看，高盛的表现无疑是最出色的。在华尔街上最重要的交易和投资银行领域，高盛都是明显的领先者。如果不是高盛在战略上刻意回避了回报较低的零售经纪业务（反映为手续费收入的空白），高盛的总体领先优势会更加明显。相对于雷曼和贝尔斯登，高盛组织文化的高效性和卓越性对短期和长期的组织效能的促进作用是非常明显的。

高盛文化的可贵之处在于没有短板，任何主要维度的组织文化弱点都会影响到其他主要维度上的组织文化发育。相比之下，贝尔斯登的组织文化在进取维度上有明显的缺陷。其缺乏远见，不思进取的组织文化导致了多元亚文化发育的不足，既限制了规模的增长，也限制了应变能力。以2004年年末的财务报表为例，多年累积下来的文化后果反映得非常明显。贝尔斯登的净收入规模仅仅是高盛的33%，雷曼兄弟公司的60%，在规模上的差距十分显著。有人会说1923年成立的贝尔斯登比起1869年成立的高盛和1850年成立的雷曼在经营时间上要短很多，在业务收入上低于两家竞争对手是完全可以理解的。其实时间并非关键的因素。美林公司成立于1914年，仅比贝尔斯登早9年，但2004年贝尔斯登的净收入水平仅仅是美林的30%。1955年，正当贝尔斯登的刘易斯专注于自己喜欢的交易业务之际，一个叫桑迪·威尔（Sandy Weill）的东欧犹太裔小伙子刚从康奈尔大学毕业，好不容易进了贝尔斯登做信差，并一度直接在刘易斯的手下打杂。桑迪·威尔日后离开了贝尔斯登，雄心和扩张精神使他成为现代金融的象征性人物之一。正是这个人在1998年促成花旗银行与旅行者集团的合并，打造了当时世界上规模最大也最为多元化的金融公司花旗集团，并被誉为“资本大帝”。可见，组织文化才是真正的答案所在，贝尔斯登狭隘、内向、保守的文化才是公司缺乏规模和收入多元性的主因。

再以雷曼兄弟公司为例。其组织文化的致命短板在于缺乏权力分享文化。鲍比·雷曼长达44年的独裁统治破坏了雷曼组织内部团队协作文化的发育，也使得公司难以形成组织至上的文化。鲍比·雷曼作为世袭王子和公司大佬，地位超然，无人敢于挑战。在某种意义上，雷曼公司是鲍比·雷曼的公司，这位皇帝式的人物高居于组织之上，而非组织之中；组织为鲍比·雷曼的最高利益服务，而不是鲍比·雷曼为组织的最高利益服务。作为结果，当鲍比·雷曼去世后，雷曼组织文化在整合维度上的缺失暴露无遗，很快成为一盘散沙。雷曼无休无止的内斗在1984年断送了公司的独立，导致了失去的10年。福尔德在1994年带领雷曼重获独立后，致力于打造“一个公司”的文化，试图避免雷曼在历史上缺乏组织至上和团队协作文化的缺点。不幸的是，福尔德的权力越来越不受制约，使得雷曼内部形成了“近臣小圈子”和“效忠文化”，无法宽容不同的意见，进而破坏和压抑了雷曼求真务实的文化（应变维度），并为公司留下了巨大隐患。

表4-12　五家案例公司2004年的财务表现（单位：亿美元）

净收入	高盛	摩根士丹利	美林	雷曼兄弟	贝尔斯登
投资银行	33.7	33.4	32.6	21.9	11.5
交易和自营	133.3	60.3	23.0	57.0	35.4
手续费	0	32.6	48.8	15.4	11.8
资产管理和其他	38.5	77.2	54.4	8.0	2.4
总计	**206**	**238**	**220**	**116**	**68**
净利润	**45.6**	**44.9**	**44.3**	**23.7**	**13.2**
股本回报率（%）	19.8%	16.8%	14.9%	17.5%	19.1%

来源：公司年报及Liaw（2006，第28—33页）

雷曼的案例也再次说明运营时间长短并非组织成功的关键因素，组织文化才是。就成立时间而言，雷曼比高盛公司早成立19年，比美林公司早成立64年，但其2004年的净收入水平仅是美林的53%、高盛的56%。这反映出雷曼组织文化内战和内耗以及失去独立所带来的严重后果。从2004年的数据还可以看到，亚文化内战让雷曼的投资银行业务遭受重创，且一直没能恢复原有的市场地位。在这一年，雷曼投资银行业务在全球市场上的费用收入份额依旧无法进入前5名（Ward，2010，第160页）。雷曼的交易业务净收入与摩根士丹利的水平类似，但大幅低于高盛的水平。其资产管理相关业务也大幅落后于摩根士丹利、美林和高盛，导致雷曼过于依赖交易业务收入，这也为2008年留下了巨大隐患。

Chapter 05

第5章

金融危机：组织文化的『压力测试』

由次级贷款泡沫破裂而引起的金融危机起始于2007年，到2008年达到高潮。这场金融危机为我们观察华尔街投资银行的组织文化提供了难得的窗口。华尔街投资银行既是危机的始作俑者，也是危机的主要受害者。危机袭来，就像给组织文化进行了一场压力测试，让人们能够更加全面、深入、直观地观察到不同投资银行的组织文化面对突如其来的变局和危险时的应对情况。在本章中，通过对三家投资银行在危机中的表现展开描述与分析，我们再一次审视这些机构的组织文化，为理论构建提供更深入广泛的认知和视角。

贝尔斯登在金融危机中的表现

低价卖身

在金融危机中，贝尔斯登是第一个轰然倒塌的公司。

2007年7月31日，贝尔斯登的两家对冲基金倒闭，公司自此走上了下坡路。8月，标准普尔把贝尔斯登的前景展望调整为“负面”；11月，公司对与抵押贷款相关的资产进行了高达19亿美元的减记；进入2008

年初，开始有对冲基金由于担心贝尔斯登的财务状况而中断业务关系，包括著名的文艺复兴科技公司。

到了2008年3月，贝尔斯登的状况急转直下。3月10（周一），穆迪下调了贝尔斯登的信用评级，引发了交易对手的巨大忧虑；3月11日（周二），美联储宣布将向投资银行和其他“大型经销商”提供贷款，被解读为是针对贝尔斯登所面临的流动性问题。3月12日（周三）晚上，贝尔斯登在回购市场上发生融资困难，包括富达投资和梅隆银行在内的许多货币基金公司在周三交易结束后告诉贝尔斯登他们无法确定明天是否要继续提供资金；贝尔斯登的现金储备趋近枯竭。3月13日（周四）晚上，贝尔斯登通知美国证券交易委员会，它在周五将无法正常运行。为了满足贝尔斯登流动资金需求，纽约联邦储备银行在3月14日周五早上，通过摩根大通向贝尔斯登发放了129亿美元贷款。当天收市后，财政部长保尔森和纽约联邦储备银行主席盖特纳（Timothy Geithner）告诉贝尔斯登的首席执行官施瓦茨，美联储在后面一周将不会再向摩根大通提供贷款，这意味着贝尔斯登必须在周日晚上亚洲市场开始之前找到一个买家，否则就只能走破产程序。

3月16日（周日）晚上，摩根大通宣布将以每股两美元的价格收购贝尔斯登。8天后，在3月24日，为了争取贝尔斯登所有股东心甘情愿地放手，摩根大通和贝尔斯登达成协议，将价格提高到每股10美元。但不论价码高低，贝尔斯登作为一家独立的华尔街投行走到了历史的尽头。短短的一周内，贝尔斯登就戏剧性地崩溃了。

后知后觉

在某种意义上，贝尔斯登是在被高盛捅了一刀之后才开始意识到抵押按揭市场出现了重大拐点。

早在2006年中，按揭抵押证券市场已经出现了令人不安的迹象。外部投资者开始回避抵押债券中最危险的部分。由于销售不畅，美林和花旗的资产负债表上也开始产生大量相关资产的积压。但在2006年下半年，贝尔斯登资产管理公司的对冲基金经理拉夫·乔菲（Ralph Cioffi）依旧投资很多投资者开始躲避的产品。根据花旗交易部门的说法，在2006年后期CDO市场不被看好的时候，乔菲是唯一买下那些产品的人（Gasparino，2009，第251页）。

2007年初，按揭贷款相关市场已经呈现弱势。在最初的六周内，次级房屋贷款债券价格综合指数（ABX Index）暴跌了30%。贝尔斯登资产管理公司的两位对冲基金经理乔菲和麦休·丹宁（Matthew Tannin）却做出了错误的判断：“在这一时点，从全局来看，关键问题是我们的信心，结构信贷市场，特别是次级抵押贷款市场，并没有系统性崩溃。”（Cohan，2009，第333页）事实上，两位基金经理所管理的两只对冲基金——高等级基金和增强型杠杆基金都与按揭贷款市场高度相关，且已经开始明显下跌。

2007年4月，贝尔斯登的清算银行摩根大通通知贝尔斯登联席总裁施瓦茨要求贝尔斯登资产管理公司追加抵押品，以支持其回购借款，在同一时期，已经有主要投资人要求赎回（Cohan，2009，第335页），这些都传递了负面的信号。尽管如此，在联席总裁斯佩克特的主导下，贝尔斯登在5月1日向对冲基金追加了2500万美元的投资。

2007年5月，高盛作为交易商给出了乔菲所管理的对冲基金所持证券的最新价格。高盛给出的价格比其他交易商给出的价格（99，98，97）低出很多（50，60），但按照美国证券交易委员会的规定，贝尔斯登在为持有资产定价时必须考虑这些较低的价格并取得平均值。结果，乔菲的对冲基金在4月的跌幅从6.5%扩大到18.97%。高盛的最新定价立即给贝尔斯登的对冲基金带来了灾难性后果（Cohan，2009，第337页）。贝尔斯登的高管对此极为愤怒，但高盛总裁加利·科恩（Gary Cohn）回应说高盛只是“尊重市场”（Cohan，2009，第338页）。截至7月，高等级基金资产缩水91%，增强型杠杆基金缩水100%。两只基金都在7月31日申请破产。

管理层一致性的乐观

尽管按揭贷款市场已现疲态，而且由贝尔斯登管理的两只对冲基金也展现出负面迹象，贝尔斯登的上上下下却毫无危机感，即便有人表达忧虑，也会被最高领导人忽视或打压。

2007年2月12日，贝尔斯登负责资产支持证券和抵押债务市场研究的高级董事总经理吉安·辛哈（Gyan Sinha）在有900多名投资者参加的电话会议上指出市场对抵押贷款的忧虑过度了（Cohan，2009，第317页）。2007年3月29日与投资者沟通的过程中，联席总裁斯派克特指出：“问题的关键在于是否对住房市场产生较大影响，至今我没看到这种影响。”他还说：“我们对我们的风险管理方式感到非常自豪。这是我们文化不可或缺的一部分……我们有强大的有备无患的文化。”（Cohan，2009，第326页）

2007年4月底，贝尔斯登资产管理公司的主管理查德·马丁（Rich Martin）在公司执行委员会上提出有必要密切关注两只对冲基金的情况。凯恩听后勃然大怒，说道，“什么？这有些过度反应了是吧？我投资了很多钱在对冲基金里。如果我的收益有30个月是很好的，然后2个月情况不好，我是不会赎回并拿走我的钱的。为什么你会担心这个呢？”（Cohan，2009，第327页）

贝尔斯登2007年2月中旬发布的2016年年报为公司高管的乐观自

信提供了注解。这份报告以“83年连续盈利，20年的上市公司”为主题，宣告公司在2016年的营收达92亿美元，实现了逾20亿美元的净利润，比2005年增长40%。这份报告还渲染了贝尔斯登在按揭贷款相关领域的市场领导地位：2006年，贝尔斯登是按揭支持证券最大的承销商、住宅按揭支持证券的最大承销商和浮动利率按揭债券的最大承销商。根据这份报告：

公司的按揭相关业务继续在业内领先，我们连续3年都是美国按揭支持证券的最大承销商；在浮动利率按揭证券化领域拔得头筹，并在全球债券抵押证券（CDO）市场中名列前5名……我们垂直一体化的按揭相关业务使我们有权参与按揭相关业务的全部环节，包括发起、证券化、分销和服务。

报告披露说，在2006年，贝尔斯登的债券证券（CDO）业务增长了50%：

我们的成功遍及债券抵押证券（CDO）市场的所有板块和在欧洲和美国的发行，这反映出我们在这项业务中10年来的地位和整个市场强劲的增长势头……我们是领先的抵押贷款支持证券承销商、领先的夹层资产支持证券化债券承销商和各类债券抵押证券（CDO）承销商，包括商业抵押贷款证券、信托优先级证券和建立在CDO债券上的CDO债券。（Cohan，2009，第321页）

如果从另一个角度解读，贝尔斯登在按揭相关业务太过成功了。自从1997年10月领导承销了首宗次级贷款的证券化项目，贝尔斯登在这个领域就一直保持领先，为公司带来巨额收入。而从负面的角度看，这再次暴露了贝尔斯登由于业务发展不平衡而对少数业务线条的过度依赖。

内部寻找替罪羊

2007年7月，贝尔斯登宣布关闭对冲基金后，CEO凯恩和总裁斯佩克特都去了田纳西州参加了国家桥牌年度锦标赛。这意味着他们都要在接下来的10天离开办公室，而且在比赛时，手机和黑莓都不能带入场内。

11月1日，《华尔街日报》刊文揭露了吉米·凯恩在贝尔斯登面临危机时的表现。报道称凯恩在公司危机时期仍然把大量工作时间花在桥牌和高尔夫上。每周四下午，凯恩花1700美元乘坐直升机从纽约飞往好莱坞的高尔夫俱乐部，之后是周五、周六和周日参加高尔夫赛，再回家玩几个小时的在线扑克，打桥牌和陪伴孙辈。整个7月的21个工作日中，凯恩有10个工作日都不在办公室（Kelly，2009，第108页）。

凯恩自己是这种态度最大的受害者。和他的前任格林伯格不同，凯恩很少出售他自己所持的贝尔斯登股票，这使得他在贝尔斯登最终崩溃的过程中损失了至少9亿美元。一位贝尔斯登的高级董事总经理指出悲剧的主角们总是被骄傲自大蒙住眼睛，看不清周围发生的事情，最终走向毁灭（Bamber，Spencer，2008，第212页）。

在贝尔斯登的对冲基金清盘后，吉米·凯恩自己去参加了国家桥牌年度锦标赛，但却对斯佩克特也参加了比赛感到愤怒。他认为斯佩克特应该对对冲基金的失败承担责任。首先，对冲基金业务是斯佩克特分管的领域，其次，他在未经执行委员会达成共识的情况下擅自在对冲基金中多投入了2500万美元。

凯恩拿斯佩克特开刀是典型的寻找替罪羊行为。找出一位高管顶罪会使包括凯恩在内的高管们在最应该承担起责任的时候逃避掉责任。此外，经过2006年9月的一次业务重组，贝尔斯登90%的业务由斯佩克特负责，凯恩竭力要干掉斯佩克特也有排除“接班人威胁”的嫌疑。2007年8月1日，凯恩把斯佩克特叫进办公室并要求他辞职。在8月5日周日的董事会上，斯佩克特递交了辞呈。

格林伯格并不认为开除斯佩克特是个明智的决定。他在回忆录中说：

我们当下最紧迫的问题是固定收益及杠杆化产品（作为所需日常资金所需的担保）还在继续亏损。在贝尔斯登，只有一个人真正了解这个领域，他就是已经离开贝尔斯登的沃伦·斯佩克特。尽管他的两个继任者杰夫·梅尔（Jeff Mayer）和汤姆·马来诺（Tom Marano）同样令人尊敬，同样是一流的交易师，但是在接管这个岗位时，一切都已经晚了，游戏已经接近尾声。虽然吉米不愿意承认这一点，但解雇沃伦显然削弱了吉米带领贝尔斯登走出困境的能力，而结果似乎已成为定局——他已经无力回天了。（Greenberg，Singer，2010，第162页）

格林伯格认为把斯佩克特踢出公司是凯恩的一次极不明智的权力展示。他和阿兰·施瓦茨都曾尽力阻止，但凯恩却坚持己见。寻找替罪羊的行为对公司应对危机没有任何帮助。斯佩克特的离去让贝尔斯登对市场的把握能力更加欠缺。销售员出身的凯恩和投行出身的施瓦茨都对固定收益市场知之甚少，他们不得不花很多时间去处理他们不懂的业务。凯恩问出很多肤浅的问题，成为交易员们的笑柄。

表5-1　五大投资银行在金融危机中的“替罪羊”现象

投资银行	替罪羊现象
贝尔斯登	2007年8月5日，贝尔斯登联席总裁（排名第2的高管）沃伦·斯佩克特（Warren Spector）被逼辞职，为贝尔斯登在危机中蒙受的损失承担责任。
雷曼	2008年6月，公司总裁（排名第2的高管）格雷戈里（Joe Gregory）和首席财务官卡伦（Erin Callan）被迫辞职。为第二季度的亏损承担责任。
美林	2007年10月3日，美林FICC（固定收益、商品和货币业务）部门负责人奥斯曼· 赛莫西（Osman Semerci）和副手戴尔·拉汤齐奥（Dale Lattanzio）被美林解雇，为大量的按揭相关结构化产品的亏损敞口担责。
摩根士丹利	2007年11月29日，公司联席总裁佐伊·科鲁兹（Zoe Cruz）（排名第2的高管）正式被宣布离职，为摩根士丹利的一笔巨额交易损失承担责任。
高盛	未发生类似情况。

危机应对不得要领

贝尔斯登缺乏强大的投资银行亚文化，危机来临，公司开始为此付出代价。与KKR、沙特主权财富基金、城堡集团等机构的接触都无果而终，一位贝尔斯登的高管认为公司领导人的文化过于狭隘和单一，限制了他们对变革性交易的思考能力。而另一方面，凯恩和施瓦茨都过于乐观了。2007年10月22日，贝尔斯登宣布与中信证券达成原则协议，双方计划展开10亿美元的交叉投资，同时在亚洲业务达成战略联盟。这一交易在改善公司流动性和提升投资者信心方面收效甚微。公司的股价表现平平，同时有分析师认为这个交易并非“期待中的交易”。但中信的交易给凯恩带来了一些虚假的成就感，他和施瓦茨都对筹集更多的资本金不感兴趣，认为每股115美元的价格太低，担心低价出售股票会在市场上示弱，同时也会影响公司的股本回报率。在2007

年1月，贝尔斯登的股价曾达到创纪录的172.69美元，在公司面临危机时，两位领导人多次执着于这一历史性数据而忽略了新的现实。

事后看来，贝尔斯登无视来自日本住友银行的兴趣非常可惜。最终稳住了摩根士丹利局面的正是来自日本东京三菱银行的一笔90亿美元的投资。2007年秋天，贝尔斯登欧洲公司的首席执行官米歇尔·佩雷蒂（Michel Peretie）就提到了住友银行与贝尔斯登达成一项“结构性”交易的意愿。到了2008年1月10日，佩雷蒂在管理和薪酬委员会会议上再次介绍了来自住友的提案：由住友购买贝尔斯登股份的9%到30%，并利用自己的销售网络帮助销售难以销售的金融资产。当时贝尔斯登的股价已跌到70美元左右，形势越来越严峻；但由于重心已经放在了与中信的交易上，贝尔斯登的高管们未能抓住这根原本可以救命的稻草。有记载表明，在2007年2月，贝尔斯登的管理层还忽视了来自日本野村证券的一个类似的交易机会（Kelly，2009，第112页）。

缺乏内部整合和信息沟通，难以协同应对危机

危机令贝尔斯登缺乏团队精神的弊病暴露无遗。格林伯格与斯佩克特是贝尔斯登风险委员会上仅有的两名拥有最终否决权的高管，但固定收益部历来是斯佩克特的领地，没有人敢于侵犯。直到他离开贝尔斯登后，格林伯格才意识到“我们的杠杆是如此之大”（Greenberg，Singer，2010，第157页）。2008年1月，施瓦茨成为CEO后的一个早晨，这位逐渐熟悉起按揭支持债券和衍生品的投资银行家打电话给格林伯格：“你不知道有多糟糕，我们在做多所有这些垃圾。”（Greenberg，Singer，2010，第170页）

风险管理亚文化的缺失使得公司领导层如同温水里的青蛙，得不到任何大难将至的警示信号。2007年8月，美国证券交易委员会的市

场监管部门曾对贝尔斯登进行过一次核查，发现贝尔斯登的风险管理部门人员对按揭支持证券缺乏专长，人手长期不足，对交易员的建议缺乏独立性，风控骨干离职率高，缺乏能力或者意愿根据市场环境的变化更新模型（FCIC，2011，第195页）。2007年秋天，贝尔斯登的董事会雇佣奥维咨询公司（Oliver Wyman）对公司的风险管理进行了一次审查，结果发现，风险评估是“罕见”和“特别的”，以及“受制于资源不足”，“风险管理者并不能有效挑战前台的决定”，风险管理部门是“人手不足的”并且认为是“次要的”（FCIC，2011，第197页）。有一个数字说明了贝尔斯登的风险管理亚文化何等弱势。在2006年，CEO凯恩、联席总裁施瓦茨和斯佩克特的薪酬是在公司工作了12年的首席风险官迈克尔·艾利克斯（Miachel Alix）的10倍以上（FCIC，2011，第197页）。

3月10日，当贝尔斯登距离覆灭仅仅几天之遥时，并没有证据表明公司的高管团队作为一个团队在战斗。当天一开盘，公司的股票就大跌10%，而贝尔斯登面临流动性危机的谣言已经开始传播，但公司的高管却分散在各个地方。凯恩在底特律打桥牌，施瓦茨在棕榈滩主持贝尔斯登一年一度的媒体行业投资会议。面对媒体的提问，公司高管竟然没有商量出统一的口径（Greenberg，Singer，2010，第172—173页）。

为历史上的保守及缺乏规模付出代价

贝尔斯登在规模上是五大独立投资银行中最小的。格林伯格和凯恩也应该为自己早年的缺乏进取而后悔。公司错失了很多次多元化的机会，这些机会既可以通过培育内部多元亚文化来实现，也可以通过外部收购来实现，但两位领导人的因循守旧阻碍了公司的发展。正是由于缺乏多元化，贝尔斯登不得不越来越依赖于固定收益业务，特别是抵押贷款支持证券和其他资产支持证券。同样因为缺乏进取精神和多元化的收入，使得公司的规模在5大独立投资银行中是最小的。曾在雷曼和拉扎德等华尔街投行工作过25年，后在哥伦比亚大学授课的理查德·歌德伯格（Richard Goldberg）评论说：贝尔斯登的困局就在于它是贝尔斯登，一方面大到不能倒下，而另一方面又小到无法幸存。问题的症结在于以贝尔斯登的规模和流动性，它无法承担大量生发于内部和外部的对冲基金式风险（Goldberg，2009，第140页）。时任美国财长的保尔森也认为贝尔斯登缺乏国际业务且过度依赖按揭业务使公司陷入险境（Kelly，2009，第64页）。

雷曼在金融危机中的表现

美国历史上最大的破产案

2008年3月贝尔斯登被摩根大通收购后，市场就开始满怀忧虑地聚焦雷曼，都认为雷曼将会是下一个倒下的投资银行，终局的到来只是时间问题。3月18日，摩根大通宣布收购贝尔斯登。基于信用违约互换业务，雷曼五年期1000万美元债券的年担保费用达到31万美元；美林和高盛相应的数字分别是24.1万美元和16.5万美元（FCIC，2011，第217页），这说明市场认为雷曼是华尔街投行中最危险的那个。“迪克，有传言说你们惹上麻烦了。”就在那天晚上，摩根士丹利的CEO约翰·麦克告诉雷曼的CEO理查德·福尔德。“一派胡言。”福尔德对多年的老朋友的担忧做出了轻松的回应（Gasparino，2009，第392页）。

同样在3月18日，雷曼发布了第一季度财报，盈利4.89亿美元，好于市场预期，股价大涨近50%，达到46.89美元。但市场很快开始质疑雷曼财务数字的准确性，特别是是否充分计提了资产减值损失，雷曼将面临对冲基金的强力做空。

6月9日，雷曼确认了市场的疑虑，宣布第二季度亏损28亿美元，这是1994年雷曼上市以来的首次亏损。雷曼总裁格雷戈里（Joe Gregory）和首席财务官卡兰（Erin Callan）被迫辞职，股价跌至22.7美元。一些雷曼的交易对手方开始中断或减少与雷曼的业务联系。

9月9日（周二），韩国发展银行宣布将不再考虑投资雷曼，雷曼股价下跌55%，收盘价低至7.79美元。9月10日（周三）开市前，雷曼宣布第三季度亏损39亿美元，其中包括56亿美元的资产减记，导致了一些主要货币基金减少和雷曼的业务联系。和贝尔斯登一样，雷曼开始面临流动性枯竭的危险。

9月12日（周五）晚上，众多监管和银行高层汇聚纽约联邦储备银行的会议室，讨论如何拯救雷曼。与会者包括前高盛CEO，财政部长保尔森，高盛集团CEO布兰克费恩，摩根士丹利CEO约翰·麦克，前摩根士丹利联席总裁，现任花旗集团CEO潘伟迪（Vikram Pandit），前高盛联席总裁兼首席运营官，现任美林集团CEO约翰·塞恩（John Thain），前摩根士丹利高级银行家，现任英国巴克莱资本总裁鲍勃·戴蒙德（Bob Diamond）等人。雷曼的CEO福尔德则未在被邀之列。他在雷曼的31层行政楼层寄希望于在政府的参与下雷曼可以得到某种形式的救助，哪怕是再走一遍贝尔斯登的老路也好。

9月13日（周六）和9月14日（周日），雷曼的两个潜在收购方美国银行和英国巴克莱失去了收购雷曼的可能性。前者转而收购了美林，而后者既得不到美国政府的协助，也无法获得英国监管机构的首肯。

雷曼已走到了穷途末路。

2008年9月15日（周一）凌晨1点45分，雷曼的董事会决定申请破产。当日，道指大跌逾500点，7000亿美元的市值蒸发。雷曼的破产涉及8000个子公司和分支机构，近6000亿美元的资产和负债，逾10万个债权人，以及2.6万名员工。雷曼的破产律师哈维·米勒（Harvey Miller）评论说：“雷曼破产代表了美国历史上最大的、最复杂的、影响最深远的破产案件。”（FCIC，2011，第227页）

最高领导层忽略了来自公司内外的警讯，未能及时改变业务策略

早在2005年，德意志银行、摩根大通和高盛公司已经收缩业务并开始对冲按揭贷款支持证券的风险敞口，而贝尔斯登、雷曼兄弟、花旗集团和美林都还在坚持既有战略。2006年，在福尔德的亲自主导下，雷曼开始追求一项高成长战略，试图以激进冒险的方式，赶超高盛和摩根士丹利。

雷曼内部并不缺乏明智之士。2005年6月7日，雷曼固定收益业务全球主管迈克·格尔班德（Mike Gelband）在一次内部交易员会议上指出美国的不动产市场就像服了禁药的运动员，正挥动着本不属于自己的肌肉。这些肌肉给人以强壮的感觉，但最终不会持久，在他看来，一场核聚变式的灾难即将在2007年和2008年总爆发（McDonald，2009，第133页）。迈克·格尔班德是雷曼执行委员会中最了解相关业务的，但他的意见被完全忽视了。2006年夏天，格尔班德的副手亚历克斯·柯克（Alex Kirk）在向公司150名高级经理人员做报告时警告说，如果继续扩大杠杆交易，将可能面临数十亿美元的损失。但福尔德在听取了二把手格雷戈里的报告后，完全忽视了柯克的警告。2007

年2月9日，雷曼固定收益部高管劳伦斯·麦卡锡（Larry McCarthy）在一次在由众多业务主管参加的内部会议上再次对按揭市场和商业房地产市场积聚的风险提出警示，但也没有得到任何高层的回应（McDonald，2009，第218页）。最终，这些雷曼固定收益部门的精英们都选择离开了公司。

福尔德还完全忽视雷曼内部最资深的风险管理官员玛德琳·安东奇克（Madeleine Antoncic）在2006年的风险提示。玛德琳·安东奇克认为，房价在下跌，这意味着应该把杠杆率降下来。福尔德不仅和她争吵，还把她边缘化，不让她参加会议，甚至频繁地把她从会议中赶走。2008年初，一些被视为福尔德亲信的雷曼高管也开始发出警告，认为泡沫即将来临，当务之急是加强风险管理。但这些原本可以救命的逆耳之言都被忽视了。

一位前雷曼员工后来对财经记者披露说：雷曼的高层和一线员工完全脱节了。对我而言，雷曼的核心并没有烂，而是烂在了头部，这才是问题所在。有很多聪明的员工试图阻止领导们的疯狂，但这些人一个又一个被清除了。在雷曼，你最好低着头只干自己的工作，否则人头和工作都会丢掉（Bartiromo，2010，第28页）。

雷曼继续忽视风险，全力以赴地扩张业务。2006年，雷曼成为低等级按揭债券的头号承销商，承销了价值500亿美元的次级贷款相关产品（McDonald，2009，第212页）。从2006年6月到2007年6月，发生了大量杠杆收购事件，其中9次都可进入有史以来前10大杠杆收购的行列。雷曼尽管比花旗、美国银行和摩根大通在资产规模上小很多，但却全力与这些巨头开展竞争，以尽可能多地参与瓜分杠杆贷款业务，总共承担了超过2000亿美元的杠杆收购债务。也正是在2005到2008年间，负责商业房地产投资的马克·沃尔什（Mark Walsh）以前所未有的规模动用公司的资产负债表，投资了数千笔商业房地产交易（Ward，2010，第165页）。尽管这些投资在短期内带来利润，但在房地产市场即将逆转之际，是非常冒险的。到了2008年，雷曼的资产负债表上至少有300亿美元的商业房地产投资，涉及2500桩交易。这样的规模是资产负债表实力大得多的摩根士丹利的3倍（McDonald，2009，第236页）。雷曼前高管塞西尔看后不禁摇头：他认为“最多只能是50亿到100亿美元。”不管沃尔什的交易多赚钱，但是这些交易缺乏流动性——一旦出现问题，他将无法抽身，收缩资产负债表。这种交易风险之高，令人瞠目结舌（Ward，2010，第153页）。但从短期而言，大规模的冒险投资给雷曼带来了短期利润，也给CEO福尔德和总裁格雷戈里带来收益。2007年，两人给自己发的奖金分别为3500万美元和2900万美元。

缺乏求真务实的精神既误导了自己，也阻碍了外部施救

在金融危机的风暴临近之际，雷曼的资产负债表上积累了大量房地产相关资产。但这些资产的真实价值却难以估计。对于房地产资产，进行逐日盯市式的频繁价值评估并不现实，但雷曼的问题是，在房地产类资产价值已明显缩水的情况下，却未能在报表中反映出资产减值的损失。此外，雷曼还通过回购交易在季度末人为降低需要披露的杠杆水平。这些做法既麻痹了自己，也使潜在投资者心里没底，无法放心对雷曼投资。

2008年4月，福尔德打电话给巴菲特，希望得到巴菲特的投资。但巴菲特在仔细阅读了雷曼的年报后，感到疑问重重，放弃了投资雷曼的考虑（Ward，2008，第208页）。也有记录显示巴菲特当时开出了某些条件，但福尔德觉得雷曼被低估了，不愿意接受巴菲特昂贵的资

金。2008年5月21日，对冲基金绿光资本主席大卫·埃因霍温（David Einhorn）在一个有影响力的投资报告会上就公开质疑雷曼财务数字的准确性，指责雷曼高估了资产并隐瞒了数十亿美元的损失。5月27日，他在接受CNBC的采访时再次指责雷曼没有披露足够的信息。曾有意投资雷曼的韩国发展银行（KDB）也因担心雷曼没有按盯市原则评估资产而对投资存有顾虑（Ward，2010，第195页）。美国财政部的官员认为雷曼兄弟公司可能把资产高估了1000亿美元；另外一些人则认为这个数字在500亿—600亿美元（Ward，2010，第212页）。

缺乏求真务实的态度使得雷曼领导人很容易受到历史经验的误导，盲目乐观，缺乏应有的危机感。在华尔街上，雷曼被称为有九条命的猫。在历史上，公司有数次濒临灭亡的经历，但都能够奇迹般地恢复元气。雷曼曾在1973年蒙受交易亏损，在1984年被美国运通收购，在1998年在长期资本管理公司（LTCM）危机中几乎陷入绝境，在9/11恐袭中总部遭到重创，但最终都能安然度过。如果雷曼的领导人在贝尔斯登崩溃后能够以更大的危机感和紧迫感自救，结果也许会更好些，但雷曼的领导人还是太乐观了。2007年下半年、摩根士丹利、美林和贝尔斯登都寻求外部资本的注入，而雷曼直到2008年贝尔斯登崩溃后才有所动作。雷曼和所有的潜在投资者讨价还价，但福尔德心目中雷曼应该获得的高估值却不是建立在真实和坚实的数据基础上的。财长保尔森早在2008年7月就试图撮合美国银行收购雷曼，但美银的CEO肯·路易斯（Ken Lewis）却告诉保尔森说，福尔德并不愿意出售整个雷曼，而且在价格上也不太现实（FCIC，2011，第223页）。

任人唯亲导致公司高管层缺乏专业能力和协作能力，极大地削弱了应对危机的能力

雷曼缺乏权力分享文化的弊病在金融危机中暴露无遗。由于权力过度集中在福尔德手中，而福尔德的身边又形成了一个受到宠信的小圈子，这样的格局极大削弱了高管层的判断能力和专业能力。

2007年夏末，投资者中已经出现恐慌情绪，但雷曼的最高层却不断任用“忠臣”和“近臣”替代专家。2007年5月，固定收益部主管麦克·格尔班德因与福尔德和格雷戈里在重大战略问题上难以达成认同而离职，接替格尔班德的并非业务纯熟的副手亚历克斯·柯克，而是负责欧洲证券衍生品业务的罗杰·那吉奥夫（Roger Nagioff）。那吉奥夫对固定收益业务的专业知识为零，且家在伦敦。他勉强干到2008年初就辞职了。雷曼高层再次拒绝让亚历克斯·柯克执掌固定收益部，柯克很快也离开了公司。

雷曼风险管理亚文化的符号性人物是玛德琳·安东奇克。她毕业于纽约大学斯特恩商学院，拥有经济学和金融学博士学位。作为雷曼的董事总经理和首席风险官，她的职责是确定公司的整体风险承受能力，设立交易极限。她有丰富的风险管理经验，先后在纽约联邦储备银行、高盛和巴克莱银行工作。她于2005年被授予国际性大奖“年度风险管理师”奖，其后一年，又被提名为“美国金融界最有影响的100人”之一。她的专长正是按揭支持证券的风险分析和风险管理体系的设立。但就是这样一位资深专业人士，在雷曼危机的预防上却无法发挥应有的作用。在雷曼的执行委员会讨论风险问题时，她经常被要求回避。参加过那些会议的雷曼高管说，福尔德完全不能理性地听取她对风险的告诫，还愤怒地对她说“闭嘴”。2007年9月，福尔德和格雷戈里干脆把她降职到了一个无所事事的政府关系管理职位

（McDonald，Robinson，2009，第269页）。

为了填补玛德琳·安东奇克所留下的空缺，雷曼的首席财务官克里斯·奥米拉（Chris O'Meara）被贬为首席风险官。克里斯·奥米拉曾是安永会计师事务所的会计师，对数字极其敏感，但对风险管理知之甚少。接替奥米拉出任首席财务官的是对会计一无所知的艾琳·卡兰（Erin Callan）。一位同事评论说：

> 她在会计领域完全是个白丁……从未管理过超过50人的团队。她既无对外经验，也无财务管理背景，而且市场恰逢最困难的时期，这些都让人感到她不是一个能胜任这项工作的人。（Ward，2010，第171页）

一些执行委员会成员和雷曼高级银行家去找福尔德抱怨这项任命，但福尔德置若罔闻。格雷戈里却激动万分，作为一个热衷于实现员工背景多元化的高管，他把一位效忠于他的女性推进了公司执行委员会（Ward，2010，第170—172页）。

经过福尔德和格雷戈里的一番调兵遣将，危机袭来时，对雷曼应对危机至关重要的固定收益负责人、首席财务官、首席风险官等职位都未能掌握在专业级选手手中。而且这些业余选手在危机中的表现令本已岌岌可危的公司雪上加霜。卡兰被证明完全不胜任，在接连犯下低级错误后被解职。在各大华尔街公司急需引入重要战略投资机构的情况下，雷曼的判断力也出了很大问题。当福尔德的亲信首席法务官汤姆·鲁索（Tom Russo）和亚洲区总裁杰西·博泰（Jesse Bhattal）竭力试图使福尔德相信韩国发展银行具有75%的可能性会投资雷曼时，雷曼全球并购业务主管马克·莎菲（Mark Shafir）和福尔德聘用的外部并购专家约瑟夫·佩雷拉（Joseph Perrella）第一眼就看出这是一桩无法达成的生意（Sorkin，2009，第114—116页）。

表5-2　五大投资银行吸引投资人的情况

投资银行	投资人	时间、结果
贝尔斯登	中信证券	2007年下半年，未达成
雷曼	韩国发展银行（KDB）	2008年上半年，未达成
美林	新加坡淡马锡	2007年下半年，达成
摩根士丹利	中国中投	2007年下半年，达成
	日本三菱银行	2008年下半年，达成
高盛	巴菲特	2008年下半年，达成

有一派理论认为福尔德和格雷戈里之所以喜欢把人调来调去，是因为他们想削弱这些人。每次调职之后，大家都要花上几个月时间来适应新的业务，于是就没有精力构成威胁（McDonald，Robinson，2009，第270页）。一位前雷曼人力资源高管评论道：“这就是公司整套哲学出现问题的地方，它不是走出去寻找最佳人选，而只是寻求孝忠者。”（Ward，2010，第168页）

自2008年3月份贝尔斯登危机爆发以来，雷曼兄弟大多数高管一直夜以继日地工作，甚至周末也不休息，他们竭尽所能来维持公司的资产平衡（Ward，2010，第12页）。然而，曾任雷曼首席人才官的格林菲尔德（Hope Greenfield）观察到，由于福尔德已临近退休年龄，而总裁格雷戈里明显不是做一把手的料，雷曼的高层为了卡位而展开明争暗斗，隐匿信息和资源，相互指责并推卸责任，或者采取袖手旁观和明哲保身的态度，这些人在雷曼最需要团结一致应对危机的时候并未做到同舟共济（Greenfield，2010，第35页）。

高盛在金融危机中的表现

身居“顶楼”，游刃有余

2008年9月，高盛首席执行官布兰克费恩（Lloyed Blankfein）在雷曼宣布破产后打电话给雷曼CEO福尔德加以安慰。他对福尔德说，洪水袭来，贝尔斯登在第一层，你们在第二层，我们在第五层，但水漫到第五层前就停止了（Ward，2010，第226页）。高盛在2008年金融危机中的表现是5大独立投资银行中最好的。危机初露端倪时，高盛能够较早地捕捉到市场逆转的信号，及时做出决策，大量减少按揭支持证券的头寸并开展了大规模的空头交易。作为结果，高盛在这场危机中做到了全身而退。不仅未在按揭抵押证券业务上蒙受损失，而且还在2007年实现了176亿美元的税前利润，比2006年增长了30亿美元。2008年，高盛是5家独立投资银行中唯一保持盈利的银行。2008年9月，在雷曼宣布破产后，巴菲特以50亿美元投资高盛，对高盛应对风险和进一步发展的能力投下绝对信任票。高盛的成功也是高盛文化的成功，它在危机中的表现充分反映出以高整合性、高应变性、高权力分享性和高进取性为特征的强效组织文化优势。

敬畏市场，求真务实，嗅觉灵敏

高盛所采取的盯市制度对及时发现市场逆转起到了决定性作用。盯市的做法要求严格以实际交易价格确定资产价值，反映出敬畏市场，求真务实的态度。

高盛董事长兼CEO劳埃德·布兰克费恩在提交给美国金融危机调查委员会的书面材料（Blankfein，2010，第3页）中提道：

我们的风险管理方法根植于问责机制、上报机制和沟通机制。这些机制的绝大部分体现在盯市的过程中，也就是确定金融资产和负债的当前价值。我们认为，对金融工具公允价值进行严格计量是审慎管理之本，因为它令风险的真实情况变得清晰。我们借此可以管理市场风险限额，监控信用风险敞口并管理流动性需求。对于高盛而言，对风险敞口进行每日盯市以保持其与公允价值一致的做法令我们能够在市场风险和头寸风险开始显现恶化状态的早期，就做出决定降低风险。这一过程可能很困难，有时甚至很痛苦，但我们相信这是金融机构所应遵循的准则。

高盛首席财务官大卫·维尼亚尔（David Vaniar）表达了类似的观点：

我们成功的关键在于我们强劲的逐日盯市哲学，如果你不清楚自己资产的价值，你就无法有效地控制风险，一个精确的逐日标价过程让决策的难度大大降低，因为你可以切身感受到当市场衰退时不作为的代价。我们有大量价格发现和价值评估的资源，也不赞同“存在无法估价资产”的观念。所以，我们知道自己持有资产的价值，并且据以控制风险……考虑到我们业务中风险的复杂性和多样性，我们相信以下这点至关重要：为我们的团队提供必需的信心和支持，以尽快鉴别和上报所发现的问题，并将整个公司的利益置于任何个人之上。此外，我们认为高层领导者不论在平时还是危急时刻都应该积极参与商业运作和决策的过程，这一点也很重要。（Cohan，2011，第570页）

有研究表明：高盛在盯市方面比很多竞争对手要严谨得多：2007年高盛对86%的资产采用了盯市会计处理，而美国银行这一比例仅为27%，花旗集团为39%（Hardie，Howarth，2013，第33页）。

高层领导专业性强，内部沟通顺畅，决策果断及时

高盛的高管有高度敬业和亲力亲为的传统。作为高盛的首席财务官，维尼亚尔最重要的职责之一就是监控公司每一天所承担的风险。他每天都审阅高盛45条业务线的利润表，养成了每天直接与风险管理经理及首席交易员沟通，来控制某一时刻可用资金量的习惯。这项工作不仅是维尼亚尔的日常功课，也是高盛董事长兼CEO劳埃德·布兰科费恩和总裁加里·科恩的日常功课（Cohan，2011，第499页）。

高盛的另一个文化传统是重视沟通。高盛在第一线的交易员能够与最高领导层保持顺畅的沟通，这种文化的价值在金融危机中得到了充分的体现。2006年12月刚刚升为按揭贷款交易部门负责人的丹尼尔·斯巴克斯（Daniel Sparkes）说："我当时的职责之一就是确保加里（科恩）、大卫（维尼亚尔）和劳埃德（布兰克费恩）知道正在发生的情况，他们不喜欢意外。所以他们需要在第一时间知道发生了什么，不论是好事还是坏事。我认为他们都是非常优秀的经理人，只要你把问题告诉他们，他们就能立即处理。"（Cohan，2011，第500页）一位高盛风险管理部门的成员把风险管理过程看作一个持续沟通的过程：

我把这称为持续的横向、纵向的交流，在业务方面和在风险控制方面都是如此。我们在业务方面和风险控制方面存在很多制衡和信息共享。高盛坚定不移地严格执行逐日盯市制度，持续关注市场信息，对（资产）进行检查和重新估价。与大家想的正好相反，我们并不认为自己比市场更聪明，我们只是市场的参与者。但是坚持推行每日盯市的规定和进行全方位的信息共享使得高盛得以脱颖而出。我在德意志银行和摩根士丹利都工作过，但在这里，信息会主动发送到需要信息的人那里，信息分享的氛围是学院式的，业务不是山头割据式的，风险管理也不是山头割据式的，和其他任何地方都不一样。（Cohan，2011，第498页）

高盛的高层决策者们受益于来自公司各个部门源源不断的信息汇总。进入2006年底，高盛首席财务官维尼亚尔开始从掌管着400人的抵押贷款支持证券交易部门的主管丹尼尔·斯巴克斯那里不断获得警讯（Cohan，2011，第499页）。2006年12月中旬，维尼亚尔注意到，住房抵押贷款相关交易的每日盈亏情况显示，已有连续10天的交易亏损发生。2006年12月13日，高盛分析师迈克尔·迪尼亚斯（Michael Dinias）向首席财务官维尼亚尔和首席风险官克雷格·布罗德里克（Craig Broderick）提交了一份内部报告，报告的内容涉及“抵押贷款业务的主要风险。”（FCIC，2011，第165页）12月14日，维尼亚尔召集20多位相关业务部门负责人和风险管理人员开了3个多小时的长会，最终决定要“离家更近一点”，也就是要尽快减少与住房按揭贷款相关的风险敞口，让这类风险尽可能趋于中性。在高盛还有约60亿美元多头风险敞口的情况下，这意味着要尽快卖出一切可以出售的东西，卖不出去的东西也要重新打包并全部出售。这一决定非常重要、它使得高盛在危机中能够及时做出全方位的调整。

多管齐下，协同应对

在高盛管理层做出减少住房抵押贷款支持证券相关风险的决策后，高盛的各个部门展现出了强大的协作力和执行力，尽管高盛实现目标的过程中展现出来的道德水准存疑，且充满争议性，但这不是本书探讨的重点。我们从来不怀疑高盛作为一家商业自利性组织是自私的。在历史上，例如在中央铁路商业票据违约事件中，以及在金融危机中，当自身的重大利益和客户利益存在关键性冲突时，高盛首先顾及的会是自身的利益。

为了落实高层的指示，高盛固定收益、货币和商品业务线的董事总经理凯文·加斯沃达（Kevin Gasvoda）命令他的销售团队，即便是遭受亏损也要快速清空资产担保证券和担保债务凭证头寸："请重新关注手中新发行的债券头寸，并将它们转移出去。在未来几个月将会有绝佳的机会，我们不想被旧的库存拖累。即使遭受少量损失，也要努力将它们清空。"丹尼尔·斯帕克斯（Daniel Sparkes）写道："这个团队像疯了一样在全世界寻找买家，拼命地从一些又大又老的柠檬身上挤出一些汁水。"但为这些证券找到买家变得越来越难。为了减少次级抵押贷款的风险敞口，高盛将目标转向了客户。在12月28日的一封讨论年度客户清单的邮件中，高盛公司结构性产品交易部的副总裁法布里斯·图尔（Fabrice Tourre）说，将"力量集中"到"依赖评级的买家"身上，而不是"经验丰富的对冲基金"，"这些基金正在跟我们做同样的事情"，即出售或做空，它们都预计抵押贷款市场会持续走弱。在随后的几个月里，高盛继续向其客户出售抵押贷款相关产品。从2006年12月到2007年8月，它创建和出售了约254亿美元的担保债务凭证，包括176亿美元的合成型担保债务凭证。高盛通过这些担保债务凭证卸载了剩余库存中的大部分其他担保债务凭证和抵押担保证券。与此同时，高盛还使用信用违约掉期（CDS）做空次级抵押贷款证券，它还做空了ABX.HE.指数和一些被认为会受到次贷业务影响的企业（FCIC，2011，第165—167页）。在2006年12月和2007年1月这两个月中，高盛在市场上大规模买入次级贷款证券的担保，具体来说，高盛买下了可以为200亿美元资产提供担保的产品中的50%（Cohan，

2011，第507页）。但在大规模做空之前，高盛的核心交易员要确保高盛内部那些多头风险敞口较大的部门能够有效降低风险，以尽量降低损失。（Cohan，2011，第504页）

高盛的客户、基础收益阿尔法基金（一家对冲基金）的遭遇可以说明一些问题：这家基金在高盛设计的“森林狼”（Timberwolf）担保债务凭证中投入了1125万美元，并在2010年起诉高盛欺诈。基础收益阿尔法基金称，高盛将“森林狼”设计成一个会很快违约的产品，通过做空担保债务凭证，高盛既可以卸载自己的低质量资产，又可以从做空中获利。在这家基金投资两周后，高盛就开始要求它追加保证金。截至2007年7月，高盛已要求超过3500万美元的保证金，并最终导致基金在2007年8月清盘，而高盛收到了来自这家基金约4000万美元的清算资产（FCIC，2011，第166页）。贝尔斯登旗下的对冲基金在高盛销售员安德鲁·达维曼（Andrew Davilman）的推动下也在2007年3月27日投资了“森林狼”，大约6个月之后，该对冲基金购入的资产已损失了85%的价值（Cohan，2011，第542页）。

尽管有人会批评高盛不择手段，但高盛的效率的确是惊人的。在决定要“离家近点”仅1个月后，高盛的住宅抵押相关业务部门已经将60亿美元的净多头头寸抹平。到了2007年2月，高盛已经积累起100亿美元的净空头头寸。

进入到2007年4月，按揭抵押贷款市场的颓势已经十分明显，高盛开始全力以赴地抛售资产负债表上剩余的按揭抵押贷款资产，并于5月份大幅调低这类资产的估值。尽管高盛自己也需要做出很多减记，并承担损失，但由于大量的空头仓位的存在，此时的高盛已经游刃有余。做空市场所获得的利润足以抵消抵押贷款相关资产减记所带来的损失。而贝尔斯登、雷曼等竞争对手则迅速陷入巨大的下行旋涡之中。高盛交易员乔什·伯恩鲍姆（Josh Birnbaum）评论说："市场上的其他玩家没法承受对这些资产的减记，因为他们手上的脏东西太多了，他们不敢面对，只能否认。如果他们如实估值的话就会死得更早。每个人都在拖延，这是亏了钱的交易员都会干的事。"预测到一些竞争对手会在不断下行的市场上蒙受损失，伯恩鲍姆开始做空这些公司的股票，这些公司包括贝尔斯登、雷曼兄弟、美林和摩根士丹利（Cohn，2011，第559页）。

信任第一线员工，大胆放权，严格监控

乔什·伯恩鲍姆毕业于沃顿商学院，1994年成为高盛的全职雇员。伯恩鲍姆是高盛做空次贷市场的主要实施者之一。

2007年1月，ABX指数被正式创立，该指数是针对发放给信用等级不高的住房贷款所支持的证券指数，首次允许投资者对次级抵押贷款市场做多或做空。伯恩鲍姆对交易ABX指数产生了极大兴趣，并被调到了ABX指数交易小组。

大约到了2006年6月份，伯恩鲍姆开始注意到抵押贷款违约的债务人越来越多。到了第3季度，伯恩鲍姆和他的同事们就决定开始对抵押贷款债券市场做空，而且是大量做空。做空的决定有可能受到了作为高盛客户的对冲基金经理约翰·保尔森（John Paulson）的启发，也受益于高盛专家杰瑞米·普莱默（Jeremy Primer）的分析。普莱默在1981年曾为美国国际数学奥林匹克队赢得一枚金牌，作为普林斯顿大学和哈佛大学毕业的高才生，于1993年加入高盛。他的自有计算机模型显示：抵押贷款相关证券将面临大幅下挫，一些在市场上仍在以面值100美分交易的债券，其真实的价值可能仅会在30—70美分之间，所以做空才是最正确的（Cohan，2011，第493—495页）。

到了2006年12月，降低抵押贷款相关证券的风险成为高盛高层认可的整体性策略，伯恩鲍姆团队很快在2006年12月到2007年1月间基本清空了多头仓位，转为坚决做空。伯恩鲍姆自己说他的做空交易为高盛赚了近40亿美元，如果风险限额不那么严格，能够赚到的是现在的2—3倍，也就是80亿到120亿美元（Cohan，2011，第591页）。高盛在支持伯恩鲍姆团队做空的同时并没有放松对风险限额的控制，在过程中多次要求该团队把风险敞口限制在规定的范围之内。2007年3月，为了满足风险控制部门强硬坚持的风险限额，伯恩鲍姆团队转让了一部分做空头寸给其他对冲基金，限制了潜在收益，也限制了潜在风险。

伯恩鲍姆把高盛首席财务官维尼亚尔能够听取他的建议并最终做出做空按揭抵押市场的决定归因于高盛优秀的组织文化，这是一种谨慎承担风险并且鼓励不同意见的组织文化：“高盛能够成功挺过这次危机的原因之一就是它有一个善于倾听交易员意见和诉求的高管团队，维尼亚尔是其中的重要一员。这不是说华尔街的其他交易员就没有相似的观点，他们只是得不到授权做我们这样的交易。交易员都是非常聪明的，你给他们一个主意，他们当然会有自己的反应。高盛会听取交易员的反馈，必要时在很短的时间段内改变策略，进行大规模的交易，但我不认为其他投行会让交易员这么做。”（Cohan，2011，第505页）

压力测试的启示

如果把2008年的金融危机视作对三家案例公司的组织文化的一次“压力测试”，下表概括了三家案例公司的组织文化表现：

表5-3　三家投资银行在2008年金融危机期间的组织文化表现

公司	行为	次级维度	主维度	力度
高盛公司	严格盯市	求真务实	应变	强
	信息共享	团队协作	整合	强
		信息共享	权力分享	强
	协作应对	团队协作	整合	强
	优秀人才得以发挥	顶级人才	进取	强
		低权力距离	权力分享	强
雷曼兄弟公司	忽略内部警讯	高权力距离	权力分享	弱
	不能求真务实	求真务实	应变	弱
	高管不够专业	顶级人才	进取	弱
		高权力距离	权力分享	弱
	高管缺乏协作	团队协作	整合	弱
	优秀人才无法发挥	高权力距离	权力分享	弱
贝尔斯登公司	后知后觉	求真务实	应变	弱
	一致性乐观	求真务实	应变	弱
		开放多元	应变	弱
	寻找替罪羊	团队协作	整合	弱
	掉以轻心	勤奋进取	进取	弱
	投行能力欠缺	开放多元	应变	弱

2008年的“压力测试”表明：组织文化对组织长期效能和短期效能的影响均不可忽视。只有在组织文化的整合维度、应变维度、权力分享维度和进取维度都足够强劲，相互强化和优化，产生聚合式的作用时，组织效能才是最大化的，而任何单一维度的弱化都有可能影响组织文化的整体效能性，并进而削弱组织文化对组织效能的正向促进作用。

2008年的金融危机中，高盛基本上做到了全身而退，而它的竞争对手或就此消失、或被人收购、或狼狈不堪。2008年，高盛的股权收益率为4.9%，而其竞争对手为-0.5%；2009年，这个数字上升到22.5%，而其竞争对手则仍有1.8% 的亏损。

从强效组织文化的框架出发加以观察，高盛的成功建立在整合、应变、权力分享和进取这四个文化维度均没有弱项之上。一位高盛前高管承认：公司在金融危机中的表现能够优于对手，其企业文化起到了一定作用（Mandis，2013，第99页）。在他看来，得益于合伙人之间高度的财务依赖和基于信任的内部交际网络，以及扁平的权力层级和团队协作的文化传承，高盛在金融危机中展现出了强劲的异见争鸣文化，这使得高盛不是简单地依赖华尔街通行的风险控制模型，而是能够鼓励对模型输出的结果发表不同见解，展开密集的对话和沟通，进而使得公司顶层能够捕捉到被其他公司忽略的市场信号。这位高管的观察与本书作者通过大量阅读分析所形成的印象是高度一致的。

高盛在金融危机中虽全身而退，但留下了道德的疤痕。其在1970年宾州中央铁路破产案中表现出的组织性自利在2008年金融危机中近乎“完美”地再现了。意识到按揭贷款相关资产即将跳水之后，高盛一边押注相关次级贷款及衍生品会崩盘，展开大规模做空操作，另一边仍在兜售这些次级贷款，以卸载自己资产负债表上的风险敞口，并借此谋取了数十亿美元利润。其所作所为再次证明其“客户导向文化”和“客户利益高于一切”是两回事。高盛既没有提醒自己的交易“客户”，也没有凭借其“热衷公共事务”“做上帝的工作”的使命感向公众或监管机构预警。归根到底，高盛是一个自利机构，很难真正成为“客户利益至上”的样板，但却有着强烈的客户导向文化。这意味着高盛能够杜绝自拉自唱式的机构性自我中心主义，而是时刻关注客户的情形，或寻求与客户共赢，或在关系到自身生死存亡之际毫不犹豫地将客户推向生死博弈的对手方。抛开一个组织应在何种程度上对社会公共利益负责不说，高盛作为一个自利性商业组织展现了极高的效能性。

雷曼的失败主要是高权力距离所带来的失败。福尔德和效忠他的小圈子导致了雷曼权力分享文化的弱化，并进一步恶化了其应变、整合和进取文化。以进取文化为例，当组织的集体性理性进取变成了领导人个性化的野心膨胀和偏执之际，进取文化蜕化成了一种莽撞的冒险文化。而在领导人高高在上，自我封闭的状态下，组织中的协作沟通能力降到极低的水平，进而使得组织内部的异质意见受到压抑，求真务实的精神荡然无存，而组织的集体性智商以及应变能力随之急剧下降。雷曼在金融危机中的表现再次印证了强效组织文化理论中的一个重要观点，当四大文化维度中有任何维度呈现明显弱点时，都会全面弱化组织文化的其他主要维度并最终全面削弱组织文化的整体效能性。

贝尔斯登的沉没则充满了宿命色彩。长期缺乏开放多元和进取文化限制了其长期应变能力（反映为平衡和规模化的业务），而其业务部门各自为政和信息的割据化则反映出其整合文化和权力分享文化的缺失，难以支持其应对危机的能力。从历史角度观察，缺乏进取性是贝尔斯登文化的最大缺陷。同质化的领导人无法突破自身的专业亚文化背景，封闭保守，故步自封，疏于学习，慵懒自处，使得其业务规模和内在复杂性在5大独立投资银行中都处于劣势。危机袭来，贝尔斯登成了最小、最脆弱的那只驯鹿，被无情的资本猎食者们视为最明显的目标并迅速加以吞噬。贝尔斯登的覆灭来得很突然，但也来得很必然。

第6章 Chapter 06

通往组织效能之路

在第4章和第5章，我们对基于高盛、雷曼和贝尔斯登三家公司的案例故事进行了尽可能详尽的描述。在此基础上，本章的使命是通过对案例的阐释，结合扎根理论研究的初步结论，展开与文献的再对话，深化对强效组织文化运行机制的理论探索，并进一步强化对强效组织文化理论的建构。

案例故事的理论启示

高盛的案例故事表明：当组织文化在整合、应变、权力分享和进取维度上都高度强劲时，组织效能随之而来，而在任何维度上的短板都会伤害到组织效能。高盛的成功的确是组织文化的成功。由于组织文化没有短板，相比雷曼和贝尔斯登而言，高盛在长期成长性和短期应变性（2008年金融危机的应对）上都展示出卓越的组织效能性。

雷曼的案例故事表明：在缺乏权力分享文化时，组织文化的强整合性只是表面的和短期的。1925年到1969年这44年间，雷曼的发展非常迅速，在业界享有盛誉，鲍比·雷曼是公司无人可以挑战的领导人，雷曼也围绕着这位绝对的权威将众多背景不同的合伙人整合在一起。但在1969年鲍比·雷曼去世后，雷曼迅速进入了群龙无首、四分五裂的状态，交易员群体和投资银行家群体更是开始了持久不息的内战，直至雷曼丧失了独立性。相比而言，权力分享文化强劲的高盛，历史上从未出现因领导人的变更而陷入离散状态的情形。

雷曼的案例故事还表明，在缺乏强劲的权力分享文化和应变文化的状态下，强整合文化和强进取文化的组合具有极大的效能破坏潜力，尤其是在外部风险急剧上升的情况下。1994到2008年的雷曼历史尤其具有说明性。首先，陡峭的权力距离会压制组织内部的多元意见表达和求真务实精神，从而根本性地破坏组织的应变文化。在缺乏权力分享和应变文化组合的前提下，由长官意志驱使的雄心勃勃的计划和战略很可能成为脱离市场实际的冒险和跃进行为。雷曼2008年的破产正是由缺乏权力制约、忽视市场变化、压抑多元意见和过度激进的组织冒险行为这些因素所共同造成的。

贝尔斯登的案例故事则使人们不得不关注进取文化对组织效能所起的决定性作用。与高盛相比较，贝尔斯登领导人们的主要弱点是缺乏进取文化，缺乏长期共享愿景和战略，缺乏奋斗精神，在人才的选择尺度上也长期呈现出同质化倾向。作为结果，贝尔斯登缺乏跟随市场环境变化而发展新业务、拓展新市场的意愿和动力，极大抑制了组织内部的多元性，限制了组织规模成长，并削弱了组织应变能力。由于缺乏内部多元亚文化，贝尔斯登的整合文化体现为一种相对简单、自闭、特立独行的特征，是一种低水平的整合文化。

理论再探索

在本书的第2章，我们对强组织文化理论模型进行了检视。强组织文化理论认为，整合性更强的组织文化带来更强的组织效能，如下图所示。在这个模型中，组织文化的整合性是自变量，组织效能是因变量。整合性越强，组织效能越强。

图6-1　基于强组织文化理论的组织效能机理模型

但大量理论研究和实践经验却表明：强整合性组织文化不一定能够强化长期组织效能，只能带来短期组织效能甚至会破坏组织效能。雷曼的案例故事也表明，组织文化的强整合性只是形成强效组织文化的必要条件而非充分条件。综合既有研究表明，强组织文化理论是建立在单一文化维度上的理论，忽视了应变、进取和权力分享维度所起的作用。Martin（2002，第9页）对强组织文化作为一种过度简单化的理论提出了尖锐批评："过度简单化的理论，无论多么好用和吸引人，如果忽略了它试图概括的世界中存在的重要复杂性，是很难有用处的。对过度简化理论的运用不仅会对企业造成潜在浪费，还可能破坏社会对教育和研究相关努力本来就已脆弱的承诺。"

丹尼森的组织文化与组织效能理论（Denison，Mishra，1995；Denison，1997；Denison et al.，2012）纠正了强组织文化理论过度依赖单一整合维度的缺陷。他的研究认为，适应性、使命性、参与性、一致性四类文化特质均能有效促进组织效能。以多维聚合型强效组织文化理论框架来看，丹尼森所提到的四种文化特质分别属于应变、进取、权力分享和整合维度。因此，丹尼森的组织文化与组织效能理论虽然是以文化特质分析为出发点的，但间接认可了强效组织文化的多维性，唯一的遗憾是他对每个文化特性对组织效能的促进作用是单独和分别加以考察和确认的，所以他的概念模型虽是多维的，但不是聚合型的。在这个模型中，组织文化的整合性、应变性、分权性和进取性都可以单独成为自变量，组织效能是因变量，组织文化的整合性、应变性、分权性和进取性越强，组织效能就越强，如下图所示。

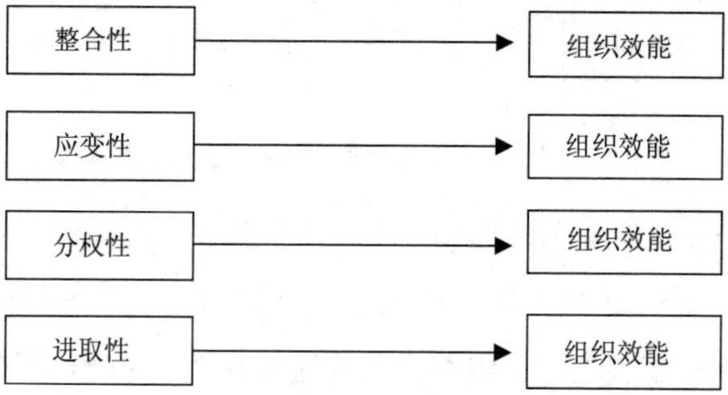

图6-2　基于丹尼森组织文化理论的组织效能机理模型

我们通过案例研究看到的情况是，在缺乏强劲权力分享文化和应变文化时，雷曼的强整合性文化（1925—1969）并未带来长期组织效能；而在缺乏强劲权力分享和应变文化的前提下，雷曼相对强劲的整合文化和进取文化作为一个文化组合（1994—2008）也未能经得起2008年的考验。所以，不仅单一强维度不能带来组织效能，在“四强”维度中有任何单一维度出现明显弱化的前提下，两个，乃至三个强维度的组合也未必能够带来强效组织文化。

我们的案例研究与扎根理论研究有同样的发现：强效组织文化是

一个整体，强劲的整合、应变、权力分享和进取维度缺一不可，相互强化，是一个聚合式的整体，并以整体作用促进组织效能。我们与丹尼森理论的最大分歧点在于，丹尼森认为上述四个维度单独起作用都可以促进组织效能，但案例事实表明上述四个维度单独起作用即便有可能促进组织效能，这种组织效能也可能是短期的。而另一种无法排除的可能性是，上述任何一个维度单独起作用甚至可能导致对组织效能的破坏。在丹尼森的理论框架中，强组织文化模型是可能成立的（如下图虚线所示），而我们通过案例研究发现，仅仅建立在整合性这个单一维度之上的强组织文化理论模型是无法被包容的，整合性必须与应变性、分权性、进取性共同产生作用，才能促进组织效能。如下图所示：

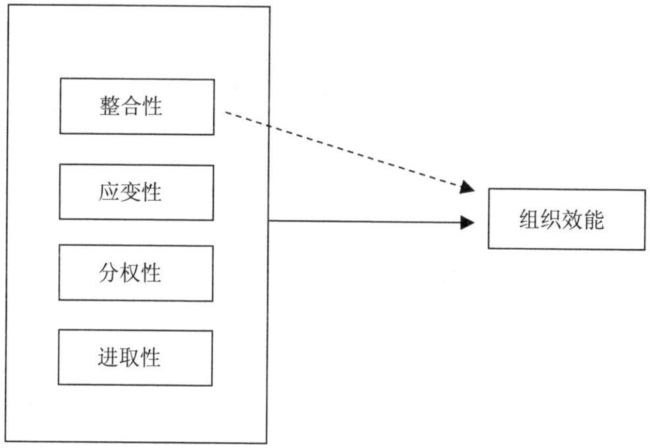

图6-3 基于案例研究的组织效能机理模型

在上述模型中，组织文化的整合、应变、权力分享和进取维度构成了一体化的组织文化整体结构。结构内部任何两个维度之间都构成一个离差放大的因果循环（deviation-amplifying cause loop）（Weick，1979）。在这种循环中，两个相互联系的元素能强化彼此的上升或下降。一旦一个元素下降，这种下降也能够彼此传递并在传递中扩大。这个过程既能够彼此传递，又能够互相破坏（Weick，1993）。2008年金融危机前的雷曼给我们提供了一个有趣的“弱化循环”例证：当福尔德的统治小团体垄断了权力后，导致了雷曼权力距离的陡峭化（权力分享维度弱化）；领导层的独断专行又开始压抑组织内部多元意见表达和求真务实的精神，从而导致组织无法全面准确评估外部风险，及时采取措施（应变维度弱化）；言路不畅、对战略的缺乏认同以及决策参与渠道的不畅进一步导致了对雷曼至关重要的固定收益部几位核心高管的离职，并引发下属员工的不满（整合维度弱化）；这些因素同时导致了优秀人才的流失和员工士气的低落（进取维度弱化）。相比而言，高盛则提供了“强化循环”例证。长期以来，高盛的整合、应变、权力分享和进取文化相互强化和优化，形成了一体化且无人可以轻易仿效的“高盛文化”。在2008年危机袭来时，相对于可比案例公司，高盛在四个文化维度上都更加强劲，且没有明显的维度缺失和弱化。

进取性维度驱动

那么如何更进一步地分析强效组织文化四个基本维度的内部关系？这将影响到在实践中以哪个维度为出发点构筑强效组织文化的选项。在考虑四个基本维度的关系结构时，假设我们保持传统强组织文化理论中整合性文化的驱动性地位，同时考虑四个文化维度的聚合性作用，就可以建构一个强组织文化的改进模型，使得打造强整合文化处于首要地位，而又确保与应变、权力分享和进取文化发生共同作用，并由此将强组织文化模型升级为多维聚合性强效组织文化模型。如下图所示：

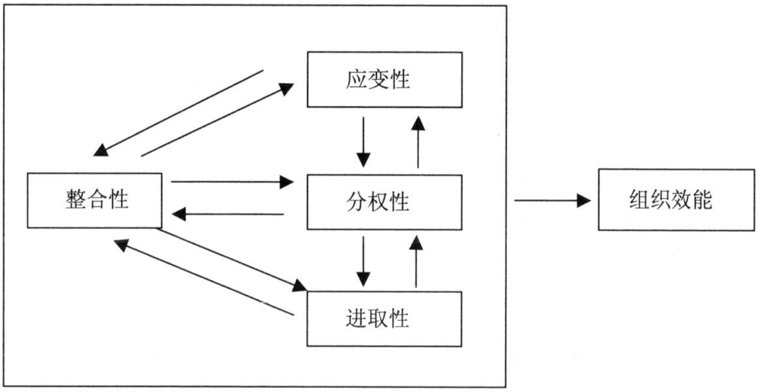

图6-4　整合性维度驱动的四维度聚合模型

就案例研究而言，根据上述模型我们可以推论，在1994年到2008年间，雷曼以强调“一个公司”理念的整合性文化本身并没有问题，问题在于整合性文化虽然成功与组织的进取性文化实现了相互强化，但未能与权力分享文化和应变文化实现相互强化。这让人怀疑如果将整合性文化置于组织文化体系的驱动位置，是否能够同时强化进取性、权力分享性和应变性文化并触发三种文化与之相互强化和优化的进程。从纯粹理论的视角来看，上述模型建立在相对而言并不完美的因果关系上。组织对整合性、应变性和权力分享性的强化在逻辑上只能带来更强的整合性、应变性和权力分享性，而非更强的组织效能。相比较而言，进取性与组织效能之间则存在着更根本和更直接的逻辑关系。

组织有机性（生命性）理论（Arie de Geus，2011；Senge，2006）认为，驱动组织效能的根本动力是组织自身追求生存和卓越的内生性动力。Arie de Geus（2002，第11页）就提出，公司管理者要回答的首要问题是公司存在的目的是什么：

金融分析师、股东以及很多高管告诉我们公司主要因为产生财务回报而存在。一些经济学家则为公司的存在提出了更加宽泛的目的。他们说，公司存在的目的是提供产品和服务，从而使得人类生活得更舒适和舒心。“客户导向”及其他时髦的管理学观点把这种逻辑阐释为公司为了客户而存在。政治家们却似乎相信公司存在的意义在于提供公共产品：创造就业并为这个社会所有的“利益相关方”提供稳定的经济平台。但是，从组织自身的角度出点——组织自身生存和壮大的角度出发——所有这些目的都是次一级的目的。就像所有有机体那样，生命性公司存在的首要目的在于生存和进步：实现自身的潜能并尽其可能地追求卓越。

根据上述理论，在强效组织文化的四个基本维度中，承载着组织求生、愿景、使命和追求卓越倾向的进取维度与组织效能有最直接的因果关系。一如我们的扎根理论研究所揭示的那样，进取维度主要涉及组织生存和发展的目标问题，以求生性、战略性、卓越性、精英性和勤奋性为强端，以自大性、随机性、平庸性、裙带性和慵懒性为弱端。在这个意义上，组织文化的进取维度又可以称为主观效能维度。对于希望拥有强效文化，实现强大效能的组织而言，在主观上是否有明确的效能观（共享愿景），是否追求组织效能最大化，是否有短期和长期的战略，是否对顶级人才有饥渴感，是否愿意竭尽全力地奋斗都是关键性的。尽管每个组织的效能观不尽一致，但如果某个组织缺乏在主观层面上的领先意愿和相应的人才投入及奋斗精神，在客观效能指标上就很难领先。查尔斯·汉迪（Handy，1997，第32页）也强调，组织效能与组织效率最大的不同在于，前者有关组织存在的初始目的。因此，组织文化与组织效能的关系建立在组织从追求主观效能到实现客观效能的线性逻辑基础之上，如下图所示。

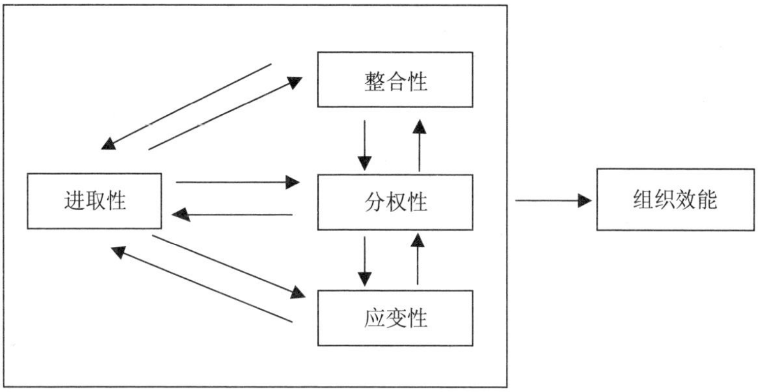

图6-5 进取性维度驱动的四维度聚合模型

上述逻辑有既有研究的广泛支持。美国文化人类学家露丝·本尼迪克特（Benedict，1934）就曾指出，不同群体间的文化差异不仅来自文化特质差异，更来自各自内部文化特质复杂的相互交织方式差异，而最终决定特质取舍和特质交织方式的是群体的总体目标和方向。本尼迪克特的观点得到了管理学大师德鲁克的间接呼应。德鲁克认为，管理者工作围绕着公司目标，受公司目标的指导和控制。不同组织的管理之所以不同是因为企业的使命不同。使命决定愿景，愿景则决定结构（刘利钢、邵剑兵，2014，第61页）。柯林斯等人（Collins，Porras，2002，第1页）把18家基业长青公司命名为愿景型公司，这些公司都以机构化的愿景作为驱动力量，都是长寿公司，都是卓越机构——各自行业中的皇冠，备受同业的尊重，且有着长期为外部世界带来改变的傲人纪录。

以进取性驱动的强效组织文化模型的次级假设是：生存、自我超越和追求卓越是强效组织存在的首要目的，而整合（例如，团队协作）、应变（例如，客户导向）和权力分享（例如，参与）则是工具性的，是服务于生存和追求卓越的。组织追求整合性、进取性和权力分享性都是为了更有效地实现进取性，而不是为了整合而整合，为了应变而应变，或者为了分权而分权。在实践层面上，进取性驱动的组织文化与组织效能模型有利于中和组织文化理论和实践中盲目的“整合驱动”“应变驱动”和“分权驱动”倾向。例如，典型的整合驱动效能论者会强调构建企业文化就是构建团队精神（张其金，2016，第155页），典型的应变驱动效能论者则宣称“文化的根本作用是适应环境”（王祥伍、黄健江，2014，第48页），而典型的分权驱动论者则声称“所谓管理好就是会授权”（吴强，2019）。尽管这些说法都有局部和阶段合理性，但缺乏全局和全程合理性。

彼得·圣吉（Senge，2006，第191—215页）的研究为我们提供了进取维度能够自我优化并强化，并同时驱动其他三个维度，并与其他三个维度共同发挥作用的理论观察。他在《第五项修炼》一书中用了整个章节论述共享愿景对于打造学习型组织（高效组织）的关键性作用。我们用强效组织文化的概念框架对其内容进行了重新梳理，如表所示：

表6-1　对彼得·圣吉观点的总结和分析

引述	促进作用
共享愿景对学习型组织至关重要，因为它为学习带来焦点和动力。（192页）	勤奋进取（进取维度）
共享愿景，尤其是那些内生型的，提升员工作激情。（192页）	勤奋进取（进取维度）
在人类事务中每次有人采用长期视角时，都会有长期愿景的作用。（197页）	使命与愿景（进取维度）
共享愿景创造出共同意识，这种意识渗透进组织，带给不同的组织活动以协同感。当人们真正共享愿景时，他们就被共同的激情联结在一起。（192页）	团队协作（整合维度）

续表

引述	促进作用
对于一家公司而言，共享愿景改变员工与公司的关系。公司不再是“他们的公司”；它变成了“我们的公司”。(194页)	组织至上 (整合维度)
共享愿景是使那些彼此间缺乏信任的员工开始共同努力的第一步，它制造出共有的认同感。(194页)	团队协作 (整合维度)
除非人们对他们想要实现的愿景充满兴奋之情，创造性学习的要义——扩张组织的创造能力——会变得抽象和无意义。(192页)	变革创新 (应变维度)
共享愿景自然而然地为人们带来勇气，人们甚至意识不到他们的勇敢程度。(194页)	求真务实 (应变维度)
没有共享愿景就不会有学习型组织，如果不是人们真心想达成某些目标，那些安于现状的力量会是压倒性的。(195页)	变革创新 (应变维度)
有了共享愿景，我们更可能面对自己的思想，放弃顽固的成见，承认个人和组织的缺陷。(195页)	求真务实 (应变维度)
共享愿景促进风险承担和开展实验。当人们沉浸在某个愿景中时，他们往往并不知道怎么做。他们开展实验，然后改变方向继续尝试。(195页)	变革创新 (应变维度)
当员工充满热情时，更多的人愿意讨论愿景，提升观点的多元性，导致人们表达有潜在相互冲突性的愿景。如果其他人无法包容不同的观点，极端化就会出现，减少共享愿景的清晰程度，并限制工作热情的提升。(212页)	开放多元 (应变维度)
掌握构建共同愿景能力的第一步是放弃愿景总是由“上面”宣布或源自组织机构化的计划流程的说法。(198页)	参与 (权力分享维度)
在传统的层级组织中，没有人会质疑源自公司领导层的愿景。指导公司的蓝图也往往不被分享——人们只需要知道他们的“行军命令”，以此来完成支持更大愿景的任务。这样的愿景很难激励员工，甚至在有些时候都不能为最高层注入热情。(199页)	权力距离 (权力分享维度)
那些试图打造共享愿景的领导人必须愿意持续分享他们的个人愿景。(200页)	信息共享 (权力分享维度)
真正被分享的愿景需要时间来形成。这类愿景是个人愿景互动的产物，经验告诉我们真正被共享的愿景需要持续交流，让人们不仅自由表达自己的梦想，而且要学习倾听彼此的梦想。(202页)	信息共享 (权力分享维度)

根据圣吉的论述，以共享愿景为次级维度的进取维度不仅自我强化和优化，也强化团队协作、组织至上等整合性价值观，还强化变革创新、开放多元和求真务实等应变性价值观，以及低权力距离、参与和信息共享等分权性价值观。

对进取维度的强化与优化

圣吉没有提到的是整合性文化、应变性文化和分权性文化对进取文化同样存在强化和优化作用。例如，Bruch和Vogel（2011）对组织能量的研究表明，在缺乏整合维度中的组织至上文化支持的情况下，强劲的勤奋进取文化有可能服务于组织内部个人之间或部门之间的恶性竞争，而非组织的共同目标。在这种情况下，勤奋进取文化就会恶化成为削弱组织效能的“腐蚀性”文化，表现为员工的自私自利、内斗猖獗，以及公司政治盛行。这时候，组织能量虽然在力度上保持强劲，但却呈现为有损组织效能的负面能量。

在2008年前的雷曼，高权力距离削弱了权力共享文化，限制了员工的有效参与，压抑了多元意见表达和求真务实的精神，使得雷曼的进取性文化服务于长官意志驱动的盲目冒险行为，且导致公司对外部市场形势变化和风险积聚失去了敏感度和内部坦诚争论的氛围，致使雷曼的进取性成为其覆灭的重要原因之一。

从纯理论角度分析，强进取性文化也不可能独自造就强效组织文化。Martin（2002，第9页）就断言，那些宣称有了正确的组织愿景、使命和领导人的企业就能打造高承诺性、高一致性的文化，从而促进生产力和盈利能力的说法不过是强组织文化理论的变种而已。

权力分享维度的重要中介作用

就权力分享文化，现有研究（例如，Denison，1984）发现，参与（作为权力分享文化的维度之一）对组织效能有直接的促进作用。但本书的一贯性立场是，我们质疑任何单一维度对组织效能的正面作用，而更重视考察四个基本维度之间的互动作用对组织效能产生的综合性强化或弱化作用。我们的案例故事表明，权力分享必须以共享愿景（进取维度）和组织至上（整合维度）文化的强劲为前提，才能发挥积极作用。在缺乏这些价值观的组织中，个人主义和小团队主义盛行，人们忽视对组织效能整体性追求，马基雅维利式的争权夺利大行其道，权力分享的行为会受到极大的抑制（Staw et.al，1981；Senge，1990；Fairholm，1994；Chatman et.al，1998），而权力分割行为则成为常态。在20世纪80年代，雷曼领导人彼得森曾试图模仿高盛，与其副手格鲁克斯曼分享权力，结果很快被对方踢出了公司。彼得森忽视的恰恰是一个重要事实：那时的雷曼公司缺乏共享的愿景，也缺乏组织至上和团队协作的文化。此外，他和格鲁克斯曼之间也缺乏信任基础，在这种组织文化氛围中，原本把握权力优势的彼得森试图与格鲁克斯曼分享权力无异于政治自杀。

我们通过案例研究也发现，权力分享文化还在整合性文化转化为应变性文化的过程中起到重要的中介性作用。高盛由于拥有建立在强整合文化基础上的权力分享文化，成功实现了在其他公司水火不容的多元亚文化的共存状态，不仅做到投资银行亚文化和交易亚文化和平共处，携手发展，也能够使得拥抱风险的交易亚文化与管理风险的风控亚文化相得益彰，极大促进了组织文化的内部多元性并放大了外部应变能力。

这和我们的扎根理论研究和文献研究结果相匹配。我们的研究表明，在以效能为导向的前提下，整合文化能够以权力分享文化为中介，转化为应变文化。Lawrence和Lorsch（1967，第243页）指出：随着组织外部环境变化的加剧，组织内部会变得越来越复杂多元，这时候就需要分享程度更高的领导架构。业务单一或范围经济有限的公司只需要少数领导就可以运转良好，但复杂性组织则需要更多人担负起领导责任。Perrow（1961，第860页）、Kotter（1985）、Pfeffer（1992）等人的研究表明权力分享文化有效促进组织内部开放多元、求真务实、变革创新等应变性文化要素，避免了权力垄断和僵化带来所谓组织整合性对组织应变能力的破坏。而在另一方面，Argyris（1978）、Kanter（1983）、Nadler（1998）等人都强调，专业化分工越强的组织整合需求也越强，这意味着组织应变能力建立在差异化和整合性同时强劲的基础之上，而只有基于整合文化的权力分享机制才能确保权力运行同时保障差异化和整合性的无缝对接。

在另一个方向上，权力分享文化，尤其是参与文化，又有助于将多元亚文化（应变维度）转化为整合文化。当高盛的重要亚文化单位（投行、交易、运营、风控）都能够在组织高层实现对核心决策的有效参与时，就实现了建立在组织内部复杂性基础上的高水平的组织整合状态。相比而言，在贝尔斯登的大部分历史时期，组织的整合度是建立在主流亚文化对弱势亚文化的压制基础之上，是一种建立在人为简化了组织内部复杂性基础上的低水平的组织整合状态。

模型总结

就此，本研究基于案例研究提出了强效组织文化聚合性作用机制模型。有鉴于问题的复杂性和强效组织文化的动态性，我们的模型只能算是一个阶段性和示意性模型。

在这一模型中，进取文化是强效组织文化的初始驱动因素，赋予整合、应变和权力分享文化以组织效能导向，但进取、整合、权力分享和应变文化之间存在相互强化和优化作用，其中任何一种文化的明显弱化，都导致其他文化的弱化，从而使得整个文化体系进入弱化循环。在一个理想的状态下，这四个主要文化维度处于强均衡的状态，其中任何一个文化维度或一组文化维度过于强劲，则可能意味着其他文化维度的相对弱化，而这种弱化到了某种程度之后，就会触发文化体系的系统性弱化。

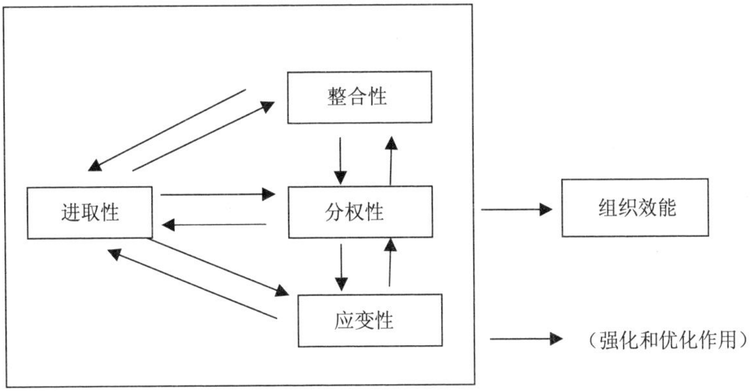

图6-6　强效组织文化与组织效能关系模型

与强效组织文化体系的“四强”均衡状态相比，低效组织文化至少可能呈现出两种状态。

雷曼兄弟公司（1925—1969，1994—2008）的案例代表了第一种状态。在这种状态下，某一个或两个文化维度过度弱化，触发了其他维度的循环性弱化，导致组织效能的削弱。在1925年到1969年间的雷曼，权力分享文化的弱化导致了整合文化的弱化，并触发组织文化其他维度的循环弱化；而在1994年到2008年间，权力分享文化的弱化导致了应变文化的弱化，并触发组织文化其他维度的循环弱化。

贝尔斯登公司（1923—2008）的案例则代表了第二种状态，当进取文化本来就不够强劲，且长期处于弱势时，组织文化维度形成“四弱”均衡，表现为相对低水平的进取文化、整合文化、应变文化和权力分享文化。如果没有像高盛这样的“四强”组织文化的存在，贝尔斯登的组织文化的弱点也许并不那么明显。因为组织文化的强弱毕竟是相对性的而非绝对性的。但在实践中无法逃避的事实是，“四强”组织文化所带来的组织效能会远高于“四弱”组织文化所带来的组织效能。

在这个模型背后隐含的深层假设是，组织的效能实现过程是一个从建立共享愿景，不断调整共享愿景到最终实现共享愿景的过程。围绕着组织共享愿景，组织建立起寻求长期生存、追求卓越，凝聚顶级人才并勤奋进取的进取文化。强大的进取文化赋予了整合、应变和权力分享文化明确的组织效能导向，从而决定了组织的整合行为、应变行为和权力分享行为都以组织效能最大化为目标，定义了组织在涉及整合、应变和权力分享决策时的因果逻辑，进而使得组织文化管理演变为从主观上追求组织效能最大化到客观上最大化实现组织效能的过程体系。进取文化一方面可以同时强化和优化另外三个文化维度，另一方面又被另外三个文化维度强化和优化。最终，四个文化维度的相互强化和优化机制带来了聚合性后果，即强大的组织效能。

需要强调的是，组织文化的循环强化和循环弱化有时需要很长时间才会产生后果。后果的显现有时需要一些历史偶然事件的触发。以雷曼为例，如果不是强势领导人鲍比·雷曼在1969年去世，高权力距离和集权之下的表面团结就不会那么戏剧性地崩溃；而如果没有2008年金融危机所带来的剧变，福尔德治下的雷曼也许并不需要在如此猝不及防的状态下就面对组织文化的生死大考。任何事物的演变都有或长或短、或快或慢的进程，但最终时间会证明一切。

结论与启示

本书通过文献研究、扎根理论研究提出了强效组织文化的理论框架，通过一项历史性多案例质性研究对强效组织文化的聚合性作用机理进行了初步探索。基于这些努力，我们得出了一些重要研究结论，这些结论可能对管理实践带来新的启发。

主要研究结论

很多人相信，被组织成员高度分享和信奉的强组织文化（strong culture）带来更强的组织效能。强组织文化理论至今仍是联系组织文化研究和组织效能研究的重要纽带之一。然而，很多理论研究和实践观察却表明，强组织文化不仅不一定能够强化组织效能，反而有可能破坏组织应变能力，从而损害组织效能。

我们的研究发现，就强组织文化到底强化还是损害组织效能的争论建立在含混的概念基础之上。英文中的strong culture很容易被误解为具有强大功效的组织文化，但在学术界，人们普遍接受的强组织文化定义却是"被组织成员所广泛分享的组织文化，"这意味着强组织文化在本质上可能只是以分享度为导向的**强力组织文化**而非以强化组织效能为导向的**强效组织文化**。

通过文献研究我们发现，学者们之所以反复探讨强力组织文化是否以及如何强化组织效能，是希望在组织文化和组织效能之间建立起理论意义上的正向联系。但他们在向这个方向努力的过程中很可能登上了错误的概念之船。强力组织文化是以文化力度（分享度）为导向的文化，本来就不是以组织效能为导向的文化，所以强力组织文化当然不一定能够促进组织效能。在这个意义上，争论强力组织文化强化或弱化组织效能是缺乏意义的。而在另一方面，要想建立起组织文化与组织效能在理论上的正相关关系，研究组织文化的内容比研究组织文化的力度要重要得多。在回顾了有关组织文化内容的研究之后，我们发现，现有研究未能把组织文化内容研究和组织文化力度研究有效整合在一起，在组织文化概念和组织效能概念之间建立起系统化的因果联系。

本书在上述发现的基础上，提出了强效组织文化的概念。我们认为，强效组织文化是以强化组织效能为导向的文化；强效组织文化一定是强力组织文化，但反之则未必成立。我们假设，不同于强力组织文化以力度（分享度）为导向的特质，强效组织文化以效能结果为导向，而要想发现和建立起强效组织文化的概念模型，通过解析已经被历史证明拥有卓越效能的组织背后的组织文化是一条符合逻辑的研究路径。为此，我们选择了中国华为公司为样本，展开了一项扎根理论研究。

通过扎根理论研究我们发现，强效组织文化是多维度的文化体系，分别以整合维度、应变维度、权力分享维度和进取维度为主要维度，这些主要维度又分别反映为若干个次级维度。其中整合维度以核心价值观共享、组织至上、团队协作、权威性决策中心、高效激励为次级维度；应变维度以客户导向、外向多元、求真务实、辩证宽容和变革创新为次级维度；权力分享维度以权力距离、参与、员工赋权、跨亚文化权力分享和信息共享为次级维度；进取维度以求生欲望、使命与愿景、追求卓越、顶级人才和勤奋进取为次级维度。

结合扎根理论研究，我们从多个方向再次深入文献，发现强效组织文化的主要维度相互优化和强化，聚合性发挥共同作用。强效组织文化中的整合、应变、权力分享和进取文化都不是孤立存在并发挥作用的。例如，强效组织文化中的整合文化是应变性整合文化，而应变文化则是整合性应变文化。又例如，权力分享文化对于应变文化的形成是不可或缺的。缺乏权力分享文化，组织中的整合文化就会过强，压抑内部多元文化的发育并阻碍应变文化的发育。这意味着对于强效组织文化而言，在给定的时间范围内，只有主要文化维度都保持强劲并共同发挥作用和发挥共同作用，才能够最大化地促进组织效能。因此，我们提出了如下观点：在构建强效组织文化理论时，聚合性价值观框架（converging value framework）比竞争性价值观框架（competing value framework）更为适用。在聚合性价值观框架内，人们更倾向于把整合、应变、权力分享和进取文化视为彼此共存、相互强化和优化的文化体系，而在竞争性价值观框架内，人们更倾向于强调上述文化维度之间相互排斥、相互竞争的一面，在实践层面则偏重于强调组织文化维度的权变性，认为组织在不同发展时期或面对不同的环境需要对不同的组织文化维度加以权衡性运用。

为了深化和强化理论建构，我们进行了一项历史性、多案例研究。我们挑选了1850年成立的雷曼兄弟公司、1869年成立的高盛公司和1923年成立的贝尔斯登公司为核心案例公司。这三家公司都是由犹太移民在美国设立的投资银行，截至2008年，都位列美国5大独立投资银行，具有很强的可比性。我们沿着扎根理论研究所提供的理论方向，按照历史的顺序，分别对这些公司的整合、应变、权力分享和进取文化在力度和内容上进行了深描和比较，也对三家公司的长期组织效能进行了比较。结果发现，在四个文化维度上都最强的高盛在组织效能上也最强，而其他两家公司都存在较弱的文化维度，其组织效能也相对较差。案例研究还表明，雷曼兄弟公司在权力分享文化上的缺失以及贝尔斯登公司在进取文化上的缺失都极大伤害了各自的组织效能。我们通过案例研究所得出的结论与扎根理论研究所得出的结论高度吻合。

案例研究还发现，组织文化的四个基本维度中的任何两个维度之间都构成一个离差放大的因果循环（deviation-amplifying cause loop）。在这种循环中，两个相互联系的元素能强化彼此的上升或下降。一旦一个元素下降，这种下降也能够彼此传递并在传递中扩大。这个过程既能够彼此传递，又能够互相破坏。这意味着组织文化中任何基本维度的显著弱化都可能触发组织文化的系统性循环弱化。组织文化的系统性弱化有时需要很长时间才会产生后果，后果的显现有时需要一些历史偶然事件的触发。但有一点是确定的，那些长期保持组织文化基本维度均衡强劲的公司最终将成为卓越公司，而出现了组织文化系统性弱化的公司则会在竞争中落后，在一些偶然性外界因素的催化下，甚至有可能猝死。

案例研究发现强效组织文化的根本驱动性因素很可能是以拥有强大共享愿景为主要特征的强劲的进取性文化。强劲的进取性文化能够同时强化和优化整合文化、应变文化和权力分享文化，并被这些文化所强化和优化。最终，强效组织文化成为一个组织从主观追求卓越效能到实现客观卓越效能的过程体系。在这一过程体系中，组织文化在四个基本维度上能否都保持强劲，并发挥彼此强化和优化作用，形成聚合性文化力量，是组织成败的关键所在。

我们的扎根理论研究以中国华为公司为样本公司，案例研究则以美国的高盛公司、雷曼兄弟公司和贝尔斯登公司为核心样本公司。有趣的是，两项研究得出了彼此支持且互为补充的结论。在研究过程中，我们发现华为和高盛作为中美两家高效公司虽然在国家、行业、历史宗教渊源上有巨大差异，但在组织文化上却有很多共同点：

两家公司都有强大的追求卓越的动力（进取维度），强大的勤奋进取文化（进取维度），强大的吸引和留住顶级人才的欲望（进取维度），强大的组织至上和团队协作文化（整合维度），强大的激励机制（整合维度），强大的客户导向文化（应变维度），强大的开放多元思维（应变维度）以及独特的权力分享实践（权力分享维度）。华为有《华为基本法》和更新版的愿景、使命、战略陈述，高盛有14条业务原则；华为有华为大学，高盛有松树街领导力学院；华为有导师制度，高盛的成功人士在公司内部都有自己的拉比（rabbi）；华为有轮值CEO制度，高盛在历史上曾多次任命联席高级合伙人（最高领导），在华尔街上独树一帜；高盛的14条业务原则中有7条都提到了客户；华为在2005年提出的新的核心价值观体系出现最多的关键词就是客户，达7次之多（吴春波，2017，第287页）。这说明，高效组织文化可以是跨越国家、民族、历史和行业文化差异的共性文化。研究国家文化差异的权威霍夫斯泰德本人也承认组织文化中既有独特的差异性成分，也有共享的普适性成分，而组织文化的差异性是建立在普适性的基础之上的（Hofstede，1984，第15页）。柯林斯（Colins，2001，第7页）在《从优秀到卓越》一书中提到，卓越组织（高效组织）之间存在一些共同性，这些共同性使这些组织区别于低效组织。华为公司资深管理顾问吴春波教授（2016，第344页）也认为高绩效文化是世界领先企业文化的共性：

企业组织文化兼具特殊性和普适性。从不同国家的企业看，由于长期受所在国家历史文化的侵染，不同国家的企业文化和价值主张都表现出鲜明的文化特色。但从另一个角度看，企业文化是企业的基本价值主张，企业文化的属性决定于企业的属性。作为功利性的企业组织，它们不会因国家、民族和历史的差异，而在本质上具有差异。也就是说，企业本质的共同属性，决定了企业文化具有共同性。这就是企业文化具有普适性的根本原因。

对管理实践的启示

本书不仅充实了相关理论研究，形成的一些新的理论观点对管理实践也有借鉴作用。

组织文化研究虽然已经开展了多年，但很多企业在实践中依旧缺乏明确思路。有些人认为组织文化是潜在的、无形的，难以把握，更难以管理。另一些人则简单地认为组织文化管理就是喊口号和搞活动，贯彻领导意图，鼓舞士气，增强凝聚力。本书的成果有助于管理者聚焦从事组织文化管理的要点：

第一，我们的研究确认了组织文化管理可以是重要的管理工具。其终极目标是提升组织效能。虽然有学者认为组织文化的功能是多方面的，包括营造氛围、行为控制、战略形成、效率提升、提高士气、强化凝聚力、强化领导力等，但衡量组织文化好坏的终极指标应该只有一个，那就是能否全面强化组织效能，即组织在其聚焦领域内实现长期性、持续性的超越和领先。需要强调的是，组织文化管理要提升的是组织长远和全面的效能，而不是短期效能，不是哪个部门的局部效能，更不是领导人或少数人组成的有权阶层的小圈子效能。

第二，要把组织文化作为文化体系来看待，把组织文化管理作为系统工程来开展。要避免聚焦于少数自身熟悉或“对胃口”的文化维度，而忽视其他重要的文化维度，特别是不能忽视文化维度之间千变万化的聚合作用，因为这些文化维度都与组织效能密切相关，它们长期且共同发挥作用才是实现组织效能的可靠保障。在实践中，要警惕片面性的组织文化管理目标，防范在组织文化管理过程中过度强调任何单一文化维度。例如，片面强调应变的组织文化管理容易导致组织连续性、核心价值观和核心认同的丧失，甚至会导致组织的离散和崩溃。片面强调整合的组织文化管理容易导致体制的僵化和对改革创新的抗拒，最终由于跟不上时代的变化和发展，反而导致组织成员对组织认同的根本性丧失和组织的最终瓦解；片面强调进取文化有脱离现实、急功近利之害；而片面强调权力分享文化则有可能导致组织的碎片化，各自为政，以及丧失整体行动能力。

第三，组织文化的内在矛盾性和冲突性不仅不可避免，而且弥足珍贵。组织文化管理者要在追求统一的同时容忍多元，使组织文化的统一性和多元性达成互相促进、而非互相排斥的状态。要管理好组织文化，企业领导必须不断学习，建立起复杂性辩证思维能力。在日趋复杂的外部环境中，组织文化管理要把亚文化管理的重要性提升到前所未有的高度之上。组织的外部复杂性势必要求组织内部也有相应的复杂性，这意味着具有应变力的组织一定也是内部多元的组织。华为的任正非把内部多元文化视作组织的战略储备，而雷曼兄弟公司和贝尔斯登在历史上都有长期压抑“非主流”亚文化的现象，既影响组织内部的团结与协作，也会造成组织内部的亚文化短板，限制组织整体的发展和适应外部变化的能力。因此，组织领导者识别、理解和管理内部亚文化的能力正变得越来越重要。

第四，组织文化管理既要坚持原则性，也要坚持灵活性。所谓坚持原则性，就是要坚持组织的核心价值观、核心认同、核心使命和核心愿景。所谓灵活性，就是不能机械照搬成功组织的做法。例如，围绕着进取维度中求生欲望这一次级维度的组织文化管理，不同公司的侧重点各有不同。华为公司、IBM等公司强调生存危机意识，壳牌公司强调保守的财务政策，摩根大通强调“要塞”般坚固的资产负债表，高盛公司则强调严谨的风险管理。灵活性还在于需要因势利导，不断根据外部变化对共享愿景加以调整。组织愿景过去具有共享性不等于现在和将来仍具有共享性。共享愿景并非教条，而是组织在坚持核心价值观的前提下，不断把握客户现实和潜在需求，审时度势，持续性沟通的结晶。

第五，权力的运用方式对于组织文化的塑造和组织效能的提升起到巨大的影响作用。管理者要用好手中的权力，为打造高效组织文化负起最高和最终责任。首先是要奉行组织至上的精神，节制一己之私，做到“克己复礼”，充分意识到个人和利益集团对权力的垄断有可能使得领导层利益或小团体利益凌驾于组织利益之上，造成组织高度整合的假象，限制组织多元亚文化的发育，压抑求真务实的倾向，从根本上损害组织的整体和长期效能。在此基础之上，要勇于并善于分享权力，让员工不仅成为组织文化的奉行者、更成为组织文化的共同建设者和共同管理者。而在另一方面，权力分享并不意味着权力无限分割和一味地去中心化、去权威化。过度分散的权力格局破坏组织的协作能力，削弱组织的整合度，限制组织内部的信息交流，同样对组织效能产生伤害。领导者要把握好这个也许是世界上最难以把握好的平衡。

参考文献

[1] Albert, S., & Whetten, D. Organizational identity [M]. In Cummings, L.L., & Staw, B. M. (eds.), *Research in organizational behavior 7* (pp. 263-295). Greenwich, CT: JAI Press,1985.

[2] Allaire, Y., & Firsirotu, M. E. Theories of organizational culture [J]. *Organizational Studies*, 1984, 5/3:193-226.

[3] Allarie, Y., & Firsirotu, M. How to implement radical strategies in large organizations [J]. *Sloan Management Review*, 1985, Spring:19-31.

[4] Amabile, T. M. Motivating innovation creativity in organizations: On doing what you love and loving what you do [J]. *California Management Review*, 1997, 40/1:39-58.

[5] Altman, Y., & Iles, P. Learning, leadership, teams: corporate learning and organizational change [J]. *Journal of Management Development,* 1998, 17:44-55.

[6] Amsa, P. Organizational culture and work group behavior: an empirical study [J]. *Journal of Management Studies*, 1986, 23:3:348-362.

[7] Anon, B. Who is excellent now? [J]. *Business Week*, 1984, November 5:76-88.

[8] Argyris, C., & Schon, D. A. *Organizational learning: A theory of action perspective* [M]. Massachusetts: Addison-Wesley Publishing Company, Inc, 1978.

[9] Argyris, C. *Overcoming organizational defenses: Facilitating*

organizational learning [M] . New Jersey: Prentice Hall, 1990.

[10] Argyris, C. *On organizational learning (2nd Edition)* [M] . Oxford: Blackwell Publishing, 1999.

[11] Argyris, C., & Schon, D.A. *Organizational learning II: Theory, method, and practice* [M] . Massachusetts: Addison-Wesley Publishing Company, Inc, 1996.

[12] Argyris, C. *Reasons and rationalizations: The limits to organizational knowledge* [M] . Oxford: Oxford University Press, 2004.

[13] Arie de Geus *The living company: Habits for survival in a turbulent business environment* [M] . Boston, Massachusetts: Harvard Business School Press, 1997.

[14] Arrow, K. J. *The limits of organization* [M] . New York: W.W. Norton & Company, 1974.

[15] Auletta, K. (1986). *Greed and glory on Wall Street: The fall of the House of Lehman* [M] . New York: Warner Books, 1986.

[16] Bamber, B., & Spencer, A. *Bear trap: The fall of Bear Stearns* [M] . New York: Brick Tower Press, 2008.

[17] Barley, S. R. Semiotics and the study of occupational and organizational culture [J] . *Administrative Science Quarterly*, 1983, 28:393-413.

[18] Barnard, C. *The functions of executive* [M] . Cambridge, Mass: Harvard University Press, 1938.

[19] Barney, J. B. Organizational culture: Can it be a source of sustained competitive advantage? [J] . *Academy of Management Review*, 1986, Vol.11, No.3:656-665.

[20] Bart, C., & Baetz, M. The relationship between mission statements and firm performance: An exploratory study [J] . *Journal of Management*

Studies, 1998, No. 35:823.

[21] Bartiromo, M. *The weekend that changed Wall Street* [M] . New York: Portfolio/Penguin, 2010.

[22] Bate, P. *Strategies for cultural change* [M] . Oxford: Butterworth Heinemann, 1994.

[23] Batman, T.S., & Snell, S.A. *Management: Leading & collaborating in a competitive world (9th ed.)* [M] . New York: NY: McGraw-Hill/ Irwin, 2011.

[24] Bell, S., & Hindmoor, A. *Masters of the universe, slaves of the market* [M] . Boston: Harvard University Press, 2015.

[25] Benedict, R. *Patterns of culture* [M] . New York: First Mariner Books, 1934.

[26] Berson, Y., Oreg, S., & Dvir, T. CEO values, organizational culture and firm outcomes [J] . *Journal of Organizational Behavior*, 2008, Vol. 29, No. 5: 615-633.

[27] Birmingham, S. *Our crowd: The great Jewish families of New York* [M] . New York: Syracuse University Press, 1967.

[28] Blankfein, L. *Testimony by Lloyd C. Blankfein as Chairman & CEO of the Goldman Sachs Group, Inc., before the Financial Crisis Inquiry Commission, 13 January*. Available at http:// fcic-static-law.standford. edu/cdn_media/fcic-testimony/ 2010-0113-Blankfein.pdf.

[29] Blankfein, L. *Interview with the Financial Crisis Inquiry Commission, 16, June, 2010.*

[30] Boisnier, A., & Chatman, J. A. The role of subcultures in agile organizations [M] . In Peterson, R. S., & Mannix, E. A. (eds.), *Leading and managing people in agile organizations* (pp.87-114). Mahwah, NJ: Lawrence Erlbaum Associates, 2003.

[31] Brown, A. *Organizational culture* [M] . Harlow: FT Prentice Hall, 1998.

[32] Bruch, H., & Vogel, B. *Fully charged: How great leaders boost their organization's energy and ignite high performance* [M] . Boston, Massachusetts: Harvard Business School Publishing, 2011.

[33] Burns, T., & Stalker, G. M. *The management of innovation* [M] . London: Tavistock, 1961.

[34] Calorie, R., & Sarnin, P. Corporate culture and economic performance: A French study [J] . *Organization Studies*, 1991, 12 (1): 49-74.

[35] Camerer, C., & Vepsalainen, A. The economic efficiency of corporate culture [J] . *Strategic Management Journal*, 1988, Vol.9:115-126.

[36] Cameron, K.S.,& Whetten, D. A. Some conclusions about organizational effectiveness [M] . In Cameron, K.S., & Whetten, D. A. (eds.), *Organizational effectiveness: A comparison of multiple models* (pp. 261-275). New York: Academic Press, 1983.

[37] Cameron, K.S., & Ettington, D. R. (1988). The conceptual foundations of organizational culture [M] . In Smart, J. C. (ed.), *Higher education: Handbook of theory and research, vol.4* (pp. 369-390). Norwell, Mass: Kluwer.

[38] Cameron, K. S., & Quinn, R. E. *Diagnosing and changing organizational culture* [M] . San Francisco, CA: Jossey-Bass, 2006.

[39] Campbell, J.P. On the nature of organizational effectiveness [M] . In Goodman, P. S., & Pennings, J. M (eds.), *New perspectives on organizational effectiveness.* San Francisco: Jossey-Bass, 1977.

[40] Campbell, J. P., Brownas, E.A., Peterson, N. G. & Dunette, M.D. *The measurement of organizational effectiveness: A review of relevant research and opinion.* (Final Report: Navy Personnel research and

Development Center). Minneapolis: Personnel Decisions, 1974.

[41] Chapman, P. *Lehman Brothers, 1844-2008: The last of the imperious rich* [M] . London: Portfolio/Penguin, 2010.

[42] Charmaz, K. *Constructing grounded theory (2nd edition)* [M] . Los Angeles: Sage, 2014.

[43] Chatman, J.A. Matching people and organizations: Selection and socialization in public accounting firms [J] . *Administrative Science Quarterly*, 1991, September:459-484.

[44] Chatman, J. A., & Jehn, K.A. Assessing the relationship between industry characteristics and organizational culture: How different can you be? [J] . *Academy of Management Journal*, 1994, 37:522-553.

[45]Chatman, J.A., Pozer, J.T., Barsade, S.G. & Neale, M.A. Being different yet feeling similar: The influence of demographic composition and corporate culture on work process and outcome [J] . *Administrative Science Quarterly*, 1998, 43:749-780.

[46] Chatman, J.A.,& Cha, S. E. Leading by leveraging culture [J] . *California Management Review*, 2003, Vol.45, No.4:20-34.

[47] Christian, M.S., Garza, A.S., & Slaughter, J. E. Work engagement: A quantitative review and test of its relations with task and contextual performance [J] . *Personnel Psychology*, 2011, 64, No. 1: 89-136.

[48] Clark, B. R. The organization saga in higher education [J] . *Administrative Science Quarterly*, 1972, 17:178-184.

[49] Cohan, W. D. *House of cards: A tale of hubris and wretched excess on Wall Street* [M] . New York: Doubleday, 2009.

[50] Cohan, W. D. *Money and power: How Goldman Sachs came to rule the world* [M] . New York: The Penguin Press, 2011.

[51] Cohen, A. *Two-dimensional man* [M] . Berkeley: University of

California Press, 1976.

[52] Cole, B. *M&A titans: The pioneers who shaped Wall Street's mergers and acquisitions industry* [M] . Hoboken, New Jersey: John Wiley & Sons, 2008.

[53] Collins, J., & Porras, J. I. *Build to last: Successful habits of visionary companies* [M] . New York: Harper Business, 1994.

[54] Collins, J. *Good to great: Why some companies make the leap ...and others don't* [M] . New York: Harper Business, 2001.

[55] Cook, T. D.,& Campbell, M. R. *Quasi-experimentation: Design and analysis issues for field settings* [M] . Chicago: Rand McNally, 1979.

[56] Cooke, R. A., & Rousseau, D. M. Behavioral norms and expectations: A quantitative approach to the assessment of organizational culture [J]. *Group and Organizational Studies*, 1988, 13(3):245-273.

[57] Corbin, J., & Strauss, A. *Basics of qualitative research, 4th edition* [M] . Thousand Oaks, CA: Sage, 2015.

[58] Daft, R.L. *Management, 3rd edition* [M] . Orlando, FL: Dryden Press, 1993.

[59] Daft, R.L. *Organizational theory and design* [M] . New York: West Publishing, 1995.

[60] Dalton, D. R., William, T., Spendolini, M. J., Fielding, G.J., & Porter, L.W. Organization structure and performance: A critical review [J] . *Academy of Management Review*, 1980, Vol. 5，No.1:49-64.

[61] Danielson, M. A theory of continuous socialization for organizational renewal [J] . *Human Resources Development Review*, 2004, December, 3(4):354-385.

[62] Davis, S. M. Culture is not just an internal affair [M] . In Kilmann, R. H., Saxton, M. J., & Serpa Associates (eds.), *Gaining control of the*

corporate culture (pp.137-147). San Francisco: Jossey-Bass, 1985.

[63] Davis, S. I. *Leadership in financial services* [M] . London, Macmillan, 1997.

[64] Davis, S. I. *Investment banking: Addressing the management issues* [M]. New York: Palgrave Macmillan, 2003.

[65] Deal, T. E., & Kennedy, A. A. *Corporate cultures: The rites and rituals of corporate life* [M] . New York: Basic Books, 1982.

[66] Deetz, S. A., & Kersten, A. Critical models of interpretive research [M]. In Putnam, L. L., & Pacanowsky, M. E. (eds.), *Communication and organizations* (pp. 147-172). Beverly Hills, CA: Sage, 1983.

[67] Denison, D. R. Bringing corporate culture to the bottom line [J] . *Organizational Dynamics*,1984, 13(2):5-22.

[68] Denison, D. R. *Corporate culture and organizational effectiveness* [M]. New York: Wiley, 1997.

[69] Denison, D. R., & Mishra, A. K. Toward a theory of organizational culture and effectiveness [J] . *Organization Science*, 1995, Vol. 6, No. 2: 204-223.

[70] Denison, D. R., Hooijberg, R., Lane, N., & Colleen, L. *Leading culture change in global organizations: Aligning culture and strategy* [M] . New York: Jossey-Bass, 2012.

[71] Dewey, J. *Reconstruction in philosophy* [M] . New York: Henry Holt, 1920.

[72] Dill, W. R. Environment as an influence on managerial autonomy [J] . *Administrative Science Quarterly*, 1958, Vol. 2, No.4:409-443.

[73] Dillard, R. S. *Culture impact: Impact of organizational culture on the efficacy of management* [M] . Published by Dillard Partners, LLC, 2012.

[74] Drennan, D. *Transforming company culture* [M] . London: MaGraw-Hill, 1992.

[75] Drucker, P. F. *The practice of management* [M] . New York: Harper & Row, 1954.

[76] Drucker, P. F. *Managing for results: Economic tasks and risk-taking decisions* [M] . New York: Harper & Row, 1964.

[77] Drucker, P. F. *The effective executive* [M] . New York: HarperCollins, 1967.

[78] Drucker, P. F. *Management: Tasks, responsibilities, and practices* [M] . New York: Harper & Row, 1974.

[79] Dukerich, J.M., Golden, B.R., & Shortell, S.M. Beauty is in the eye of the beholder: The impact of organizational identification, identity, and image on the cooperative behaviors of physicians [J] . *Administrative Science Quarterly*, 2002, Volume: 47, Issue 3:507-533.

[80] Dutton, J. E., Dukerich, J. M., & Harquail, C. V. Organizational images and member identification [J] . *Administrative Science Quarterly*, 1994, Vol. 39, No. 2: 239-263.

[81] Early, P. C. So what kind of atheist are you? Exploring cultural universals and differences [M] . In Nakata, C. (ed.) *Beyond Hofstede: Culture frameworks for global marketing and management*. London: Palgrave Macmillan, 2009.

[82] Edmondson, A.C. Learning from mistakes is easier said than done: Group and organizational influences on the detection and correction of human error [J] . *The Journal of Applied Behavioral Science*, 1996, 32:5-28.

[83] Edmondson, A.C. Psychological safety and learning behavior in work teams [J] . *Administrative Science Quarterly,* 1999, 44:350-383.

[84] Ehrlich, J.R, & Rehfeld, B.J. *The new crowd: The changing of the Jewish guard on Wall Street* [M] . Boston: Little, Brown and Company, 1989.

[85] Eisenhardt, K. M. Building theories from case study research [J] . *Academy of Management Review*, 1989, 14:532-550.

[86] Eisenhardt, K. M. Better stories and better constructs: The case for rigor and comparative logic [J] . *Academy of Management Review*, 1991, 16(3):620-627.

[87] Eisenhardt, K. M., & Graebner, M. E. Theory building from cases: Opportunities and challenges [J] . *Academy of Management Journal*, 2007, Vol. 50, No.1:23-32.

[88] Eisenhardt, K. M. Self introduction [M] . In Li P. & Y. F. Cao (eds.), *The case study research method: Selected articles by Kathleen M. Eisenhardt.* Beijing, Peking University Press, 2012.

[89] Ellis, C. D. *The partnership: The making of Goldman Sachs* [M] . New York: Penguin, 2009.

[90] Endlich, L. *Goldman Sachs: The culture of success* [M] . New York: Touchstone, 2000.

[91] Etzioni, A. Authority structure and organizational effectiveness [J] . *Administrative Science Quarterly*, 1959, 4: 43-67.

[92] Etzioni, A. *A comparative analysis of complex organizations: On power, involvement, and their correlates* [M] . New York: Free Press, 1961.

[93] Fairholm, G. W. *Leadership and the culture of trust* [M] . Westport, CT: Praeger, 1964.

[94] FCIC (Financial Crisis Inquiry Commission). *The financial crisis inquiry report: Final report of the national commission on the causes of the financial and economic crisis in the United States* [M] . United

States: Pacific Publishing Studio, 2011.

[95] Fayol, H. *General and industrial management (translation)* [M] . London: Pitman Press, 1949.

[96] Feldman, S. P. Management in context: An essay on the relevance of culture to the understanding of organizational change [J] . *Journal of Management Studies*, 1986, 23, 6:587-607.

[97] Fey, C. F., & Denison, D. R. Organizational culture and effectiveness: Can American theory be applied in Russia? [J] . *Organization Science,* 2003, Vol.14, No. 6:686-706.

[98] Fiedler, F. E. The effect of leadership and cultural heterogeneity on group performance: A test of the contingency model [J] . *Journal of Experimental Social Psychology*, 1966, 2:237-264.

[99] Fisher, J. B. *When money was in fashion: Henry Goldman, Goldman Sachs, and the founding of Wall Street* [M] . New York: Palgrave Macmillan, 2010.

[100] Friedman, M. The methodology of positive economics [M] . In *Essays in positive economics.* Chicago: University of Chicago Press, 1953.

[101] Gaertner, G. H., & S. Ramnarayan. Organizational effectiveness: An alternative perspective [J] . *Academy of Management Review*, 1983, Vol. 8, No.1:97-107.

[102] Gagliardi, P. The creation and change of organizational cultures: A conceptual framework [J] . *Organization Studies*, 1986, 7:117-34.

[103] Galbraith, J. R. *Designing complex organizations* [M] . Reading, MA: Addison-Wesley, 1973.

[104] Galbraith, J. R., Downey, D, & Kates, A. *Designing dynamic organizations: A hands-on guide for leaders at all levels* [M] . New

York: AMACOM, 2002.

[105] Geertz, C. *The interpretation of cultures: Selected essays* [M] . New York: Basic Books, 1973.

[106] Geisst, C. R. *Deals of the century: Wall Street, mergers, and the making of modern America* [M] . Hoboken, New Jersey: John Wiley & Sons, Inc, 2004.

[107] Glaser, B.G., & Strauss, A.L. *The discovery of grounded theory: Strategies for qualitative research* [M] . New York: Aldine, 1967.

[108] Glaser, B. G. *Basics of grounded theory analysis* [M] . Mill Valley, CA: Sociology Press, 1992.

[109] Glaser, B. G. *Theoretical sensitivity: Advances in the methodology of grounded theory* [M] . Mill Valley, CA: Sociology Press, 1978.

[110] Glaser, B. G. *The grounded theory perspective: conceptualization contrasted with description* [M] . Mill Valley, CA: Sociology Press, 2001.

[111] Golden, K.A. The individual and organizational culture: Strategies for action in high-ordered contexts [J] . *Journal of Management Studies*, 1992, 29 (1):1-21.

[112] Goffee, R, & G. Jones. What holds the modern company together? [J] . *Harvard Business Review*, 1996, 74, November/December: 133-148.

[113] Goffman, E. *Asylums* [M] . Garden City, N. Y.: Anchor, 1961.

[114] Goodman, P. S., & Pennings, J.M. Critical issues in assessing organizational effectiveness [M] . In Lawler Ⅲ, E. E., Nadler, D. A., & Cammann, C. (eds.), *Organizational assessment: Perspectives on the measurement of organizational behavior and the quality of work life* (pp.279-299). New York: John Wiley & Sons, 1980.

[115] Goodman, P. S., Atkin, R. S., & Schoorman, F. D. On the demise

of organizational effectiveness studies [M] . In Cameron, K.S.,& Whetten, D. A. (eds.), *Organizational effectiveness: A comparison of multiple models* (pp. 163-182). New York: Academic Press, 1983.

[116] Gordon, G. G. The relationship of corporate culture to industry sector and performance [M] . In Kilman, R., Saxton, M. J., & Serpa, R., & Associates (eds.), *Gaining control of the corporate culture (pp. 103-125)*. San Francisco and London: Jossey-Bass Publishers, 1985.

[117] Gordon, G. G., & DiTomaso, N. Predicting corporate performance from organizational culture [J] . *Journal of Management Studies*, 1992, 29:783-799.

[118] Green, S. Understanding corporate culture and its relation to strategy [J] . *International Studies of Management and Organization*, 1988, 18(2):6-28.

[119] Greenberg, A. C. *Memos from the chairman* [M] . New York: Workingman Publishing, 1996.

[120] Greenberg, A. C., & Singer, M. *The rise and fall of Bear Stearns* [M] . New York: Simon & Schuster, 2010.

[121] Greenfield, H. The decline of the best: An insider's lessons from Lehman Brothers [J] . *Leader to Leader*, 2010, Winter: 30-36.

[122] Gregory, K. L. Native view paradigms: Multiple cultures and culture conflicting organizations [J] . *Administrative Science Quarterly*, 1983, 28, 3: 359-76.

[123] Gresov, C., & Stephens, C. The context of interunit influence attempts [J] . *Administrative Science Quarterly*, 1993, 38:252-276.

[124] Griesinger, D. W. The human side of economic organization [J] . *Academy of Management Review*, 1990, Vol.15, No. 3: 478-499.

[125] Grojean, M., Resick, C., Dickson, M., & Smith, D. Leaders, values

and organizational climate: Examining leadership strategies for establishing an organizational climate regarding ethics [J] . *Journal of Business Ethics*, 2004, 55:223-241.

[126] Groysberg, B. *Chasing stars: The myth of talent and the portability of performance* [M] . Princeton and Oxford: Princeton University Press, 2010.

[127] Gulick, L.,& Urwick, L. (eds.) *Papers on the Science of Administration* [M] . New York: Institute of Public Administration, 1937.

[128] Hallett, T. Symbolic power and organizational culture [J] . *Sociological Theory*, 2003, Vol. 21, No. 2 (Jun):128-149.

[129] Hamel, G., & Prahalad, C. K. *Competing for the future* [M] . Boston, MA: Harvard University Press, 1994.

[130] Handler, J. F. *Down from bureaucracy: The ambiguity of privatization* [M] . Princeton, NJ.: Princeton University Press, 1996.

[131] Handy, C. *Gods of Management* [M] . London: Pan Books, 1978.

[132] Handy, C. *The Hungry Spirit* [M] . London: The Random House Group Limited, 1997.

[133] Hardie, I, & Howarth, D. Framing market-based banking and the financial crisis [M] . In Hardie, I, & Howarth, D. (eds.), *Market-based banking and the international financial crisis* (pp. 22-55). Oxford: Oxford University Press, 2013.

[134] Harrison, R. Understanding your organization's character [J] . *Harvard Business Review*, 1979, 57(5):199-128.

[135] Harter, J. K., Schmidt, F. L., & Hayes, T. L. Business-unit level relationship between employee satisfaction, employee engagement, and business outcomes: A meta-analysis [J] . *Journal of Applied*

Psychology, 2002, 87, No. 2: 368-279.

[136] Hatch, M. J. The dynamics of organizational culture [J] . *Academy of Management Review*, 1993, 18 (4):657-693.

[137] Hatch, M. J. Dynamics of organizational culture [M] . In Poole, M.S., & Van de Ven, A. H. (eds.), *Handbook of organizational change and innovation* (pp.190-211). New York: Oxford University Press, 2004.

[138] Hayes, III, S. L., Spence, A. M., & Marks, D.V.P. *Competition in the investment banking industry* [M] . Cambridge, Massachusetts: Harvard University Press, 1983.

[139] Hedberg, B.L.T., Nystron, P.C., & Starbuck, W.H. Camping on seesaws: Prescriptions for a self-designing organization [J] . *Administrative Science Quarterly*, 1976, 21:41-65.

[140] Hendry, J. Cultural theory and contemporary management organization. *Human Relations*, 1999, 52:557-577.

[141] Hickson, D.J., Hinings, C.R., Lee, C.A., Schneck, R.E.,& Pennings, J.M. A strategic contingencies theory of intra-organizational power [J] . *Administrative Science Quarterly*, 1971, 16, No.2:216-229.

[142] Hickson, D. J., Astley, W.G., Butler, R.J., & Wilson, D. C. Organization as power [M] . In Cummings, L.L., Staw, B. M. (eds.), *Research in organizational behavior, Vol. 3.* Greenwich: JAI Press Inc, 1981.

[143] Hitt, M.A., & Ireland, R. D. Peters and Waterman revisited: The unended quest for excellence [J] . *Academy of Management Executive* 1987, 1/2:91-98.

[144] Hofstede, G. *Culture's consequences: International differences in work-related values* [M] . New Park: Sage Publications, 1984.

[145] Hofstede, G. The usefulness of "organizational culture" Concept [J] .

Journal of Management Studies, 1986, 23:3: 253-257.

[146] Hofstede, G., Neuijen, B., Ohayv, D. D., & Sanders, G. Measuring organizational culture: A qualitative and quantitative study across twenty cases [J]. *Administrative Science Quarterly*, 1990, Vol. 35, No. 2: 286-316.

[147] Hofstede, G. *Culture's consequences: Comparing values, behaviors, institutions, and organizations across nations* [M]. Thousand Oaks, CA: Sage, 2001.

[148] Hofstede, G., & Hofstede, G. J. *Cultures and organizations: Software of the mind* [M]. New York: McGraw-Hill, 2005.

[149] Holsti, O. R. *Content analysis for the social sciences and humanities* [M]. Reading, MA: Addison-Wesley, 1969.

[150] Horibe, F. *Manage knowledge workers: New skills and attitudes to unlock the intellectual capital in your organization* [M]. Toronto: John Wiley & Sons Canada, 1999.

[151] Inkeles, A., & Levinson, D. J. National character: The study of modal personality and sociocultural systems [M]. In Lindzey, G., & Aronson, E. (eds.), *The handbook of social psychology, Vol.4.* Reading: MA: Addison-Wesley, 1969.

[152] Janis, I. *Groupthink* [M]. Boston: Houghton Mifflin, 2011.

[153] Jelinek, M., Smircich, L.,& Hursch, P. Introduction: A code of many colors [J]. *Administrative Science Quarterly*, 1983, 28:331-338.

[154] Johnson, G. Managing strategic change: The role of symbolic action [J]. *British Journal of Management*, 1990, 1:183-200.

[155] Kanter, R. M. *Men and women of the corporation* [M]. New York: Basic Books, 1977.

[156] Kanter, R. M. *The change masters: Innovation for productivity in the*

American corporation [M] . New York: Simon & Schuster, 1983.

[157] Kaplan, R.S., & Norton, D. P. *The balanced scorecard: Translating strategy into action* [M] . Boston, Massachusetts: Harvard Business School Press, 1996.

[158] Katz, D., & Kahn, R. L. Organizations as social systems [M] . In Lawler Ⅲ, E. E., Nadler, D.A., & Cammann, C. (eds.), *Organizational assessment: Perspectives on the measurement of organizational behavior and the quality of work life* (pp.162-184). New York: John Wiley & Sons, 1980.

[159] Keiffer, C. Citizen empowerment: A developmental perspective [J] . *Prevention in Human Services*, 1984, 3:9-36.

[160] Kelly, K. *Street fighters: The last 72 hours of Bear Stearns, the toughest firm on Wall Street* [M] . London: The Penguin Books Ltd, 2009.

[161] Kerr, J.,& Slocum, J.W. J. Managing corporate culture through reward systems [J] . *The Academy of Management Executive*, 2005, 9:130-138.

[162] Kilman, R. H., Saxton, M. J., & Serpa, R. Five key issues in understanding and changing culture [M] . In Kilman, R., Saxton, M.J., & Serpa, R., & Associates (eds.), *Gaining control of the corporate culture* (pp. 1-16). San Francisco and London: Jossey-Bass Publishers, 1985.

[163] Kirchhoff, D.A. Organizational effectiveness measurement and policy research [J] . *Academy of Management Review*, 1976, July: 347-355.

[164] Kirkpatrick, S., & Locke, E. Leadership: Do traits matter? [J] . *Academy of Management Executive*, 1991, 5, No.2 (May):48.

[165] Kluckhohn, C. Myths and rituals: A general theory [J] . *Harvard*

Theological Review, 1942, 35:45-79.

[166] Kluckhohn, C. (1962). Universal categories of culture [M] . In Tax, S. (ed.), *Anthropology today*, Chicago: Chicago University of Chicago Press, 1962.

[167] Knee, J. A. *The accidental investment banker* [M] . New York: Random House, 2006.

[168] Kotter, J. P. An integrated model of organizational dynamics [M] . In Lawler Ⅲ, E. E., Nadler, D.A., & Cammann, C. (eds.), *Organizational assessment: Perspectives on the measurement of organizational behavior and the quality of work life* (pp.279-299). New York: John Wiley & Sons, 1980.

[169] Kotter, J. P. *Power and influence* [M] . New York: Free Press, 1985.

[170] Kotter, J. P., & Heskett, J. L. *Corporate culture and performance* [M] . New York: Free Press, 1992.

[171] Kramer, R. M. Trust and distrust in organizations: Emerging perspectives, enduring questions [J] . *Annual Review of Psychology*, 1999, 50:569-598.

[172] Kroeber, A. L. *Configurations of culture growth* [M] . Berkeley: University of California Press, 1944.

[173] Kroeber, A.L., Kluckhohn, C., & Meyer, A. G. *Culture: A critical review of concepts and definitions* [M] . New York: Vintage Books, 1952.

[174] Kunda, G. *Engineering culture: Control and commitment in a high-tech corporation* [M] . Philadelphia: Temple University Press, 1991.

[175] Lawler Ⅲ, E.E., Mohrman, S.A., & Ledford, Jr, G. E. *Creating high performance organizations* [M] . San Francisco, CA: Jossey-Bass, 1995.

[176] Lawler Ⅲ, E. E., & Worley, C. G. *Built to change: How to achieve sustained organizational effectiveness* [M] . San Francisco, CA: Jossey-Bass, 2006.

[177] Lawrence, P. R., & Lorsch, J.W. *Organizations and environment* [M] . Boston, MA: Harvard University Press, 1967.

[178] Lehman Brothers. *A centennial: Lehman Brothers 1850-1950* [M] . New York: Lehman Brothers, 1950.

[179] Lenartowicz, T., & Roth, K. A framework for cultural assessment [J] . *Journal of International Business Studies,* 1999, Vol.30, No.4:781-798.

[180] Lewicki, R. J., McAllister, D. J., & Bies, R. J. Trust and distrust: New relationships and realities [J] . *Academy of Management Review*, 1998, 23:438-458.

[181] Lewin, K. *Field theory in social science* [M] . London: Tavistock Publications, 1952.

[182] Lewis, M. *Liar's poker: Rising through the wreckage on Wall Street* [M] . New York: Penguin, 1990.

[183] Liaw, K. T. *The business of investment banking* [M] . Hoboken, N.J.: John Wiley & Sons, Inc, 2006.

[184] Linstead, S., & Grafton-Small, R. On reading organizational culture [J] . *Organization Studies,* 1992, 13/3:331-355.

[185] Livermore, D. *Leading with cultural intelligence: The real secret to success (2nd edition)* [M] . New York: American Management Association, 2015.

[186] Locke, K. *Grounded theory in management research* [M] . Los Angeles: Sage, 2001.

[187] Lofland, J., & Lofland, L. H. *Analyzing social settings (2nd edition).*

Belmont, CA: Wadsworth, 1984.

[188] Lorsch, J. W. Strategic myopia: Culture as an invisible barrier to change [M] . In Kilman, R., Saxton, M. J., Serpa, R.,& Associates (eds.), *Gaining control of the corporate culture* (pp. 84-102). San Francisco and London: Jossey-Bass Publishers, 1985.

[189] Lorsch, J. W. Managing culture: The invisible barrier to strategic change [J] . *California Management Review,* 1986, 28: 95-109.

[190] Louis, M. R. Sourcing workplace cultures: Why, when, and how [M] . In Kilman, R., Saxton, M.J., Serpa, R. & Associates (eds.), *Gaining control of the corporate culture* (pp.126-136). San Francisco and London: Jossey-Bass Publishers, 1985.

[191] Maanen, J.V., & Barley, S. R. Culture organization: fragments [M] . In Frost, P. J. et al., (eds.), *Organizational culture* (pp. 31-54). Beverly Hills, CA: Sage, 1985.

[192] Malinowski, B. *Argonauts of the western pacific* [M] . London: E. P. Dutton & Co., Inc, 1922.

[193] Malinowski, B. *A scientific theory of culture and other essays* [M] . New York: Routledge, 1944.

[194] Mandis, S. G. *What happened to Goldman Sachs: An insider's story of organizational drift and its unintended consequences* [M] . Boston, Massachusetts: Harvard Business Review Press, 2013.

[195] Manning, P. K. Organizational work: Structuration of environments [J] . *British Journal of Sociology*, 1982, 33:118-134.

[196] March, J. G., & Simon, H. A. *Organizations* [M] . New York: Wiley, 1958.

[197] Martin, J., Feldman, M.S., Hatch, M. J., & Sitkin, S.B. The uniqueness paradox in organizational stories [J] . *Administrative*

Science Quarterly, 1983, 28:438-53.

[198] Martin, H. J. Managing specialized corporate cultures [M] . In Kilman, R., Saxton, M.J., Serpa, R., & Associates (eds.), *Gaining control of the corporate culture* (pp.148-162). San Francisco and London: Jossey-Bass Publishers, 1985.

[199] Martin, J., & Siehl, C. Organizational culture and counterculture: An uneasy symbiosis [J] . *Organizational Dynamics*, 1983, 12(2): 52-64.

[200] Martin, J., & Frost, P. The organizational culture war games: A struggle for intellectual dominance [M] . In Clegg, S., Hardy, C., & Nord, W. (eds.), *Handbook of organization studies* (pp.599-621). London: Sage, 1996.

[201] Martin, J. *Organizational culture: Mapping the terrain* [M] . Thousand Oaks, California: Sage Publications, Inc, 2002.

[202] Martin, R. *The responsibility virus* [M] . New York: Basic Books, 2002.

[203] Martin, P. Y., & Turner, B. A. Grounded theory and organizational research [J] . *The Journal of Applied Behavioral Science*, 1986, 22(2): 141-157.

[204] Maslow, A. H. Theory of human motivation [J] . *Psychological Review* 1943, (July):370-396.

[205] McDonald, L., & Robinson, P. *A colossal failure of common sense: The incredible inside story of the collapse of Lehman Brothers* [M] . London: Ebury Press, 2009.

[206] McDonald, O. *Lehman Brothers: A crisis of value* [M] . Manchester, Manchester University Press, 2006.

[207] Meek, V. L. Organizational culture: Origins and weaknesses [J] . *Organizational Studies*, 1988, 9/4:453-473.

[208] Meyerson, D., & Martin, J. Cultural change: An integration of three different views [J]. *Journal of Management Studies,* 1987, 24:623-646.

[209] Michael, A., & Wortham, S. *Bullish on uncertainty: How organizational cultures transform participants* [M]. New York: Cambridge University Press, 2009.

[210] Miles, R. E., & Snow, C. C. *Organizational strategy, structure and process* [M]. Stanford, California: Stanford University Press, 2003.

[211] Mills, P. K., & Margulies, N. Toward a core typology of service organizations [J]. *Academy of Management Review,* 1980, Vol. 5, No.2: 255-265.

[212] Miller, M. *Talent magnet: How to attract and keep the best people* [M]. Oakland CA: Berrett-Koehler Publishers, Inc, 2018.

[213] Mintzberg, H. *The nature of managerial work* [M]. London: Pearson Education Inc, 1973.

[214] Mintzberg, H. *Rise and fall of strategic planning* [M]. New York: The Free Press,1994.

[215] Mitchell, T. R. In search of excellence versus the best 100 companies to work for in America: A question of perspective and values [J]. *Academy of Management Review,* 1985, 10:350-355.

[216] Moor, F. Shifting perspectives: Multiple cultures and community embeddedness in an Anglo-German MNC [M]. In Nakata, C. (ed.), *Beyond Hofstede: Culture frameworks for global marketing and management.* London: Palgrave Macmillan, 2009.

[217] Morgan, J. W., & Brightman, B. K. Leading organizational change [J]. *Journal of Workplace Learning,* 2000, Vol. 123, Issue 2: 66-74.

[218] Muller, R. Time, narrative and organizational culture: A corporate

perspective [J] . *Journal of Critical Postmodern Organization Science*, 2004, Vol. 3(1):1-13.

[219] Nadler, D. *Champions of change: How CEOs and their companies are mastering the skills of radical change* [M] . San Francisco, CA: Jossey-Bass, 1998.

[220] Nakata, C. Going beyond Hofstede: Why we need to and how [M] . In Nakata, C. (ed.), *Beyond Hofstede: Culture frameworks for global marketing and management.* London: Palgrave Macmillan, 2009.

[221] Nakata, C., & E. Izberk-Bilgin Culture theories in global marketing: A literature- based assessment [M] . In Nakata, C. (ed.), *Beyond Hofstede: Culture frameworks for global marketing and management.* London: Palgrave Macmillan, 2009.

[222] Nemeth, C. J. Differential contributions of majority and minority influence [J] . *Psychological Review*, 1986, 93:23-32.

[223] Nemeth, C. J., & Staw, B. The tradeoffs of social control and innovation in groups and organization [M] . In Lerkowitz, L. (ed.), *Advances in experimental social psychology, Vol. 22* (pp.175-210). San Diego, CA: Academic Press, 1989.

[224] Nicolson, N. Evolutionary psychology, organizational culture and the family firm [J] . *Academy of Management Perspectives*, 2008, May:73-84.

[225] Nissley, N., Taylor, S. S., & Butler, O. The power of organizational song: An organizational discourse and aesthetic expression of organizational culture [J] . *Journal of Critical Postmodern Organization Science*, 2002, Vol. 2 (1): 47-62.

[226] Nord, W. R. Can organizational culture be managed? A synthesis [M] . In Frost, P. J. et al.(eds.), *Organizational culture* (pp.187-196).

Beverly Hills, CA: Sage, 1985.

[227] Ogbonna, E., & Harris, L. C. Leadership style, organizational culture and performance: Empirical evidence from U.K. companies [J] . *International Journal of Human Resources Management,* 2000, 11:4, August: 766-788.

[228] Ohlsson, S. *Deep learning: How the minds overrides experience* [M] . Cambridge: Cambridge University Press, 2011.

[229] O'Reily, C., & Chatman, J. Organizational commitment and psychological attachment: The effects of compliance, identification and internalization on prosocial behavior [J] . *Journal of Applied Psychology*, 1986, 71:492-499.

[230] O'Reilly, C. Corporations, culture, and commitment: Motivation and social control in organizations [J] . *California Management Review,* 1989, (Summer), 31, 4: 9-25.

[231] O'Reilly, C., Chatman, J. & Caldwell, D. People and organizational culture: A Q-sort approach to assessing person-organization fit [J] . *Academy of Management Journal,* 1991, 34:487-516.

[232] O'Reilly, C. A., & J. A. Chatman. Culture as social control: Corporations, culture and commitment [M] . In Staw, B. M., & Cummings, L.L. (eds.), *Research in organizational behavior 18* (pp.157-200). Greenwich, CT: JAI Press, 1996.

[233] Orum, A.M., Feagan, J. R., & Sjoberg, G. The nature of the case study [M] . In Feagan, J. R., Orum, A.M.,& Sjoberg, G. (eds.), *A case for the case study* (pp.1-26). Chapel Hill, NC: University of North Carolina Press, 1991.

[234] Ouchi, W. G. *Theory Z: How American business can meet the Japanese challenge* [M] . Reading, Mass: Addison-Wesley, 1981.

[235] Ouchi, W., & Price, R. Hierarchies, clans, and theory Z: A new perspective on organizational development [J]. *Organizational Dynamics*, 1979, 7(2): 25-44.

[236] Parsons, T., & Shils, E. A. *Toward a general theory of action* [M]. Cambridge, MA: Harvard University Press, 1951.

[237] Pascale, R.T., & Athos, A.G. *The art of Japanese management: Applications for American executives* [M]. New York: Simon and Schuster, 1981.

[238] Paulson, Jr., H. M. *On the brink: Inside the race to stop the collapse of the global financial system* [M]. New York: Business Plus, 2010.

[239] Pearce II, J. The company mission as strategic tool [J]. *Sloan Management Review*, 1982, (Spring): 15-24.

[240] Pearce II, J., & David, F. The bottom line on corporate mission statements [J]. *Academy of Management Executive*, 1987, No. 2:109.

[241] Pennings, J. M. Dimensions of organizational influence and their effectiveness correlates [J]. *Administrative Science Quarterly*, 1976, 21, No.4:688-699.

[242] Perrow, C. The analysis of goals in complex organizations [J]. *American Sociological Review*, 1961, Vol. 26, No. 6:854-866.

[243] Perrow, C. *Complex organizations: A critical essay* [M]. Brattleboro, Vermont: Echo Point Books & Media, 2014.

[244] Peters, T. J. Symbols, patterns and settings: An optimistic case for getting things done [J]. *Organizational Dynamics*, 1978, 7:3-23.

[245] Peters, T. J., & Waterman, R, H. *In search of excellence* [M]. New York: Harper and Row, 1981.

[246] Peterson, P. G. *The education of an American dreamer: How a son of Greek immigrants learned his way from a Nebraska diner to*

Washington, Wall Street and beyond［M］. New York: Twelve, 2009.

［247］Pettigrew, A.M. On studying organizational cultures［J］. *Administrative Science Quarterly*, 1979, 24:570-581.

［248］Pettigrew, A. M., & Whipp, R. *Managing change for competitive success*［M］. Oxford: Blackwell, 1991.

［249］Pettinger, R. *Organizational behavior: Management of performance*［M］. New York: Routledge, 2010.

［250］Pfeffer, J. Beyond management and the worker: The institutional function of management［J］. *Academy of Management Review*, 1976, April: 36-46.

［251］Pfeffer, J., & Salancik, G. R. *The external control of organizations: A resource dependence perspective*［M］. Stanford, California: Stanford University Press, 1978.

［252］Pfeffer, J. Management as symbolic action: The creation and maintenance of organizational paradigms［M］. In Cummings, L.L., & Staw, B.M. (eds.), *Research in organizational behavior Vol. 3* (pp. 1-52). Greenwich, Conn: JAI Press, 1981.

［253］Pfeffer, J. *Power in organizations*［M］. London: Pitman, 1981.

［254］Pfeffer, J. *Management with power: Politics and influence in organizations*［M］. Boston, Massachusetts: Harvard Business School Press, 1992.

［255］Posner, B., Kouzes, J., & Schmidt, W. Shared values make a difference: An empirical test of corporate culture［J］. *Human Resource Management*, 1985, 24:293-309.

［256］Price, D. Network of scientific papers［J］. *Science*, 1965, 149:510-515.

［257］Quinn, R. E., & McGrath, M. R. The transformation of organizational cultures: A competing values perspective [M] . In Frost, P. J., et al.(eds.), *Organizational culture* (pp.315-334). Beverly Hills, CA: Sage, 1985.

[258] Rarick, C., & Vitton, J. Mission statements make cents [J] . *Journal of Business Strategy*, 1995, No. 16:11.

[259] Ray, C. A. Corporate culture: The last frontier of control? [J] . *Journal of Management Studies*, 1986, 23:297-297.

[260] Reynolds, P. D. Organizational culture as related to industry, position and performance: A preliminary report [J] . *Journal of Management Studies*, 1986, 23:3:332- 345.

[261] Riley, P. A structurationist account of political cultures [J] . *Administrative Science Quarterly*, 1983, 28, 414-437.

[262] Robbins, S. P., & Judge, T. A. *Organizational behavior (14th Edition)* [M] . Beijing: Tsinghua University Press, 2012.

[263] Rokeach, M. *The nature of human values* [M] . New York: Free Press, 1973.

[264] Rowlinson, M., & Procter, S. Organizational culture and business history [J] . *Organizational Studies*, 1999, 20/3:369-396.

[265] Rose, R.A. Organizations as multiple cultures: A rules theory analysis [J] . *Human Relations*, 1988, 412:139-170.

[266] Rubin, R. E., & Weisberg, J. *In an uncertain world: tough choices from Wall Street to Washington* [M] . New York: Random House, 2003.

[267] Sackmann, S. A. Culture and subcultures: An analysis of organizational knowledge [J] . *Administrative Science Quarterly*, 1992, Vol.37, No.1:140-161.

[268] Saffold, G.S. III. Culture traits, strength, and organizational

performance: Moving beyond 'strong' culture [J] . *Academy of Management Review*, 1988, Vol.13, No.4: 546-58.

[269] Salanick, G. R., Pfeffer, J., & Kelly, J. P. A contingency model of influence of organizational decision-making [J] . *Pacific Sociological Review*, 1978, 21:239-246.

[270] Sampler, J. L. *Bringing strategy back: How strategic shock absorbers make planning relevant in a world of constant change* [M] . New York: John Wiley & Sons, 2015.

[271] Sathe, V. Implications of corporate culture: A manager's guide to action [J] . *Organizational Dynamics*, 1983, 12(2): 5-23.

[272] Schafer, D. P. *Culture: Beacon of the future* [M] . Amersham: Admantine Press Limited, 1998.

[273] Schein, E. H. The role of the founder in creating organizational culture [J] . *Organizational Dynamics*, 1983, 12:13-28.

[274] Schein, E. H. Coming to a new awareness of organizational culture [J] . *Sloan Management Review*, 1984, 25:3-16.

[275] Schein E. H. How culture forms, develops, and changes [M] . In Kilman, R., Saxton, M.J., Serpa, R., & Associates (eds.), *Gaining control of the corporate culture* (pp.17-43). San Francisco and London: Jossey-Bass Publishers, 1985.

[276] Schein, E. The role of the founder in the creation of organizational culture [M] . In Frost, P. J., Moore, L.F. , Louis, M. L., Lundberg, C.C., & Martin, J. (eds.), *Reframing organizational culture* (pp.14-25). Newbury Park, CA: Sage, 1991.

[277] Schein, E. H. Culture: The missing concept in organization studies [J]. *Administrative Science Quarterly*, 1996, June: 229-240.

[278] Schein, E. H. *The corporate culture survival guide* [M] . New York:

John Wiley & Sons, Inc, 2009.

[279] Schein, E. H. *Organizational culture and leadership* [M] . San Francisco, CA: Jossey-Bass, 2010.

[280] Schneider, B. An interactionist perspective on organizational effectiveness [M] . In Cameron, K.S., & Whetten, D. A. (eds.), Organizational effectiveness: A comparison of multiple models (pp.27-52). New York: Academic Press, 1983.

[281] Schneider, S. C. Strategy formulation: The impact of national culture [J] . *Organizational Studies*, 1989, 10 (2): 149-168.

[282] Schreiber, C. T. Organizational effectiveness: Implications for the practice of management [M] . In Cameron, K.S., & Whetten, D. A. (eds.), *Organizational effectiveness: A comparison of multiple models* (pp.241-259). New York: Academic Press, 1983.

[283] Schwartz, H.M., & Davis, S.M. Matching corporate culture and business strategy [J] . *Organizational Dynamics*, 1981, Summer: 30-48.

[284] Seashore, S. E. Criteria of organizational effectiveness [J] . *Michigan Business Review*, 1956, 17:26-30.

[285] Seashore, S. E. A framework for an integrated model of organizational effectiveness [M] . In Cameron, K.S., & Whetten, D. A. (eds.), *Organizational effectiveness: A comparison of multiple models* (pp.55-70). New York: Academic Press, 1983.

[286] Selden, L. On grounded theory - with some malice [J] . *Journal of Documentation*, 2005, 61(1):114-131.

[287] Selznick, P. *Leadership in administration: A sociological interpretation* [M] . Berkeley: University of California Press, 1957.

[288] Senge, M. P. (1990). *The fifth discipline: The art & practice of the*

learning organization (Revised and Updated Version) [M] . New York: Currency Doubleday, 1990.

[289] Senge, M. P. Foreword. In Arie de Geus. *The living company: Habits for survival in a turbulent business environment* [M] . Boston, Massachusetts: Harvard Business School Press, 1997.

[290] Simon, H. A. *Administrative behavior: A study of decision-making processes 4thediton* [M] . New York: Free Press, 1997.

[291] Smircich, L. Concepts of culture and organizational analysis [J] . *Administrative Science Quarterly*, 1983, 28:339-358.

[292] Smircich, L. Is the concept of culture a paradigm for understanding organizations and ourselves [M] . In Frost, P. J., et al.(eds.), *Organizational culture* (pp.55-72). Beverly Hills, CA:Sage, 1985.

[293] Smith, P. B., Dugan, S., & Trompenaars, F. National culture and the values of organizational employees: A dimensional analysis across 43 nations [J] . *Journal of Cross-Cultural Psychology*, 1996, Vol.27, No. 2:231-264.

[294] Soenen, G., & Moingeon, B. The five facets of collective identities: Integrating corporate and organizational identity [M] . In Moingeon, B., & Soenen, G. (eds.), *Corporate and organizational identities: Integrating strategy, marketing, communication, and organizational perspectives* (pp.18-22.). London: Routledge, 2002.

[295] Soeters, J. L. Excellent companies as social movements [J] . *Journal of Management Studies*, 1986, 23:299-312.

[296] Sokin, A. R. *Too big to fail: Inside the battle to save Wall Street* [M] . New York: Allen Lane, 2009.

[297] Sorenson, J. B. The strength of corporate culture and the reliability of firm performance [J] . *Administrative Science Quarterly*, 2002,

47:70-91.

[298] Spitzer, D. R. *Transforming performance measurement: Rethinking the way we measure and drive organizational success* [M] . New York: AMACOM, 2007.

[299] Stacey, R. *Tools and techniques of leadership and management: Meeting the challenge of complexity* [M] . London: Routledge, 2012.

[300] Staw, B. M., Sanderlands, L.E., & Dutton, J. E. Threat-rigid effects on organizational behavior: A multilevel analysis [J] . *Administrative Science Quarterly*, 1981, 26:501-524.

[301] Strauss, A.L., & Corbin, J. *Basics of qualitative research: Grounded theory procedures and techniques* [M] . Thousand Oaks, CA: Sage, 1990.

[302] Sullivan, J. J. Human nature, organizations and management theory [J] . *Academy of Management Review*, 1986, Vol. 11, No. 3: 534-549.

[303] Swanborn, P. G. *Case study research: What, why and how?* [M] . London: Sage Publications Ltd, 2010.

[304] Taras, V., & Steel, P. *Improving cultural indices and rankings based on a meta-analysis of Hofstede's taxonomy.* (Paper Presented at the Academy of International Business Annual Meeting). Beijing, China, 2006.

[305] Taras, V., & Steel, P. Beyond Hofstede: Challenging the ten commandments of cross-cultural research [M] . In Nakata, C. (ed.), *Beyond Hofstede: Culture frameworks for global marketing and management.* London: Palgrave Macmillan, 2009.

[306] Taylor, E. B. *The origins of culture* [M] . New York: Harper and Row, 1958.

[307] Taylor, F.W. *Principles of scientific management* [M] . New York: Happer & Bros, 1911.

[308] Thomas, M. In search of culture: Holy grail or gravy train? [J] . *Personnel Management*, 1985, September: 24-27.

[309] Thomas, M. *Mastering people management: Build a successful team, motivate, empower and lead people* [M] . London: Thorogood, 1997.

[310] Thompson, J. D. *Organizations in action: Social science bases of administrative theory* [M] . London : Transaction Publishers, 1967.

[311] Thornton, P. H., & Ocasio, W. Institutional logics and the historical contingency of power in organizations: Executive succession in the higher education publishing industry, 1958–1990 [J] . *American Journal of Sociology*, 1999, 105: 801–843.

[312] Tibman, J. *The murder of Lehman Brothers: An insider's look at the global meltdown* [M] . New York: Brick Tower, 2009.

[313] Tichy, N. M. Managing change strategically: The technical, political and cultural keys [J] . *Organizational Dynamics*, 1982 (Autumn):59-80.

[314] Tichy, N. M. *Managing strategic change: Technical, political and cultural dynamics* [M] . New York: Wiley, 1983.

[315] Towl, A. R. The use of cases for research [M]. In McNair, M. P. (ed.), *The case method at the Harvard Business School: Papers by present and past members of the faculty and staff* (pp. 223-230). New York: McGraw-Hill, 1954.

[316] Triandis, H. C. Dimensions of culture beyond Hofstede [M] . In Vinken, H., & Soeters, J., et al. (eds.), *Comparing cultures: dimensions of culture in a comparative perspective* (pp. 28-39). Boston: Brill, 2004.

[317] Trice, H. M., & Beyer, J. M. Studying organizational cultures through rites and ceremonials [J] . *Academy of Management Review*, 1984,

9:653-69.

[318] Trompenaars, F., & Hampden-Turner, C. *Riding the waves of culture* [M] . London: Nicholas Brealey, 1997.

[319] Trompenaars, F., & Pruad'homme, P. *Managing across corporate cultures* [M] . West Sussex: Capstone, 2004.

[320] Turner, B.A. (1986). Sociological aspects of organizational symbolism [J] . *Organization Studies*, 1986, 7/2:101-115.

[321] Tushman, M., & O'Reilly III, C.A. Ambidextrous organizations: Managing evolutionary and revolutionary change [J] . *California Management Review*, 1996, 384:8-30.

[322] Vandenberghe, C. Organizational culture, person-culture fit, and turnover: A replication in the health care industry [J] . *Journal of Organizational Behavior*, 1999, Vol. 20:175-184.

[323] Van Mannen, J. Reclaiming qualitative methods for organizational research: A preface [J] . *Administrative Science Quarterly*, 1979, 24(4):520-526.

[324] Van Mannen, J. The fact of fiction in organizational ethnography [J] . *Administrative Science Quarterly*, 1979, 24(4): 539-550.

[325] Wallach, E. J. Individuals and organizations: The cultural match [J] . *Training and Development Journal*, 1983, 37(2):29-36.

[326] Ward, V. *The devil's casino: Friendship, betrayal, and the high-stake games played inside Lehman Brothers* [M] . Hoboen, New Jersey: John Wiley & Sons, Inc, 2010.

[327] Weber, M. *The theory of social and economic organization* [M] . New York: Oxford University Press, 1947.

[328] Weick, K. E. *The social psychology of organizing* [M] . Reading, MA: Addison-Wesley, 1979.

[329] Weick, K. E., & Daft, R. L. The effectiveness of interpretation systems [M] . In Cameron, K.S., & Whetten, D. A. (eds.), *Organizational effectiveness: A comparison of multiple models* (pp.71-93). New York: Academic Press, 1983.

[330] Weick, K. E. The significance of corporate culture [M] . In Frost, P. J., et al.(eds.), *Organizational culture* (pp. 381-389). Beverly Hills, CA:Sage, 1985.

[331] Weick, K. E., & Roberts, K. H The collapse of sensemaking in organization: The Mann Gulch disaster [J] . *Administrative Science Quarterly*, 1993, 38(4):628-652.

[332] Weick, K. E. The generative properties of richness [J] . *Academy of Management Journal*, 2007, 50 (1): 14-19.

[333] Weiner, E. J. *What goes up: The uncensored history of modern Wall Street as told by the bankers, brokers, CEOs, and scoundrels who made it happen* [M] . New York: Little Brown and Company, 2005.

[334] Welch, C., Piekkari, R., Plakoyiannaki, E., & Paavilainen-Mantymaki, E. Theorizing from case studies: Toward a pluralist future for international business research [J] . *Journal of International Business Studies*, 2010, 1-23.

[335] Whitehead, J.C. *A life in leadership* [M] . New York: Basic Books, 2005.

[336] Wieland, G.F., & Ullrich, R.A. *Organizations: Behavior, design and change* [M] . Homewood, IL: Richard D. Irwin, 1976.

[337] Wilkins, A. L., & Ouchi, W.G . Efficient cultures: Exploring the relationship between culture and organizational performance [J] . *Administrative Science Quarterly*,1983, 28, 3: 468-81.

[338] Wilkins, A. L. The creation of company cultures: The role of stories

in human resource systems. *Human Resource Management*, 1984, 23, 41-60.

[339] Williams, M. T. *Uncontrolled risk: The lessons of Lehman Brothers and how systemic risk can still bring down the world financial system* [M] . New York: McGraw Hill, 2010.

[340] Winthrop, R. H. *Dictionary of concepts in cultural anthropology* [M]. New York: Greenwood Press, 1991.

[341] Xenikou, A., & Furnham, A. A correlational and factor analysis study of four questionnaire measures of organizational culture [J] . *Human Relations*, 1996, 49(3): 349-371.

[342] Yin, R. K. *Case study research: Design and methods, 4th edition* [M]. Thousand Oaks, CA: Sage Publications, 2009.

[343] Young, E. On the naming of the rose: Interests and multiple meanings as elements of organizational culture [J] . *Organizational Studies*, 1989, 10/2:187-206.

[344] Zimmerman, M., & Rapport, J. Citizen participation, perceived control, and psychological empowerment [J] . *American Journal of Community Psychology*, 1988, 16:725-750.

[345] Zuckerman, G. *The greatest trade ever: How John Paulson bet against the markets and made $20 Billion* [M] . London: Penguin Viking, 2009.

[346] 陈春花. 企业文化塑造 [M] . 北京：机械工业出版社，2016.

[347] 陈广. 任正非：华为的冬天 [M] . 深圳：海天出版社，2015.

[348] 陈云贤，何容天，潘峰. 投资银行风险收益对应运营论——雷曼兄弟经营失败案例分析 [M] . 北京：中国金融出版社，2012.

[349] 程东升，刘丽丽. 华为三十年：从“土狼”到“狮子”的生死蜕变 [M] . 贵阳：贵州人民出版社，2016.

[350] 程东升，刘丽丽. 华为奇迹 [M]. 北京：五洲传播出版社，2019.
[351] 成正心. 以奋斗者为本：任正非引领华为的方法和故事 [M]. 北京：电子工业出版社，2018.
[352] 成中英. 从中西互释中挺立：中国哲学与中国文化的新定位 [M]. 北京：中国人民大学出版社，2005.
[353] 樊景利，梁建，陈志俊. 实证研究的设计与评价 [M]. 陈晓萍，徐淑英，樊景立. 组织与管理研究的实证方法. 北京：北京大学出版社，2012.
[354] 华牧. 创华为：任正非传 [M]. 北京：华文出版社，2016.
[355] 黄继伟. 华为工作法 [M]. 北京：中国华侨出版社，2016.
[356] 黄卫伟. 以客户为中心：华为公司业务管理纲要 [M]. 北京：中信出版集团，2016.
[357] 景元利. 华为本质：高速成长背后不可复制的十大逻辑 [M]. 北京：金城出版社，2016.
[358] 李成彦. 组织文化——基于组织效能的视角 [M]. 北京：北京大学出版社，2012.
[359] 李海，张德. 组织文化与组织有效性研究综述 [J]. 外国经济与管理. 2005，27 (3): 2-26.
[360] 李平，张筝，杨政银. 案例研究最佳实践：案例研究的第三条路径 [M]. 李平，杨政银，曹仰峰. 再论案例研究方法. 北京：北京大学出版社，2019.
[361] 李志朝. 任正非的资本 [M]. 北京：台海出版社，2016.
[362] 梁建，樊景立. 理论构念的测量 [M]. 陈晓萍，徐淑英，樊景立. 组织与管理研究的实证方法. 北京：北京大学出版社，2012.
[363] 刘利钢，邵剑兵. 从混沌世界走向另一个混沌世界——战略管理理论评述 [M]. 北京：经济管理出版社，2014.
[364] 申辰. 任正非的商业逻辑 [M]. 北京：中国致公出版社，2018.

[365] 史德安. 干法：打造一流企业文化22策略 [M]. 北京：清华大学出版社，2017.

[366] 孙科柳. 华为基因：华为人的工作哲学 [M]. 北京：电子工业出版社，2014.

[367] 孙科柳，易生俊，陈林空. 华为你学不会 [M]. 北京：中国人民大学出版社，2016.

[368] 孙科柳、易生俊、曾文明. 华为人力资源管理方法论 [M]. 北京：中国人民大学出版社，2016.

[369] 孙力科. 任正非传 [M]. 杭州：浙江人民出版社，2017.

[370] 唐新. 华为逻辑：深度解密华为的成功之道 [M]. 武汉：华中科技大学出版社，2016.

[371] 田涛，吴春波. 下一个倒下的会不会是华为：故事、哲学与华为的兴衰逻辑 [M]. 北京：中信出版集团，2015.

[372] 同生辉. 金融之巅：美国投行兴衰史 [M]. 北京：中国发展出版社，2012.

[373] 王永红. 华为管理 [M]. 广州：广东经济出版社，2018.

[374] 吴春波. 华为没有秘密：华为如何敬畏和遵守常识 [M]. 北京：中信出版集团，2016.

[375] 吴春波. 华为没有秘密：华为如何敬畏和遵守常识 [M]. 北京：中信出版集团，2017.

[376] 吴强. 所谓管理好，就是会授权 [M]. 北京：中国友谊出版公司，2019.

[377] 吴清，张洪水，周小全，夏晨等. 美国投资银行经营失败案例研究 [M]. 北京：中国财政经济出版社，2010.

[378] 吴晓波，(德) 约翰·彼得·穆尔曼，黄灿，郭斌等.华为管理变革 [M]. 北京：中信出版集团，2017.

[379] 王祥伍，黄健江. 企业文化的逻辑：解开绩效后面的文化密码 [M].

北京：电子工业出版社，2014.
[380] 希文. 任正非内部讲话 [M]. 哈尔滨：哈尔滨出版社，2017.
[381] 徐尚昆. 组织文化与员工行为：本土构建与实证分析 [M]. 北京：中国社会科学出版社，2011.
[382] 杨杜. 文化的逻辑 [M]. 北京：经济管理出版社，2016.
[383] 杨玉柱. 奋斗之光：华为内部培训与激励法则 [M]. 北京：中国铁道出版社，2015.
[384] 余胜海. 任正非和华为：非常人、非常道 [M]. 武汉：长江文艺出版社，2016.
[385] 张德，王玉芹. 组织文化类型与组织绩效关系研究 [J]. 科学学与科学技术管理. 2007，(7):146-151.
[386] 张其金. 构建企业文化：基业长青的最强大引擎 [M]. 北京：中国商业出版社，2016.
[387] 张淑敏. 激励契约不完备性与组织文化 [M]. 大连：东北财经大学出版社，2008.
[388] 张笑恒. 华为批判：从基本法到以奋斗者为本 [M]. 南昌：江西教育出版社，2017.
[389] 赵建华. 华为员工培训与激励法则 [M]. 北京：中国铁道出版社，2016.
[390] 郑伯埙，黄敏萍. 实地研究中的案例研究 [M]. 陈晓萍，徐淑英，樊景立. 组织与管理研究的实证方法. 北京：北京大学出版社，2012.
[391] 周长辉. 二手数据在管理研究中的使用 [M]. 陈晓萍，徐淑英，樊景立. 组织与管理研究的实证方法. 北京：北京大学出版社，2012.
[392] 周留征. 华为哲学：任正非的企业之道 [M]. 北京：机械工业出版社，2015.

致谢

本书以我在同济大学经济管理学院所完成的管理学博士论文为基础修改而成。在此，首先要感谢我的导师吴泗宗教授。吴教授以他的渊博学识和古道热肠给了我莫大的帮助，没有他的指导，这本书是很难完成的。感谢同济大学众多老师和同学的鼓励、帮助与支持。特别感谢邵长斌博士，他对本书的很多评论和由此引发的讨论使我受益良多。

本书的写作也得益于漫漫求学路上有幸遇到的诸多良师益友。北京大学国际关系学院的袁明教授、龚文祥教授最早让我看到了借助国际视野展开文化比较研究的学术价值与意义。牛津大学的Adam Roberts教授以他的言传身教，让我意识到求学求知一定要有耐心、恒心和平常心，研究问题一定要严格聚焦并力求严谨。尽管此书也许会让这些老师们感到失望，但还是要对他们的教诲表示感谢。

感谢在此书写作、编辑、出版过程中提供帮助的所有朋友们。感谢一批曾经或依旧服务于华为集团、瑞银集团、摩根士丹利公司、花旗集团、高盛集团、美林集团、雷曼兄弟公司、贝尔斯登公司、摩根大通、杭州工商信托股份有限公司和摩根士丹利华鑫证券有限责任公司的朋友们，他们在本书的写作过程中提供了很多宝贵的资料、观察和评论意见。感谢我的父母。我的父亲作为一名老同济校友，激发了我对同济大学的向往之心。在同济大学6年的求学过程中，我深深感受到了这所百年名校的深厚积淀。感谢妻子沈丽青的鼓励，感谢儿子杨策的支持。

此书中任何错误和偏差皆为作者一人之过。本书作者欢迎并感谢所有批评和建议，并将据此在本书的下一版中力求改进和提高。